核心素养导向下的全学科阅读实践

王梅 主编

HEXIN SUYANG DAOXIANG XIADE
QUANXUEKE YUEDU SHIJIAN

知识产权出版社
全国百佳图书出版单位
—北京—

图书在版编目（CIP）数据

核心素养导向下的全学科阅读实践 / 王梅主编. —北京：知识产权出版社，2024.12.
ISBN 978-7-5130-9605-8

Ⅰ. G633.332

中国国家版本馆 CIP 数据核字第 2024LA3661 号

内容提要

本书深入探讨了全学科阅读在教育中的意义与价值，特别是在核心素养导向下的全学科阅读理念构建与实践探索。本书以北京市海淀区第三实验小学为例，分析了当前全学科阅读的现状与挑战，详细介绍了学校全学科阅读课程体系的构建、策略体系的探索、跨学科阅读实践活动的设计、全过程阅读评价的实施，以及全学科阅读管理策略，包括制度建设、教师培训和家校社合作。本书不仅提供了理论框架，还分享了具体的实践案例，为教育工作者提供了全面指导，旨在促进全学科阅读的有效实施，从而提升学生的综合素养。

责任编辑：郑涵语　　　　　　责任印制：孙婷婷

核心素养导向下的全学科阅读实践
HEXIN SUYANG DAOXIANG XIA DE QUANXUEKE YUEDU SHIJIAN

王　梅　主编

出版发行　知识产权出版社 有限责任公司	网　　址：http://www.ipph.cn
电　　话：010-82004826	http://www.laichushu.com
社　　址：北京市海淀区气象路 50 号院	邮　　编：100081
责编电话：010-82000860 转 8569	责编邮箱：laichushu@cnipr.com
发行电话：010-82000860 转 8101	发行传真：010-82000893
印　　刷：北京中献拓方科技发展有限公司	经　　销：新华书店、各大网上书店及相关专业书店
开　　本：720mm×1000mm　1/16	印　　张：15.75
版　　次：2024 年 12 月第 1 版	印　　次：2024 年 12 月第 1 次印刷
字　　数：223 千字	定　　价：65.00 元
ISBN 978-7-5130-9605-8	

出版权专有　侵权必究

如有印装质量问题，本社负责调换。

编委会

顾　问：马万成

主　编：王　梅

副主编：范旭岩　李聪慧　刘彩昭　叶建娣　于　昊

编　委：陈　冉　陈文姣　程可欣　刁　妍　段　琼
　　　　　耿　岩　郭晓霞　郭晓璇　刘　毅　路　南
　　　　　罗凯丽　骆宇洁　马思佳　秦　萌　任杏娜
　　　　　阮福娜　沈雨辰　田雯漪　汪　琳　王　莹
　　　　　吴　昊　张俊霞　张　诺　张艳华　张　燕
　　　　　张懿琪　赵伊丹　郑翰文　周旭虹

序 言

在全球化和信息化的浪潮中，阅读已成为连接知识与智慧、传统与现代的重要纽带。《中国教育现代化2035》为我们描绘了教育发展的宏伟蓝图，其中阅读素养的提升是实现教育现代化的关键一环。

核心素养的培育是当前教育改革的核心目标。本书正是响应国家号召、落实教育现代化的具体行动。全学科阅读不仅能够丰富学生的知识储备，更重要的是能够激发学生的好奇心和探索欲，培养他们的批判性思维和创新能力。

本书共分为七章，每一章都是对全学科阅读实践的深度挖掘和系统梳理。从全学科阅读的意义与价值，到实施现状与面临的挑战的分析；从课程体系的构建，到策略体系的探索；从跨学科实践活动的开展，到全过程阅读评价的具体实践；最后再到管理策略的总结。本书为读者呈现了全方位、立体化的全学科阅读实践图景。

书中丰富的实践案例，不仅展示了全学科阅读在不同学科、不同场合的应用，而且体现了学生在全学科阅读中的积极参与和显著成长、家长在教育过程中的深度参与和支持，以及教师在推动全学科阅读实践和跨学科学习中的重要作用。

古诗词诵读是学生非常喜欢的一项跨学科活动。学生通过电子诗库，自主选择诗词，制作个性化诗词手账。学生在活动中不仅积累了大量的古诗词，而且在绘制诗配画的过程中，激发了对传统文化的热爱。学生的诗词创作和绘画才能得到了广泛认可。古诗词诵读活动，充分调动了学生积累古诗词的积极性，也为学生多元化发展提供了可能。

教师也在积极推动跨学科阅读与实践活动。在开展研究性学习的过程中，教师鼓励学生从天文到地理、从自然到科学等多个领域开展研究，引导学生独立思考，经历问题发现和解决的过程，培养学生的创新意识和科学思维。教师在全学科阅读的实践中、在教育创新的过程中更新了教育理念，为学生更坚实地成长提供了保障。

全学科阅读不仅有学生和教师的参与，学生家长更是在这一过程中发挥了重要作用，家长作为导师也参与了孩子们的研究性学习活动。在辅导过程中，家长不仅见证了孩子们的成长，也提升了自己对教育的理解和参与度。家长的参与和贡献加强了家校联系，更有力地促进了孩子全面发展。

教育是一项面向未来的事业。全学科阅读的实践，正是我们对未来教育形态的积极探索。全学科阅读是一场知识的盛宴，它不仅能够滋养学生的心灵，还能够启迪他们的智慧。让我们携手为学生搭建一个全面接触不同学科知识、培养多元思维和提升综合素质的阅读平台，帮助他们在阅读中成长。我们期待本书的出版，能够激发更广泛的社会关注，吸引更多教育工作者和学生的参与，共同推动全学科阅读的深入发展。

在此，我们向所有参与本书编写的教师、学生、家长和专家表示衷心的感谢。你们的付出和智慧，是本书得以问世的宝贵财富。

是为序。

马万成
2024 年 8 月

目 录

第一章　全学科阅读的意义与价值　// 1

第一节　相关概念的内涵与外延　// 1

第二节　全学科阅读的意义与价值　// 3

第三节　核心素养导向下的全学科阅读理念　// 5

第二章　实施现状与面临的挑战　// 7

第一节　概　述　// 7

第二节　小学全学科阅读实施现状　// 13

第三节　我校全学科阅读的优势　// 34

第四节　我校全学科阅读存在的问题　// 35

第三章　全学科阅读课程体系的构建　// 40

第一节　学校文化介绍　// 40

第二节　明雅课程体系　// 43

第三节　全学科阅读课程体系探索　// 51

第四章　全学科阅读策略体系探索　// 62

第一节　学科阅读策略体系的整体探索　// 62

第二节　人文与社会的阅读策略　// 72

第三节　数学与科学的阅读策略　// 103

第四节　其他领域的阅读策略　// 123

第五章　跨学科阅读实践活动探索　// 136

第一节　语文与其他学科的融合活动　// 136

第二节　问题解决导向的融合活动　// 150

第三节　多领域交叉融合的实践活动　// 164

第六章　全过程阅读评价的具体实践　// 178

第一节　实施多元、多角度的评价　// 178

第二节　阅读评价工具的开发　// 182

第三节　评价工具的具体实施　// 206

第七章　全学科阅读管理策略　// 212

第一节　制度建设　// 212

第二节　教师培训　// 222

第三节　家校社合作　// 227

第一章　全学科阅读的意义与价值

全学科阅读是随着阅读教学深化发展而出现的一种新的"教"与"学"的方式，主张将阅读作为各学科学习的基本方式，旨在以教师阅读带动学生阅读，引导学生从学习阅读走向阅读学习，即通过阅读来学习。

第一节　相关概念的内涵与外延

一、核心素养的内涵

核心素养是指学生应具备的、能够适应终身发展和社会发展需要的必备品格和关键能力。这些素养综合了知识、技能、情感态度和价值观等多个方面，旨在培养全面发展的人。[1]

核心素养是一个综合性的概念，它不仅关注学生的知识和技能获得，还强调学生的情感态度、价值观和社会责任感的培养。中国学生发展核心素养以培养"全面发展的人"为核心，分为文化基础、自主发展、社会参与三个方面，综合表现为人文底蕴、科学精神、学会学习、健康生活、责任担当、实践创新六大素养，各素养之间相互联系、互相补充、相互促进，在不同情境中整体发

---

[1] 核心素养研究课题组.中国学生发展核心素养[J].中国教育学刊，2016（10）：1-3.

挥作用。培养学生的核心素养，可以帮助学生更好地适应未来社会的需求和挑战，实现个人的全面发展和社会的进步。

二、全学科阅读的内涵

全学科阅读是来自教育实践的概念，其内涵与外延还需要不断辨析。吴颖惠认为，全学科阅读是指阅读对象的扩大、阅读内容的扩充和阅读领域的扩展，倡导阅读内容囊括中小学所有的学科知识领域，是超越某一学科门类的阅读。之所以用"全学科"来命名，是由于现代教育实行分科课程，学校以学科为单位进行日常教学，为了便于学校落实阅读，就用"全学科"来代指所有的学习领域。"全学科"中的"全"不仅包括了学科内部的学科阅读，也包括多学科与跨学科阅读。全学科阅读是中小学必须重视并推广的一项创新之举。文学阅读对于语言文字、文化传承具有独特价值，而学科阅读、综合阅读、广泛阅读是培养全面素养和终身学习能力的基础。[1]

从目的来看，全学科阅读通过给学生提供丰富的阅读资料，让学生置身于具体知识情境体验感受，激发学科学习兴趣；通过帮助学生了解学科发展脉络及关键问题突破过程，理解学科本质，形成学科素养。从阶段来看，全学科阅读包括学习阅读和阅读学习。学习阅读主要是教会学生怎么读，重视阅读技能与策略的培养，主要由语文、英语等语言学科承载；阅读学习主要是"通过阅读来学习"，旨在促进学科学习，侧重非语言类的其他学科，是全学科阅读的核心价值。学习阅读是阅读学习的前提和基础，阅读学习是学习阅读的目的和意义。从类型来看，全学科阅读包括基于学科的阅读与跨学科阅读。

---

[1] 吴颖惠.全学科阅读为提高人才培养质量开辟新径[J].人民教育，2023（2）：28-31.

第二节　全学科阅读的意义与价值

党的二十大报告对"深化全民阅读活动"作出重要部署，教育部等八部门也于2023年3月印发《全国青少年学生读书行动实施方案》，要求进一步推动青少年学生阅读深入开展，引导激励青少年学生爱读书、读好书、善读书，立志为中华民族伟大复兴而读书。[1]

小学生正处于知识积累的关键时期，全学科阅读能够使他们接触到不同领域的知识，从而拓宽视野、增长见识，有效提升小学生的核心素养，为未来的学习和发展打下坚实基础。

一、培养学生阅读兴趣

通过全学科阅读，小学生可以接触到各种类型、不同主题的书籍，从而培养起浓厚的阅读兴趣。同时，在阅读过程中，他们的阅读速度、阅读理解能力及信息提取能力都会得到锻炼和提高。

二、促进学生全面发展

全学科阅读以"全面发展的人"为核心，不仅有助于提高小学生阅读能力，阅读不同学科的文章还有助于学生建立全面的知识体系。涉猎不同学科的书籍和资料，能够更好地理解世界的多样性和复杂性，从而拓宽视野，增强综合素质。

---

[1] 全国青少年学生读书行动实施方案 [EB/OL].（2023-03-27）[2023-05-06]. https://www.gov.cn/zhengce/zhengceku/2023-03-29/content_5748940.htm.

三、培养学生关键能力

全学科阅读有助于培养学生关键能力，包括阅读能力和表达能力。通过阅读，学生不仅可以获取知识，还可以经历比较、联想、分析、批判、评价等过程，有助于培养学生的批判性思维、创新思维和解决问题的能力。

四、塑造必备品格

阅读能够帮助学生树立正确的价值观和人生观。阅读经典著作和优秀文学作品，可以使学生受到良好的思想熏陶和道德引导，从而树立起正确的价值观和人生观，为他们的未来发展奠定坚实的基础。阅读不同题材和背景的文学作品，可以使学生接触到各种人物和故事，从而更加理解和尊重不同的文化和价值观。这种同理心的培养，有助于他们在人际交往中表现得更加和谐、包容。

五、形成跨学科思维

在现实生活中，许多问题往往涉及多个学科领域的知识。全学科阅读打破"阅读是语文学科专属"的误解，将阅读从语文学科辐射到所有学科，有助于学生形成跨学科、跨领域的阅读视野，从而更全面地理解和认识世界，学会将不同学科的知识和方法进行融合和创新，从而提出更加全面和有效的解决方案。

六、获得终身学习动力

全学科阅读是一种终身学习方式。通过不断阅读和学习各个学科的知识，学生能够获得终身学习的动力和能力，进而不断提升自己的知识水平和能力，以适应快速变化的社会和职业环境。

综上所述，全学科阅读对于促进学生的全面发展，培养关键能力，形成跨学科、跨领域的阅读视野及提供终身学习的动力等方面都具有重要的意义和价值。

第三节　核心素养导向下的全学科阅读理念

核心素养导向下的全学科阅读理念，强调的是在阅读中全面培养和提升学生的核心素养，这一理念鼓励学生跨越学科的界限，通过阅读不同领域的书籍来拓宽知识及视野，增强综合素质。在这种理念下，阅读不仅仅是获取知识的手段，更是培养思维能力、创新能力、沟通能力等核心素养的重要途径。通过阅读，学生可以深入了解不同学科的知识体系、思维方式和方法论，从而形成跨学科的综合素养。

核心素养导向下的全学科阅读理念强调"全人员"参与、"全过程"实施和"全领域"阅读，这意味着阅读活动应该覆盖所有学生，并贯穿于学生的整个学习生涯。

一、全人员

"全人员"参与体现了教育的公平性和普及性。无论学生的年龄、性别、学科背景如何，都应该有机会参与全学科阅读中来。教师、家长不仅是阅读的指导者，还是阅读的参与者，通过阅读，每个人都能够获得知识、提升素养。

（1）在全学科阅读的实施过程中，教师应该根据学生的年龄和学科特点，设计合适的阅读计划和活动，提供丰富的阅读资源，并引导学生进行深入的思考和讨论，通过阅读来解决问题、形成观点。

（2）家长与学生共同绘制读书愿景，建设"家庭图书馆"，开展"晒晒我的书架我的书"活动。倡导每天共享亲子阅读时间，每月走进一次文化场所，帮助学生从小养成阅读习惯，营造积极的家庭阅读氛围。

二、全过程

"全过程"实施则强调了阅读活动应该贯穿学生的整个学习生涯，在不同的学习阶段，学生面临不同的学习任务和挑战，全学科阅读可以作为一种有效的学习方式来提升学习效果和综合素质。

（1）探索全学科阅读育人路径。全学科阅读不仅是基本的"教"与"学"的方式，还是一种基本的育人方式。通过全学科阅读，我们能够更有效地对学生的发展进行指导，促进创新人才的培育，并深度融合学校的德育、美育、体育及劳动教育，从而全面拓展和提升学校的育人模式与成效。

（2）构建全学科阅读课程体系。聚焦阅读目标、内容、教学及评价等课程要素，构建适合北京市海淀区第三实验小学（以下简称"实验三小"）的系统化、一体化、贯通式的全学科阅读课程群。

三、全领域

"全领域"是指将阅读置于生活的整体视野下，使时间、空间、场所等因素组成有机的整体，由单纯的纸质阅读走向不同媒介、不同形式的阅读。❶

（1）阅读环境的全覆盖。"全领域"阅读强调的是打破阅读的时空，实现构建校内与校外、课内和课后、跨年级、跨学科、线上与线下、伙伴互助、亲子互动的多样化、个性化的"全时空"阅读场景。

（2）阅读方式的多元化。基于阅读方式的个性化，从"书本"阅读走向"实践"阅读，如参观博物馆、观看体育赛事、听音乐会、欣赏画展等，实现阅读内容和方式的"全领域"。

---

❶ 徐燕娟.全息阅读课程：从学科本位到"全人"发展[J].人民教育，2016（24）：46-48.

第二章　实施现状与面临的挑战

阅读素养不仅是个体全面成长的重要基石，而且关乎国家未来的竞争力。小学时期的全学科阅读能够为学生全面发展和未来的成功奠定良好的基础。开展全学科阅读活动，营造书香校园氛围，是激发学生求知欲和创造力、培养他们的综合素养和终身学习能力的重要途径。然而，在新时代背景下，校园的全学科阅读活动仍然面临着很多问题和挑战。

第一节　概　述

对理论的认识和研讨是为了更好地指导实践。目前，国内外针对"全学科阅读"的研究进行了大量实践，积累了丰富的实践经验，对于本项目的开展与实施具有重要的参考价值。

一、国内外关于全学科阅读的理论探索

国外对全学科阅读的理论探索相对较早，从现有资料来看，全学科阅读依托于跨学科理论体系，并在此基础上拓展延伸为全学科，然后加入阅读元素，形成全学科阅读理念。在全学科阅读的发展研究上，1968年，第一次国际跨学科研讨会召开，科斯特（Koester）编著了会议论文集《超越还原论：阿尔巴赫

问题论丛》，成为世界上第一本研究学科交叉的学术著作。❶根据美国学者休梅克（Shoemaker）对跨学科教学的定义，即"一种跨越学科界限，在广阔领域中学习的教学模式"可知，全学科阅读是一种突破学科界限，以提升学生阅读能力与理解水平为目的的阅读模式。❷国内学者借鉴了国外跨学科阅读的观点，并加以延伸。徐新宇从教师阅读指导的行为理论出发，指出全景式教育下的"全学科阅读"是突破传统阅读的小教育观而形成的向全学科开发、向生活开放、向群体开放的跨界教育理念。❸孙世建基于学生核心素养的培育需求，认为全学科阅读是一种激发学生阅读兴趣、实现学科跨界延伸的高效阅读模式。❹

在全学科阅读的作用研究上，卡利斯（Calais）指出，在课堂实践中进行适当的模糊化和跨界的支持性阅读教学，会极大地增强阅读主体的元认知水平与参与积极性，使整体阅读素养得以提升，进而反作用于全学科阅读实践的开展。❺而学者阿利维尼尼（Alivernini）等人则以四年级学生为样本，采用PISA测评方法，通过实证数据研究表明，学生的阅读素养与教育政策、学校教学、教师素养及家庭环境都具有重要关系。其中，前三项因素又影响着学科教学的开展质量，尤其是学校的全学科教学与教师的跨学科素养对学生阅读起到了助推作用。❻此外，日本学者奥野宣之则介绍了包括"解剖读书""类比读书"等阅读技巧及"制作检索标签""标记对象"等笔记阅读法，以培养学生良好的阅读习惯和跨领域阅读能力，这些阅读技巧与笔记方法在全学科阅读中依然适用。❼

---

❶ 郑艺.基于本体的学科交叉知识的组织与应用研究[D].武汉：武汉大学，2015.

❷ SHOEMAKER B J. Integrated Education: A Curriculum for the Twenty-first Century [J]. Oregon School Council Bulletin, 1989, 33 (2): 1-46.

❸ 徐新宇.小学语文全景视野下的全科大阅读实践探索[J].小学语文教学，2019（5）：11-12.

❹ 孙世建.全科阅读，让核心素养理念落地生根[J].新教育，2019（11）：87.

❺ CALAIS G J. Fuzzy Cognitive Maps Theory: Implications for Interdisciplinary Reading: National Implications [J]. Focus on Colleges Universities & Schools, 2008: 1-16.

❻ ALIVERNINI F, LUCIDI F, INES DI LEO. A Map of Factors Influencing Reading Literacy Across European Countries: Direct, Indirect and Moderating Effects [J]. Procedia Social and Behavioral Sciences, 2011 (15): 3205-3210.

❼ 奥野宣之.如何有效阅读一本书：超级实用读书笔记法[M].南昌：江西人民出版社，2016：30.

当前，国内学者对全学科阅读的作用研究主要是基于学生素质提升的立场。例如，何锦认为全学科阅读的教学实施，有助于培养学习能力和丰盈精神世界，为学生奠定终身发展基础和谋求幸福生活的能力。❶陈国文和林高明等人认为，全学科阅读的价值体现在核心素养的塑造机制与终身习惯养成上，即全学科阅读能够持续性、惯性地锻造个体，使之在提升阅读能力之余，融合跨学科的知识，并养成终身学习的阅读习惯。❷

二、关于全学科阅读的实践探索

国内对全学科阅读的实践探索在一定程度上承袭了国外，但也初步形成了中国特色的全学科阅读教育体系。综合来看，大致可以分为全国性课题研究、学校教学改革和教师个人实践三个类别。

（一）全国性课题研究现状

在全国性课题研究上，陆云泉在北京市教育科学"十三五"规划2019年度课题的阶段性成果中指出，全学科阅读材料选择要以课程标准为主要依据，阅读资源建设要依靠团队协作，同时不同学科阅读共同指向阅读素养提升。❸李万峰和李颖等人在全国教育科学"十三五"规划2018年度教育部重点课题的研究中认为，基于建立阅读联动运行机制、搭建阅读服务支持平台和加强贯通阅读专业指导的全学科阅读可以有效培养学生的学科素养。❹卢元伟在江苏省教育科学"十三五"规划课题阶段性成果中将全学科阅读和全员教育联系起来，提出"以民间读书社推动教师阅读—用教师的阅读带动学生的阅读—用学

---

❶ 何锦.全学科阅读的意义及实践策略[J].陕西教育（教学版），2023（9）：57.
❷ 陈国文，林高明，黄玉霞.融入全学科阅读，提升学生核心素养[J].福建教育，2023（7）：24-26.
❸ 陆云泉.以学科阅读为切入点寻找教学改进的有效路径——北京市第一〇一中学全学科阅读基础与现状分析[J].中国教师，2020（12）：44-47.
❹ 李万峰，李颖，商学军.在全学科阅读中培养学生的学科素养[J].北京教育（普教版），2021（4）：93.

科融合来提升全科阅读"的实践路径。❶ 谭健文和方晓波等人在教育部哲学社会科学研究重大课题攻关项目"中华优秀传统文化在语文教材中的传承研究与数据库建设"研究成果中构建了通过教材阅读、主题阅读、自由阅读等教学，关照学科知识与其他知识相整合，引导学生参与文化实践，将潜藏在学科知识中的文化价值变成外显的育人模式，创建学生智慧成长阅读平台，借助信息新技术拓展教育内涵，凸显培根铸魂、启智增慧的育人目标的"三步六环阅读式教学"模式，有力地加深了将阅读植入学科的教育理念。❷ 林芳在福建省教育科学"十四五"规划 2022 年度"协同创新"科研项目中从儿童阅读的角度出发，构建了"教学教法设计—教学资源建设—教学活动实施—教学评价开展"的全学科阅读创新实践策略。❸

从全国性课题研究成果来看，国内对于核心素养导向下的全学科阅读实践的研究正在不断深入。尤其是"全学科阅读"课题性成果，打破了传统单一学科阅读的界限，通过阅读促进跨学科的知识整合和能力提升，对核心素养导向下的全学科阅读实践起着重要的推动作用。

（二）学校教学改革现状

在学校教学改革研究上，各学校因材施教，对全学科阅读进行了差异化的实践模式探究。攀枝花市凤凰小学校搭建以微项目学习为轴心的融通型全学科阅读新梯度，同时制定了《攀枝花市凤凰小学校融通型全学科阅读三年发展规划》《攀枝花市凤凰小学校融通型全学科阅读考核制度》等保障机制，将学生阅读情况纳入"红领巾争章"活动，将教师阅读情况纳入教师考核，确保全学

---

❶ 卢元伟.以全学科阅读推进全人教育——以南京师范大学附属中学的实践为例[J].中国教师，2021（4）：35-38.

❷ 谭健文，方晓波，林韶春.文化传承视角下阅读教育植入全学科教学的设计与实施——广州市义务教育课堂教学变革例说[J].教育导刊，2022（6）：17-23.

❸ 林芳.全学科阅读理念下的儿童阅读教学创新实践探究[J].中国校外教育，2023（5）：76-82.

科阅读活动的有序推进。❶北京市第一〇一中学则开辟了以课程与教学为重点领域，撬动育人方式改革；以学科阅读为着力点，促进"教"与"学"方式变革；建立区校共研机制，促进学科阅读由自发探索走向自觉研究的多举措阅读教学改革路径，并建立了14个学科130余人的校本研究团队，极大地促进了学校全学科阅读的开展与学生核心素养的培养。陕西省西安市曲江第七小学不断打造全学科阅读文化空间，开发全学科阅读课程，探索全学科阅读有效实施方式，以全学科阅读助推学校高质量育人，重点塑造"以图书室为一个中心，以各类空间场域为一带阵地"的全学科阅读空间格局。深圳市宝安区海港小学在消弭学科壁垒、全学科阅读培养学生综合素养上别出心裁，专门设置了"整本书阅读"任务群，基于为师生创设良好的阅读环境、打造超级图书馆的基础上，打造各具特色的班级图书角和独具一格的"6+X班级共读"模式，以此提升学生的阅读兴趣，用可视化呈现方式来彰显阅读成果。

因此，从不同学校对全学科阅读的教学改革研究成果来看，其显著特点是具有创新性和独特性，能够将学校的优势资源综合利用起来，丰富阅读材料的多样性，通过引入文学作品、科普文章、美术鉴赏等各种类型的阅读材料，来拓宽学生的阅读视野。而且，这些学校也注重阅读方法的创新，例如，引导学生进行自主阅读、比较阅读、批判性阅读等，以提高学生的阅读能力和思维能力。

（三）教师个人实践现状

许佩君是较早对全学科阅读展开研究的学者，其基于可持续发展的理念，探讨了小学全学科自主阅读的扩充解读式、自助探究式、合作分享式、品读鉴赏式和多元互动式等模式，并着重强调全学科阅读教学的开展要重视案例积累，有效推进校本教研。❷李万峰和高东艳在教学实践中发现，推进

---

❶ 段恒,陆燕,樊波,等.小学融通型全学科阅读的实践探索[J].四川教育,2023（Z3）：69-70.
❷ 许佩君.小学全学科自主阅读探究[J].上海教育科研,2010（4）：91-92.

全学科阅读要以各学科不同学段的基本知识为原点，基于此，其构建了"创造条件、确定主题、推荐书目、读以致用、持续推进"的五步全学科阅读教学法，以此来营造阅读氛围，构建课程体系，进行阅读指导，促进项目落实，最终达到提升学生核心素养的目的。❶孙明在对初中学生全学科阅读研究中则另辟蹊径，将"教—学—评"一体化纳入进来，指出教师家长层面要融"书"进"教"，学生学习层面要读"书"进"学"，多元评价层面要汇"书"进"评"的全学科阅读教学实践方法。❷林苗认为全学科阅读理念能够丰富文化底蕴和打破学科藩篱，因此在教学中要跨学科开展阅读教学，多维度开发阅读资源，沉浸式建立校园分科分层阅读圈，从而为小学生阅读素养提升保驾护航。❸

三、全学科阅读述评及我校开展全学科阅读的创新之处

从教师的教学实践现状研究来看，不同教师对全学科阅读教学的开展各不相同，无论是方法还是手段，抑或是研究视角都不相同，但都肯定了全学科阅读对学生核心素养形成的作用。因此，在构建不同模式的实践方略时，所有一线教师也都将学生素养纳入进来，并强调不同主体、不同手段的同向同行。

我校开展全学科阅读的创新之处包括以下几个方面。

（1）建立全校阅读文化：将阅读融入学校的文化建设中，建立全校统一的阅读推广机制和评价体系，引导全校师生形成良好的阅读习惯和阅读氛围，推动全校阅读活动的发展和提升。

---

❶ 李万峰,高东艳.推进全学科阅读,助力生命精彩绽放一次渠中学全学科阅读实践探索[J].阅读与成才,2023（5）：34-36.
❷ 孙明."教—学—评"一致性理念下初中全学科阅读推进策略探讨[J].阅读与成才,2023（5）：18-20.
❸ 林苗.全学科阅读理念下小学生阅读素养提升策略[J].西部素质教育,2023,9（7）：114-117.

（2）跨学科整合：将阅读融入各个学科的教学中，通过跨学科整合的方式，促进学生在各个学科领域的阅读能力和素养的提升。例如，在数学课堂上引入数学题解读和数学文献阅读，让学生在解决问题的过程中培养逻辑思维和推理能力；组织学生阅读与科技、艺术、历史等学科相关的文献资料，促进跨学科思维和学科间的互相启发。

（3）阅读主题活动：通过举办各种主题的阅读活动，如读书分享会、阅读比赛、读书节等，营造浓厚的阅读氛围，激发学生对阅读的热爱和积极性，提高学生的阅读量和阅读效果。

以上创新之处的实施，可以促进学生全学科阅读能力和素养的提升，拓宽学生的知识视野和思维空间，提高学生的综合素质和学科能力，为学生的终身学习和发展打下坚实的基础。同时，全学科阅读的创新举措也能够促进学校的教育教学改革和发展，提升学校的整体教育质量和影响力。

第二节 小学全学科阅读实施现状

为全面了解当前小学生和教师全学科阅读的参与情况，学校自我研制调查问卷，调研样本涉及语文、数学、英语、科学、体育、音乐、美术、劳动、舞蹈、信息技术等不同学科的教师，以及低、中、高不同年级、不同阅读水平的学生及家长，特别强调，考虑到低年级学生认知水平，低年级学生以识字量测试和访谈两种形式展开调查。相关调查结果如下。

一、学生阅读情况

在学生阅读情况的调研中，分为中年级学生和高年级学生两组。低年级组则采用访谈的形式展开。

（一）低年级学生阅读情况

1. 测试情况

一直以来，学校会对一年级入学新生进行识字量的测试，以 2023 级学生为例，该次测试选取一到二年级课本中 1000 个会认字编制而成。一年级共 256 人，参加测试的有 235 人。经过该次识字量测试，发现占比最高的是识字量 900 字及以上的同学，占 14.0%；能认识 300 字及以上的同学占 43.0%。如图 2-1 所示。

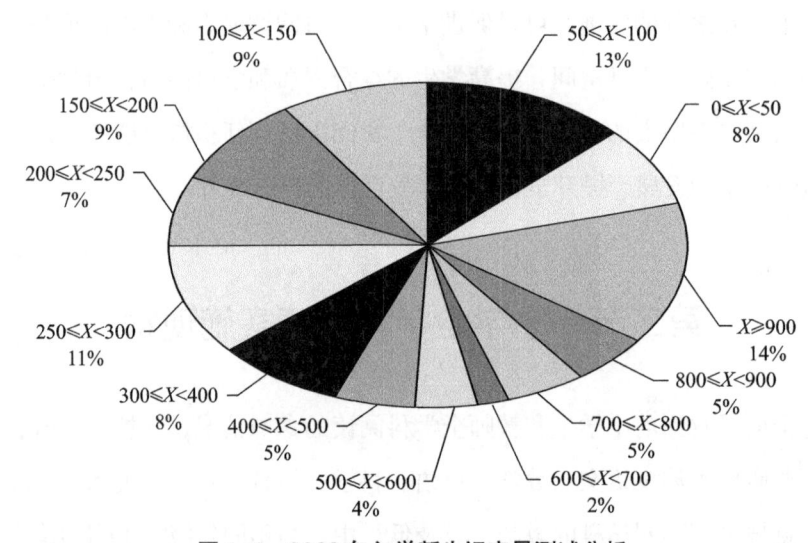

图 2-1 2023 年入学新生识字量测试分析

注：X 为识字量。

如图 2-2 所示，2023 届一年级识字量数据与 2022 届一年级相比，2023 届一年级识字量大于等于 300 字的占比为 43.0%，2022 届一年级识字量大于等于 300 字的占比为 12.6%，2023 届比 2022 届增加了 30.4 个百分点；2023 届一年级识字量为 250~300 字的占比为 11.1%，2022 届一年级识字量 250~300 字的占比为 7.0%，2023 届比 2022 届增加了 4.1 个百分点；2023 届一年级识字量为 200~250 字的占比为 7.2%，2022 届一年级识字量 200~250 字的占比为11.1%，2023届比2022届降低了3.9个百分点；2023届一年级识字量为100~200字的占比为17.9%，2022届一年级识字量100~200字的占比为13.6%，2023届比2022届增加了4.3个百分点；2023届一年级识字量为50~100字的占比为13.2%，2022届一年级识字量50~100字的占比为20.6%，2023届比2022届降低了7.4个百分点；2023届一年级识字量为0~50字的占比为7.7%，2022届一年级识字量0~50字的占比为35.2%，2023届比2022届降低了27.5个百分点。2023年识字量大于等于300字的学生人数大幅提升30.4个百分点，识字量的大幅提升离不开一年级教师在假期中所做的工作。新一年级的班主任和副班主任在暑假中进行了两次电话家访，教师不断强调阅读对于孩子发展的重要性，提倡孩子在开始阅读的初期，与家长一起进行亲子阅读，帮助孩子增加识字量。还为家长的书籍选择提供了专业建议，为孩子阅读兴趣的培养提供了助力。

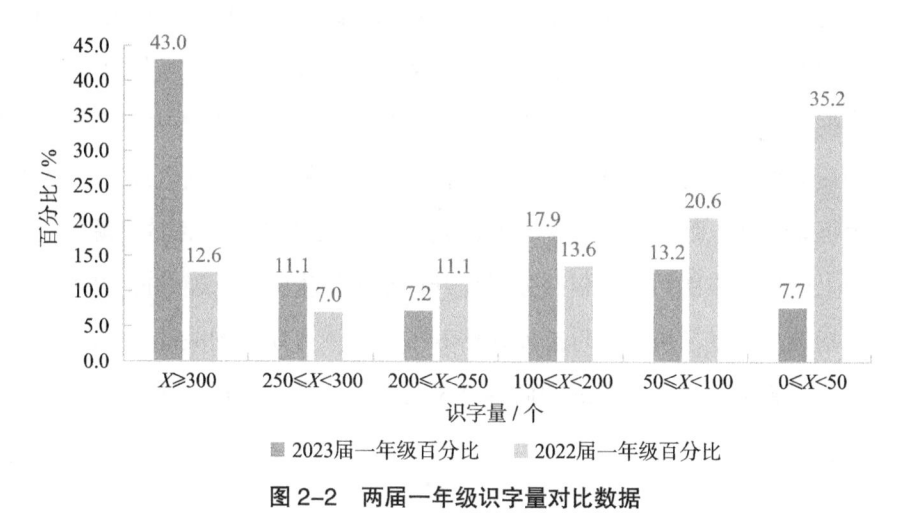

图 2-2　两届一年级识字量对比数据

注：X为识字量。

2. 访谈情况

在当前的教育研究中，识字量是衡量学生阅读能力的一个重要指标。为了深入了解不同识字量水平学生的阅读习惯与偏好，我们对低年级学生群体进行了一项详尽的调查。该项研究根据低年级学生的识字量水平分为高、中、低三个层级,旨在捕捉不同层次学生的阅读特点和需求。从每个层级中,我们各随机挑选了8名学生进行深度访谈,以确保样本的代表性。总计有48名学生参与了该次访谈。每场访谈持续10分钟,这段时间足够收集有关学生阅读态度、偏好和家庭背景的相关信息。

通过一对一的访谈,我们发现学生普遍表现出对阅读的热情。他们中的许多人表示,带图的书籍能更好地吸引其注意力,使得阅读过程更为生动和愉悦,进而帮助他们更轻松地理解内容。这一发现强调了图文并茂的书籍在激发低年级学生阅读兴趣中的重要性。值得注意的是,低年级的学生在整体阅读表现上优于中高年级的学生。这可能与低年级学生正处于学习阅读的基础阶段,因此可能更有积极性和好奇心去探索书籍世界有关。

家庭因素对学生的识字量和阅读兴趣产生了显著影响。我们的访谈揭示了几个关键变量:父母的文化水平、对学习和阅读的重视程度、家庭的阅读氛围及家庭的经济情况。综合分析表明,那些父母具有较高文化水平的家庭,其孩子通常拥有更好的识字和阅读能力。同样,当父母更加重视学习和阅读时,孩子的阅读兴趣和能力也往往更高。此外,一个鼓励阅读的家庭氛围无疑会对孩子产生正面影响,而较好的经济条件则为孩子提供了更多获取阅读资源的机会。

综上所述,该次访谈不仅凸显了提升低年级学生阅读兴趣和能力的有效途径,还指出了家庭环境和父母态度在培养孩子阅读习惯中的关键作用。未来的教育干预措施可以更多地考虑如何结合家庭资源和学校教育,共同促进学生的阅读发展。

(二)中年级学生阅读情况

对中年级学生的全学科阅读情况调查主要从阅读态度、阅读行为两个维度展开。

1. 阅读态度

对中年级学生的全学科阅读态度了解包括对学生全学科阅读喜好、阅读认知、阅读动因三个方面的调查。在阅读喜好上，调查结果显示，有占比为 36.36% 学生非常喜欢读书；喜欢读书的学生最多，占比为 50.76%；仅有占比为 0.76% 的学生不喜欢读书。详细调查数据如图 2-3 所示。

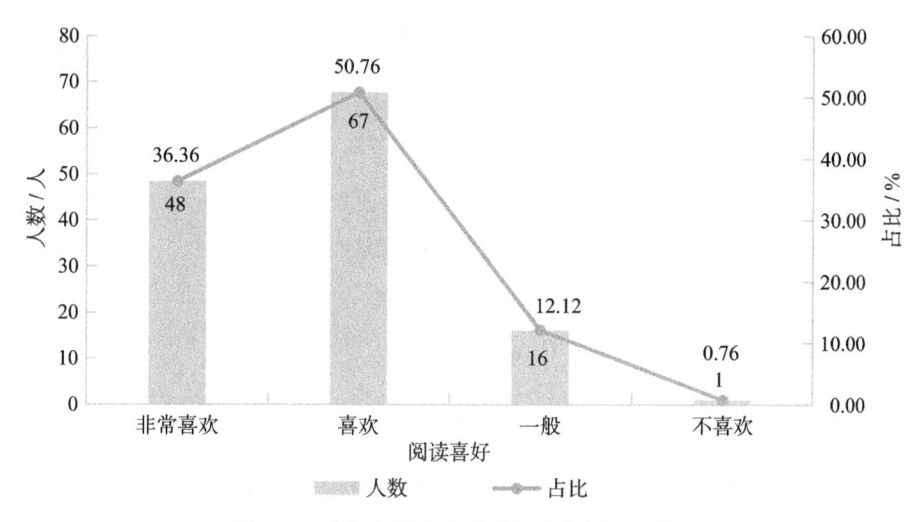

图 2-3 中年级学生全学科阅读喜好调查结果

在阅读认知上，调查结果显示，非常了解全学科阅读和对其了解的学生人数占比分别为 3.03% 和 23.48%。而对全学科阅读停留在听说过层面的学生占比 46.21%，成为全学科阅读认知调查中占比最多的人群。详细调查数据如图 2-4 所示。

在阅读动因上，调查结果显示，有 53.79% 的中年级学生认为阅读与学科相关的书籍是因为自己喜欢读书、兴趣爱好使然；也占比分别为 17.44% 和 11.36% 的人认为读书对学习有帮助、教师或家长的要求，自己才阅读与学科相关的书籍；另外，仍有 4.54% 的人没有明确的阅读动因。详细调查数据如图 2-5 所示。

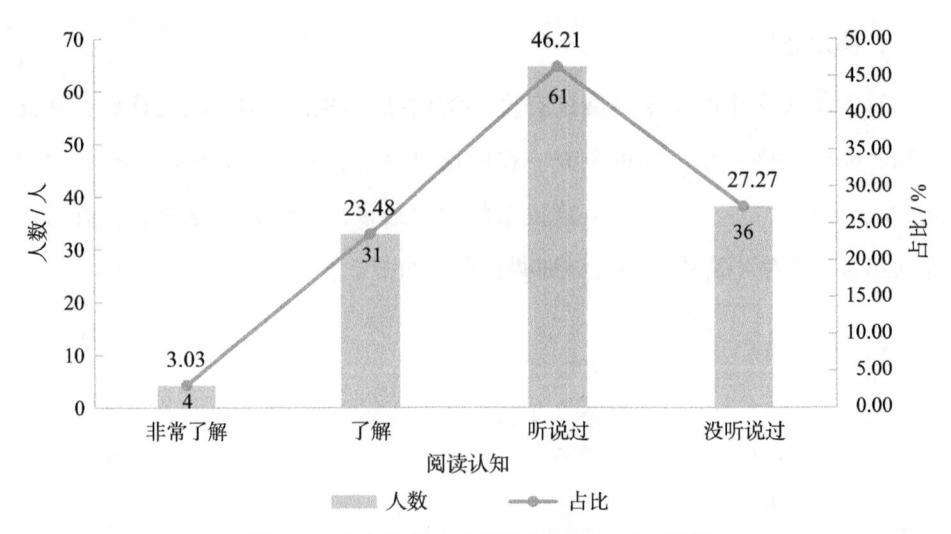

图 2-4　中年级学生全学科阅读认知调查结果

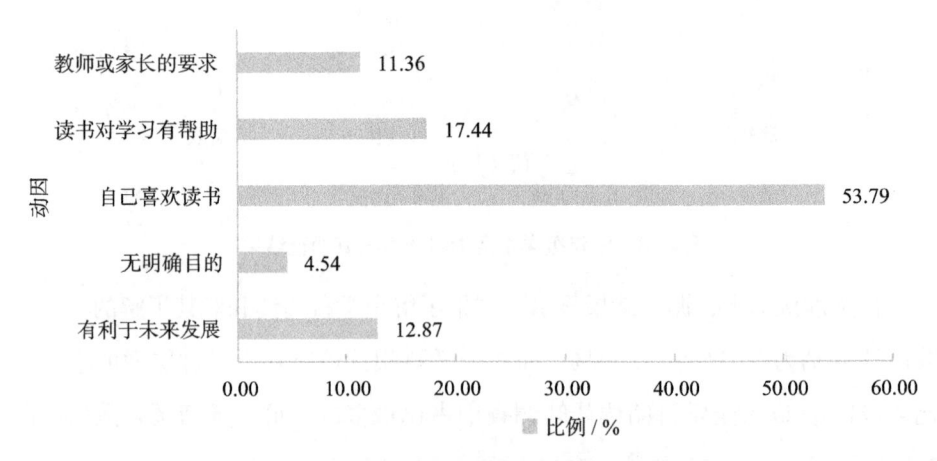

图 2-5　中年级学生全学科阅读动因调查结果

综上所述，当前中年级学生全学科阅读的整体趋势较好，无论是阅读喜好、阅读认知还是阅读动因，大多数学生都呈积极的发展态势；但是，也存在部分薄弱环节，如还存在 73.48% 的学生对全学科阅读的了解程度不高，有 4.54% 的学生在阅读动因上不明确，这些都是接下来学校开展全学科阅读活动的攻坚难题。

2. 阅读行为

对中年级学生的全学科阅读行为了解主要分为阅读资源的选取、阅读行为的实施、阅读方法的应用三个层面。在阅读资源的选取上，主要包括对学生阅读学科、阅读类型、阅读书籍、书籍样式、书籍来源等方面的调查；在阅读行为的实施上，主要包括对学生阅读形式、书籍更换、阅读数量（每学期）、阅读时段、阅读地点、阅读时间（每天）等方面的调查；在阅读方法的应用上，主要包括对学生阅读方略、读前准备、读中方法、读后行为的调查。中年级学生全学科阅读行为的调查结果如下。

在阅读资源的选取上，中年级学生具有较大的主动性，在阅读学科方面，选择语文学科相关书籍进行阅读的人数最多，占84.09%；在阅读类型和阅读书籍方面，分别以娱乐类（漫画、笑话、悬疑类作品）和历史类为主，占68.18%和71.21%；在阅读样式方面，中年级学生比较喜欢以文字为主、配一些图画的书籍，占75.76%，远高于其他阅读样式；而书籍来源方面的调查结果显示，主要以家中藏书或自己购买为主，这类学生人数高达92.42%。

在阅读行为的实施调查中，阅读形式方面，有79.55%的中年级学生还是喜欢阅读纸质书籍，远高于阅读电子书籍和收听音频的占比；书籍更换方面，每周更换和每月更换的人数基本相当，差距不大；阅读数量方面，超过42.42%的学生每学期能阅读10本以上的书籍，每学期阅读6~10本和1~5本的学生数量占28.79%；阅读时段和阅读地点的调查结果显示，81.06%的学生选择在放学后或周末进行阅读，73.48%的学生选择在家中（书房、沙发、床上等）进行阅读；阅读时间方面，75%的学生每天的阅读时间在半小时至1小时之间，20%的学生每天的阅读时间超过1小时，显示出较强的阅读兴趣和习惯，仅有5%的学生每天的阅读时间不足半小时，需要关注并引导他们增加阅读量。

在阅读方法的应用上，不同的中年级学生倾向于选择不同的阅读方法。对学生阅读方略的调查结果显示，从头至尾，仔细阅读的学生居多，人数占比为 61.36%；其次是先选择感兴趣的内容读，再读其他的，人数占比为 34.85%。详细调查数据如图 2-6 所示。

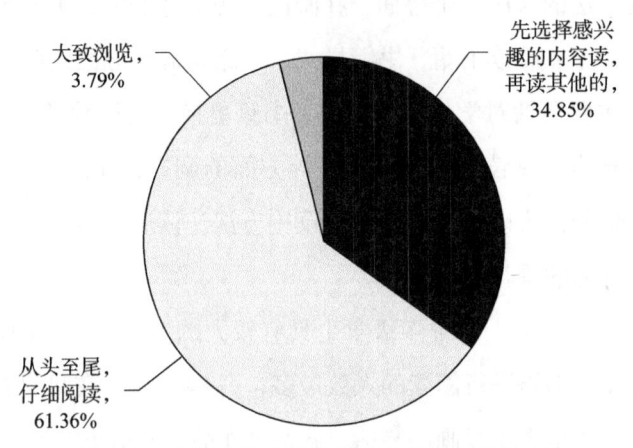

图 2-6 中年级学生全学科阅读方略的调查结果

在中年级学生读前准备、读中方法、读后行为的阅读方法上，读前准备方面，40.15% 的学生总是先阅读目录，34.09% 的学生有时会阅读前言或序，而制订阅读计划的学生相对较少；在读中方法方面，有时会一边读一边提出疑问的学生占比为 51.52%，有时会一边读一边推测后续情节发展的学生占比为 52.27%；在读后行为方面，部分中年级学生有时会倾向于找相关主题书籍或同作者其他的书籍进行阅读，而很大一部分学生有时会和父母或同学讨论书中的内容，人数占比分别为 50.00% 和 50.76%。详细调查数据见表 2-1。

表 2-1 中年级学生全学科阅读方法的调查结果

	调查内容	总是	有时	很少	从不
读前准备	制订阅读计划	6.82%	32.58%	37.88%	22.73%
	阅读目录	40.15%	31.82%	18.18%	9.85%
	阅读前言或序	25.76%	34.09%	27.27%	12.88%

续表

	调查内容	总是	有时	很少	从不
读中方法	一边读一边提出自己的疑问	15.15%	51.52%	30.30%	3.03%
	一边读一边推测后续情节发展	33.33%	52.27%	12.12%	2.27%
	做笔记或标记	13.64%	28.79%	42.42%	15.15%
	将书本中的知识与日常生活相联系	26.52%	59.85%	12.12%	1.52%
读后行为	找相关主题书籍阅读	30.30%	48.48%	18.18%	3.03%
	找同作者其他的书籍阅读	21.97%	43.94%	28.03%	6.06%
	写读后感	3.03%	26.52%	49.24%	21.21%
	摘抄好词好句	14.39%	37.12%	34.85%	13.64%
	画结构图梳理情节内容	6.82%	19.70%	50.76%	22.73%
	和父母讨论内容，分享读书体会	31.82%	50%	15.91%	2.27%
	和老师讨论内容，分享读书体会	4.55%	33.33%	43.18%	18.94%
	和同学讨论内容，分享读书体会	20.45%	50.76%	24.24%	4.55%

（三）高年级学生阅读情况

对高年级学生的全学科阅读情况调查主要从阅读态度、阅读行为两个维度展开。

1. 阅读态度

对高年级学生的全学科阅读态度了解包括对学生全学科阅读喜好、阅读认知、阅读动因三个方面的调查。

在阅读喜好方面，调查结果显示，47.71%的学生非常喜欢读书；其次为喜欢读书的学生，为46.79%。详细调查数据如图2-8所示。

在阅读认知方面，调查结果显示，非常了解全学科阅读和一般了解的学生人数占比分别为5.50%和45.87%，其中了解全学科阅读的学生人数在此调查项目中人数最多，对全学科阅读只停留在听说过层面的学生占比40.37%。详细调查数据如图2-9所示。

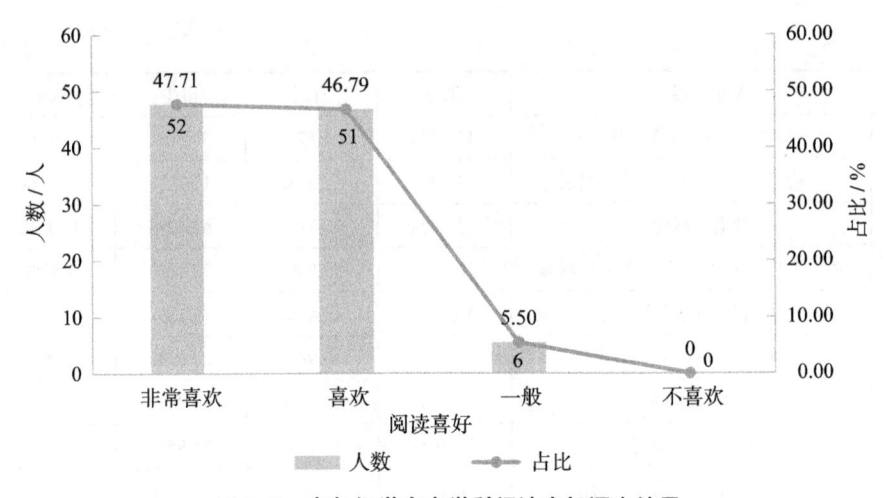

图 2-8　高年级学生全学科阅读喜好调查结果

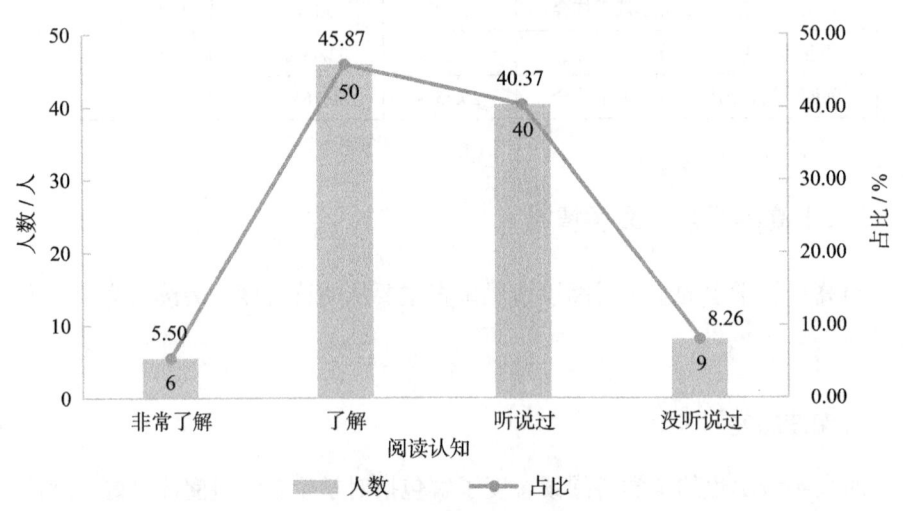

图 2-9　高年级学生全学科阅读认知调查结果

在阅读动因方面，调查结果显示，有 83.49% 的高年级学生认为自己阅读与学科相关的书籍是兴趣爱好使然；读书对学习有帮助、教师或家长的要求，自己才阅读与学科相关的书籍，占比分别为 38.53% 和 68.81%；另外，也有 1.83% 的人没有明确的阅读原因或目的。详细调查数据如图 2-10 所示。

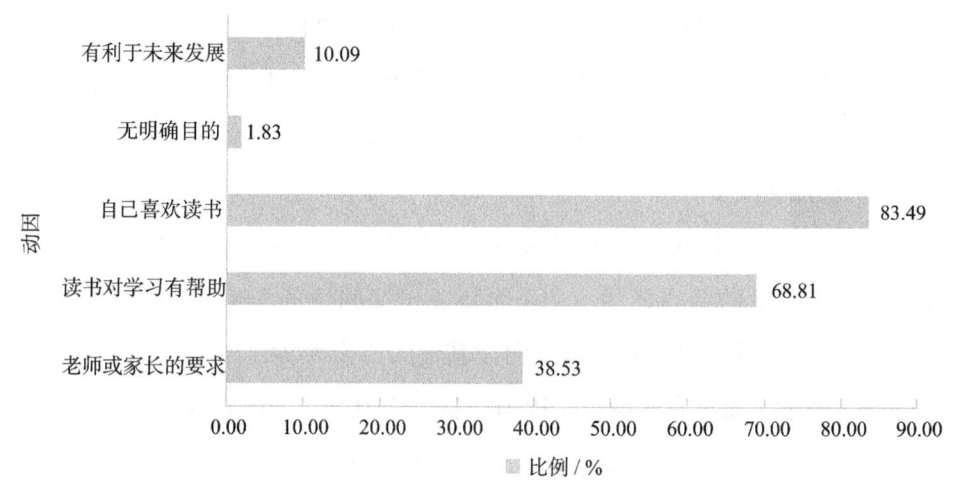

动因	比例/%
有利于未来发展	10.09
无明确目的	1.83
自己喜欢读书	83.49
读书对学习有帮助	68.81
老师或家长的要求	38.53

图 2-10　高年级学生全学科阅读动因的调查结果

2. 阅读行为

对高年级学生的全学科阅读行为了解分为阅读资源的选取、阅读行为的实施、阅读方法的应用三个层面。

在阅读资源的选取方面，调查数据显示，在阅读学科方面，选择语文学科相关书籍进行阅读的人数最多，占比为 88.07%；在阅读类型和阅读书籍方面，以科普类和历史类为主，人数占比分别为 75.23% 和 71.56%；在阅读样式方面，高年级学生比较喜欢文字为主、配一些图画的书籍，占比达到 78.9%，远高于其他阅读样式；而书籍来源方面的调查结果显示，主要以家中藏书或自己购买为主，占比高达 92.66%。

在阅读行为的实施调查中，在阅读形式方面，有 86.24% 的高年级学生还是喜欢阅读纸质书籍，远高于阅读电子书籍和收听音频的人数；而书籍更换方面，每周更换和每月更换的人数占比差距较大；在阅读数量方面，超过 44.95% 的学生每学期能阅读 10 本以上的书籍，每学期阅读 6~10 本和 1~5 本的学生数量占比分别为 32.11% 和 22.94%；阅读时段和阅读地点的调查结果显示，83.49% 的学生选择在放学后或周末开展阅读，80.73% 的学生选择在家中（书房、沙发、床上等）进行阅读。在阅读时间方面，75%的学生每天的阅读时间在半小时至1小时之间；20%的学生每天的阅读时间超过1小时，显示出较强的阅读兴趣和习惯；仅有5%的学生每天的阅读时间不足半小时，需要关注并引导他们增加阅读量。

在阅读方法的应用上，不同的高年级学生倾向于选择不同的阅读方法。对学生阅读方略的调查显示，从头至尾、仔细阅读的学生居多，人数占比70.64%；先选择感兴趣的内容读，再读其他的占比为24.77%。详细调查数据如图2-11所示。而在高年级学生读前准备、读中方法、读后行为的阅读方法上，在读前准备方面，有46.79%的学生总是先阅读目录，有40.37%的学生总是会阅读前言或序，而制订阅读计划的学生相对较少；在读中方法方面，有时会一边读一边提出疑问的学生占比59.63%，总是会一边读一边推测后续情节发展的学生占比56.88%；在读后行为方面，部分高年级学生有时会倾向于找相关主题书籍或同作者其他的书籍阅读，而很大一部分高年级学生有时会和父母或同学讨论书中的内容，人数占比分别为41.28%和53.21%。详细调查数据见表2-2。

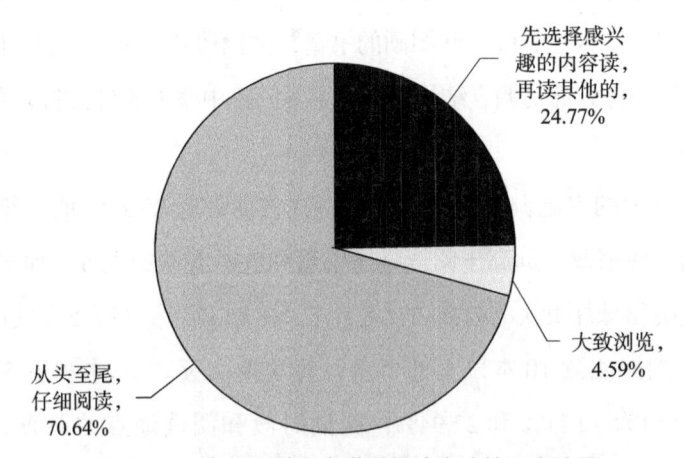

图2-11 高年级学生全学科阅读方略的调查结果

表 2-2　高年级学生全学科阅读方法的调查结果

	调查内容	总是	有时	很少	从不
读前准备	制定阅读计划	9.17%	38.53%	38.53%	13.76%
	阅读目录	46.79%	35.78%	15.60%	1.83%
	阅读前言或序	40.37%	35.78%	17.43%	6.42%
读中方法	一边读一边提出自己的疑问	22.94%	59.63%	16.51%	0.92%
	一边读一边推测后续情节发展	56.88%	34.86%	7.34%	0.92%
	圈画关键词句	9.17%	44.04%	36.70%	10.09%
	批注自己感受或想法	7.34%	36.70%	39.45%	16.51%
	将书本中的知识与日常生活或经历联系	44.04%	44.95%	11.01%	0.00%
读后行为	找相关主题书籍阅读	46.79%	43.12%	9.17%	0.92%
	找同作者其他的书籍阅读	34.86%	47.71%	15.60%	1.83%
	写读后感	3.67%	26.61%	54.13%	15.60%
	做摘抄	7.34%	44.95%	31.19%	16.51%
	画结构图梳理情节内容	6.42%	38.53%	33.94%	21.10%
	和父母讨论书中内容，分享读书体会	42.20%	41.28%	13.76%	2.75%
	和老师讨论书中内容，分享读书体会	6.42%	40.37%	37.61%	15.60%
	和同学讨论书中内容，分享读书体会	33.03%	53.21%	11.93%	2%
	对书中内容提出问题	28.44%	54.13%	14.68%	2.75%

二、教师全学科阅读情况

对教师全学科阅读情况调查主要围绕对全学科阅读重要性的认识和组织指导全学科阅读情况两个维度展开。

（一）对全学科阅读重要性的认识

根据学校教师的调查可知，当前全学科阅读的重要性基本已经深入人心，调查结果显示，非常重视全学科阅读、重视全学科阅读和一般重视全学科阅读的教师，其占比分别为 26.09%、69.57% 和 4.35%。详细调查数据如图 2-13 所示。

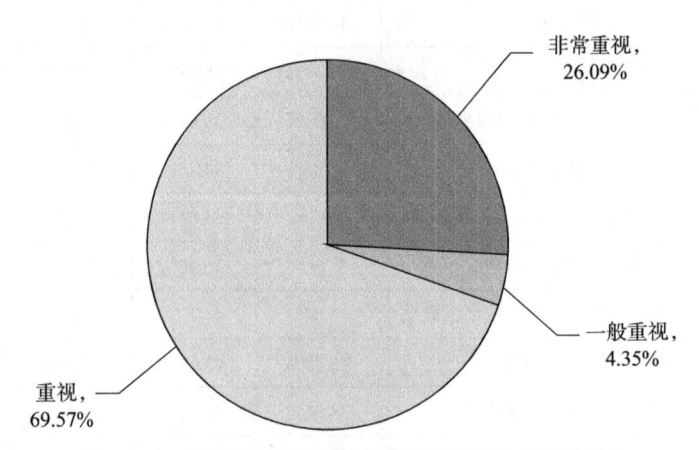

图 2-13　教师对全学科阅读重要性的认识调查结果

在对全学科阅读的积极作用与重要意义调查上，不同的被调查教师认为全学科阅读有不同的作用。详细调查数据如图 2-14 所示。

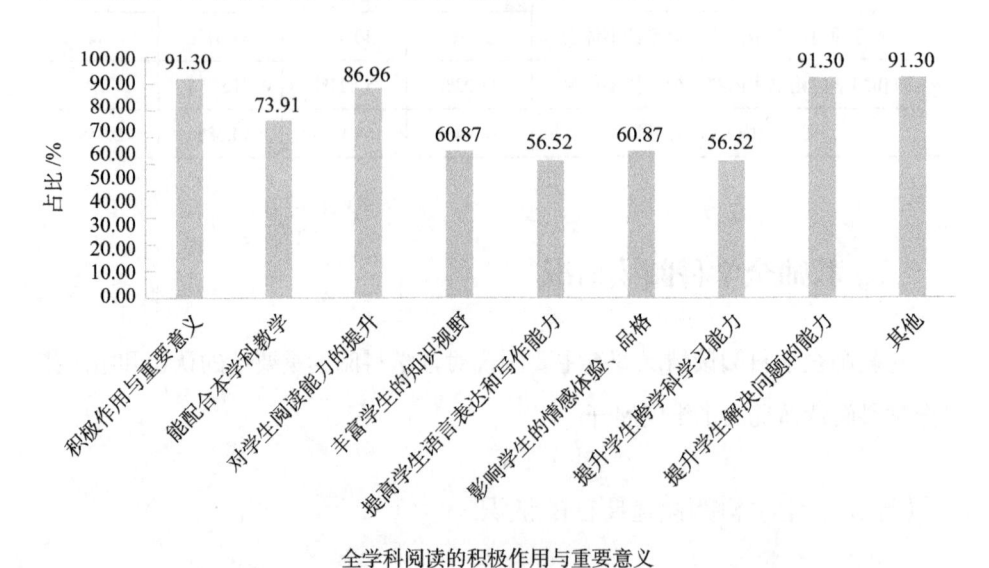

图 2-14　教师对全学科阅读的积极作用与重要意义调查结果

（二）组织指导全学科阅读情况

在教师组织指导全学科阅读情况的调查上，主要对全学科阅读教学的开展形式、策略方法和面临问题展开调研。从调查结果来看，在全学科阅读教学的开展形式方面，大多数教师倾向于在课堂教学或课程实践中开展全学科教学，如某舞蹈学科教师指出，通过带领学生共同观看优秀的舞蹈作品，讲解舞蹈知识、专业术语，辨析不同的舞种，了解各个舞种的风格特点，并让学生做笔记，实现学科知识与其他相关知识的交叉，在学习中实现全学科阅读。在全学科阅读的策略方法方面，不同学科教师的教学引导措施各不相同，但无论是情境诱导、微课展示、画图学习，还是用导读单、小组合作等，都离不开学生阅读兴趣的激发。在全学科阅读面临问题的调查中，有 21.74% 的教师指出没有或暂时没有阻碍，也有部分教师在阅读资源、阅读时间、阅读方法上存在不同层面的困难。

三、家庭全学科阅读情况

对家庭全学科阅读情况的调查主要从家长阅读态度、家长阅读行为、家长阅读指导能力、家庭硬件环境和图书资源四个维度展开。

（一）家长阅读态度

关于家长阅读态度的调查，从家长对阅读的观点、家长对全学科阅读的认知和家长对全学科阅读的实施原因三个层面加以剖析。调查结果显示，在家长对阅读的观点方面，有 85.11% 的家长非常同意"阅读给我带来快乐"这一观点，也有 46.81% 的家长同意"因为工作需要而不得不读书"。详细调查数据见表 2-3。

表 2-3　家长对相关阅读观点的调查结果

单位：%

调查内容	非常同意	有点同意	不太同意	不同意
阅读给我带来快乐	85.11	14.89	0	0
因为工作需要而不得不读书	21.28	46.81	21.28	10.64
我喜欢和别人交流读过的书	36.17	55.32	8.51	0
我喜欢利用空闲时间来阅读	57.45	34.04	8.51	0
阅读是我的一项重要活动	55.32	31.91	10.64	2.13

在家长对全学科阅读的认知方面，非常了解全学科阅读概念与内涵的家长相对较少，占比为 6.38%，不太了解全学科阅读的家长，占比超过一半。详细调查数据如图 2-15 所示。

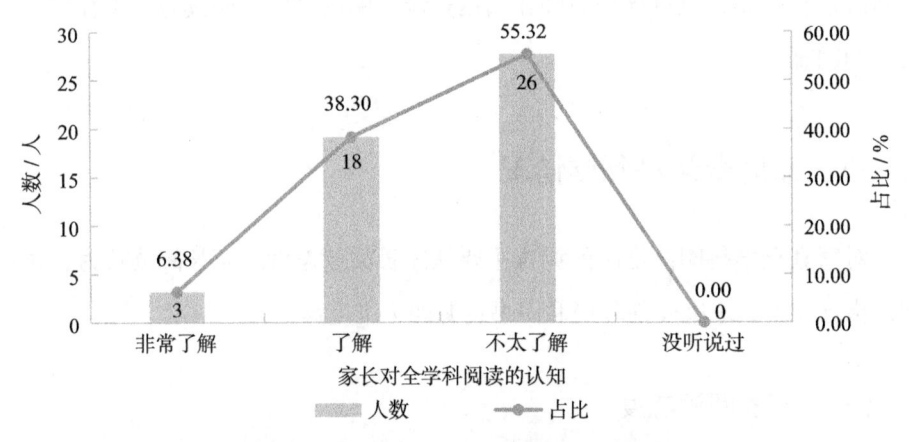

图 2-15　家长对全学科阅读的认知调查结果

在家长对全学科阅读的实施原因方面，有 76.0% 的家长认为全学科阅读能够拓宽孩子知识面，开阔眼界；也有 68.09% 的家长认为全学科阅读能够提高学生的思维能力。详细调查数据如图 2-16 所示。

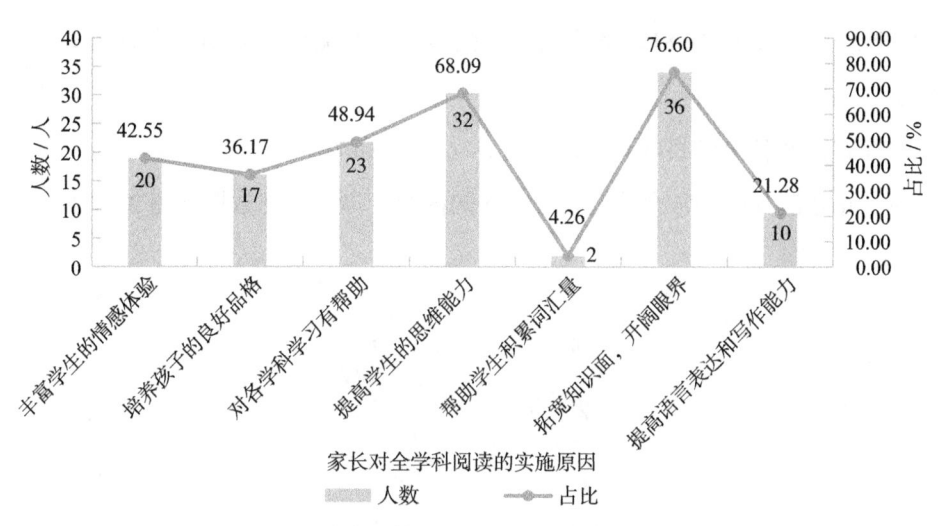

图 2-16 家长对全学科阅读的实施原因调查结果

（二）家长阅读行为

在家长阅读行为的时间上，调查结果显示，大多数家长每天阅读时间为30分钟或60分钟，人数占比分别为31.91%和38.32%。详细调查数据如图2-17所示。

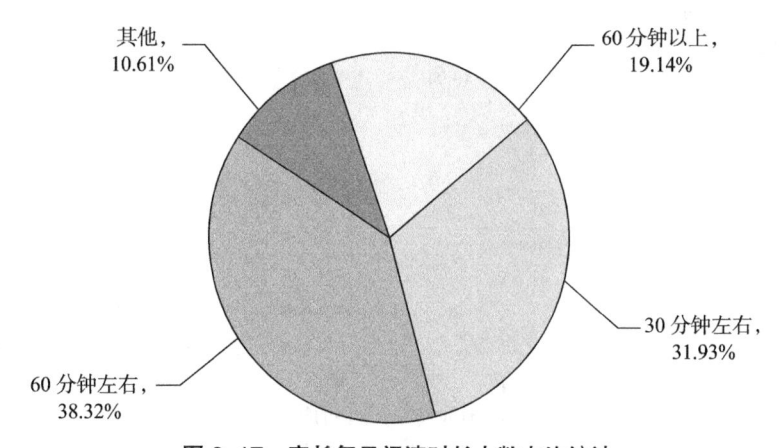

图 2-17 家长每日阅读时长人数占比统计

在家长陪孩子一起阅读的频率调查上，经常陪孩子阅读的家长占比为

42.55%，同时也有 46.81% 的家长偶尔陪孩子一起阅读。详细调查数据图 2-18 所示。

而在涉及各个学科的频率调查中，46.81% 和 48.94% 的家长表示孩子在阅读时，总是涉及或经常会涉及各个学科的内容。详细调查数据如图 2-19 所示。

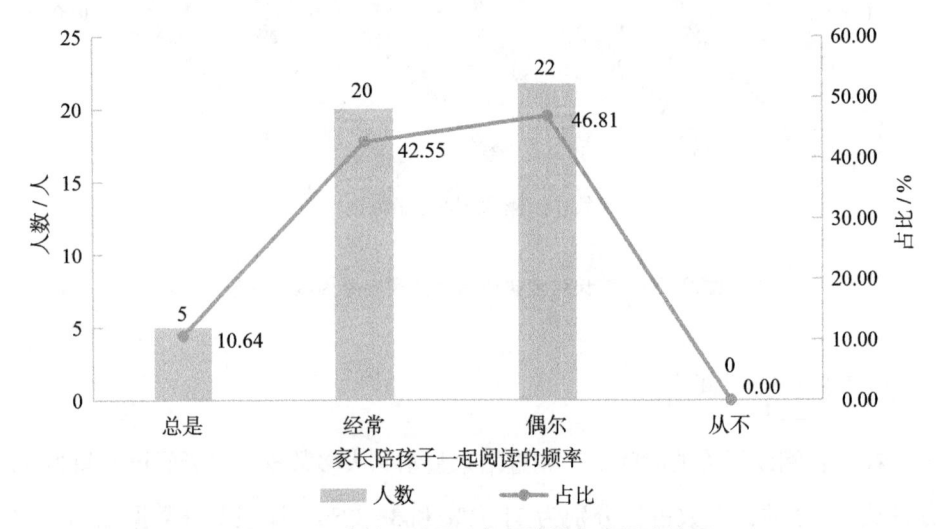

图 2-18　家长陪孩子一起阅读的频率调查结果

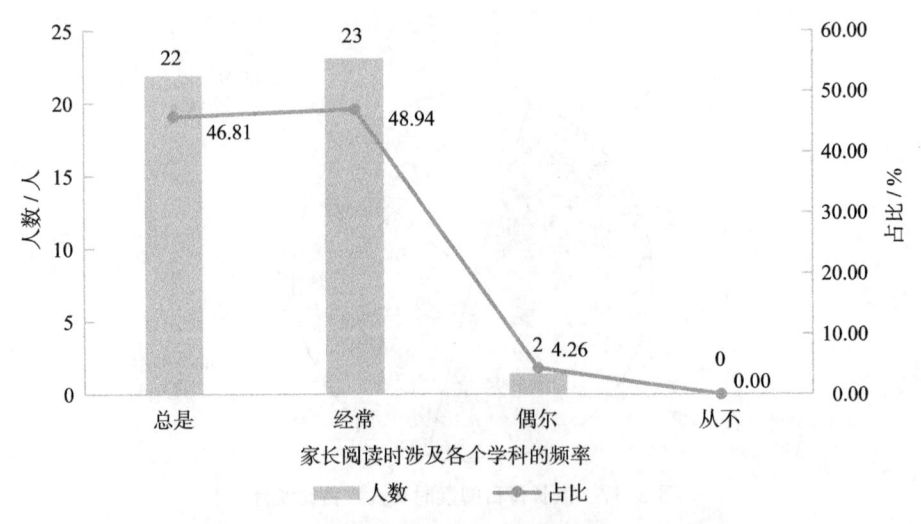

图 2-19　家长阅读时涉及各个学科的频率调查结果

在孩子已经阅读的书籍类型与倾向选择阅读的书籍类型上,家长主要倾向于历史类的书籍作为孩子全学科阅读的材料,分别有 93.62% 的孩子阅读过历史类的书籍,有 91.49% 的家长会选择历史类的书籍作为孩子的全学科阅读的材料。其相关调查结果见表 2-4。

表 2-4 阅读书籍类型的选择调查结果

单位:%

调查内容	文学类	历史类	社科类	数学类	科技类	艺术类	体育与健康类
已经阅读过的书籍类型	89.39	93.62	65.96	68.09	80.85	51.06	21.28
倾向选择的阅读书籍类型	80.85	91.49	74.47	68.09	82.98	63.83	59.57

(三)家长阅读指导能力

在家长阅读指导能力方面,主要对阅读指导活动与阅读指导方式的频率进行调查。在家长对孩子阅读指导活动的频率调查中,有 61.70% 的家长每月会 1~2 次谈论自己看过的书,也有 51.06% 的家长每月 1~2 次讲述最近看的电影。其相关调查结果见表 2-5。

表 2-5 家长对孩子阅读指导活动的频率调查结果

单位:%

调查内容	几乎每天	每周 1~2 次	每月 1~2 次	几乎没有
读书给对方听	12.77	21.28	42.55	23.40
谈论自己看过的书	10.64	17.02	61.70	10.64
最近看的电视电影	2.13	25.53	51.06	21.28
最近看的新闻	19.15	44.68	34.04	2.13
聊自己做过的事情	23.04	40.43	25.53	0
去书店或图书馆	2.13	12.77	72.34	12.77

在家长对孩子阅读指导方式的频率调查中,有 57.45% 的家长有时与学校教师交流,而 51.06% 的家长有时与其他家长交流。相关调查结果见表 2-6。

表 2-6　家长对孩子阅读指导方式的频率调查结果

单位：%

调查内容	总是	有时	很少	从不
与学校教师交流	2.13	57.45	34.04	6.38
与其他家长交流	8.51	51.06	34.04	6.38
读亲子阅读的专业书籍	17.02	59.57	21.28	2.13
关注与阅读相关的公众号	31.91	51.06	10.64	6.38
上网了解适合孩子阅读的书单	40.43	53.19	4.26	2.13
参加学校举办的阅读讲座活动	6.38	51.06	38.30	4.26

（四）家庭硬件环境和图书资源

对家庭硬件环境和图书资源的调查主要从家庭买书或借书的频率、家庭藏书数量、孩子藏书数量、阅读硬件环境四个方面加以剖析。在家庭买书或借书频率上，每月一次的家庭占大半，占比为 65.96%；半年一次的家庭占比为 25.53%。相关调查结果如图 2-20 所示。

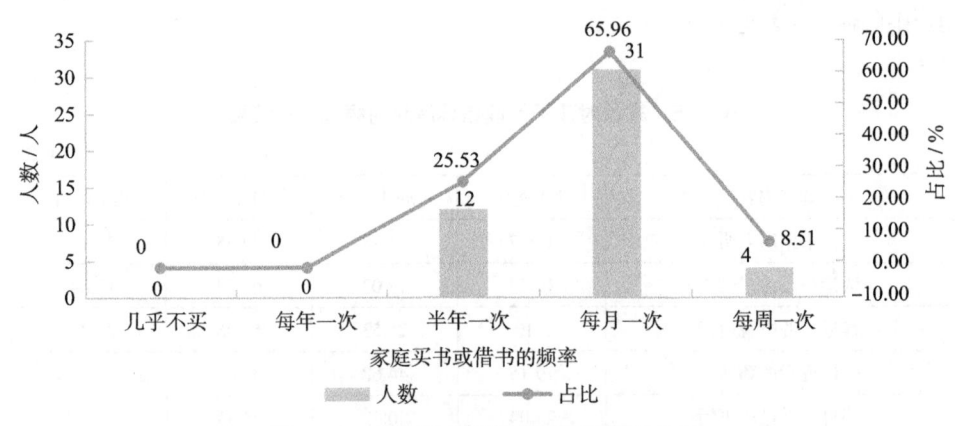

图 2-20　家庭买书或借书的频率调查结果

在家庭藏书数量和孩子藏书数量方面，家庭中藏书多于 200 本的人数较多，占比为 70.21%；而孩子藏书也以多于 200 本的人数居多，占比为 40.43%。相关调查结果如图 2-21 所示。

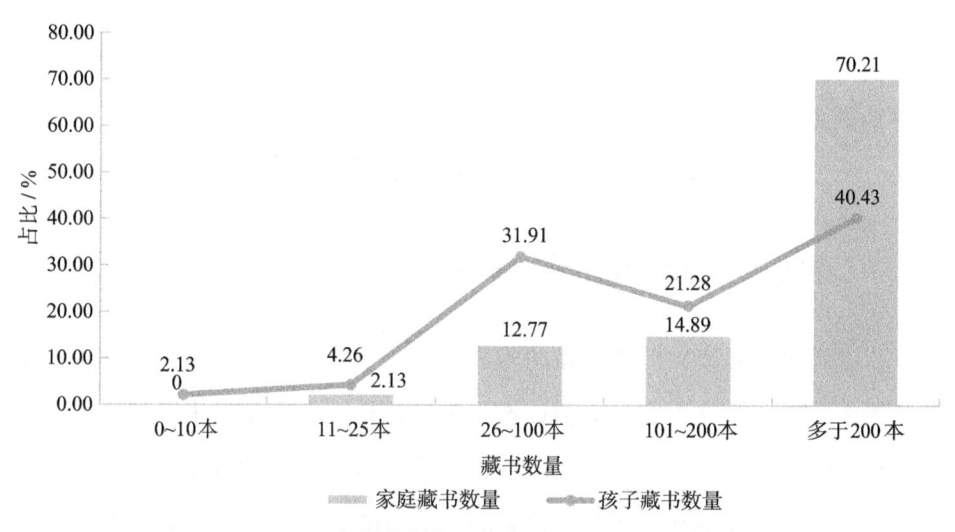

图 2-21　家庭藏书数量和孩子藏书数量调查结果

在家庭为孩子提供的阅读硬件环境调查中，分别有 91.49% 和 97.87% 的家庭都拥有孩子独立的阅读空间或书桌/书架。相关调查结果如图 2-22 所示。

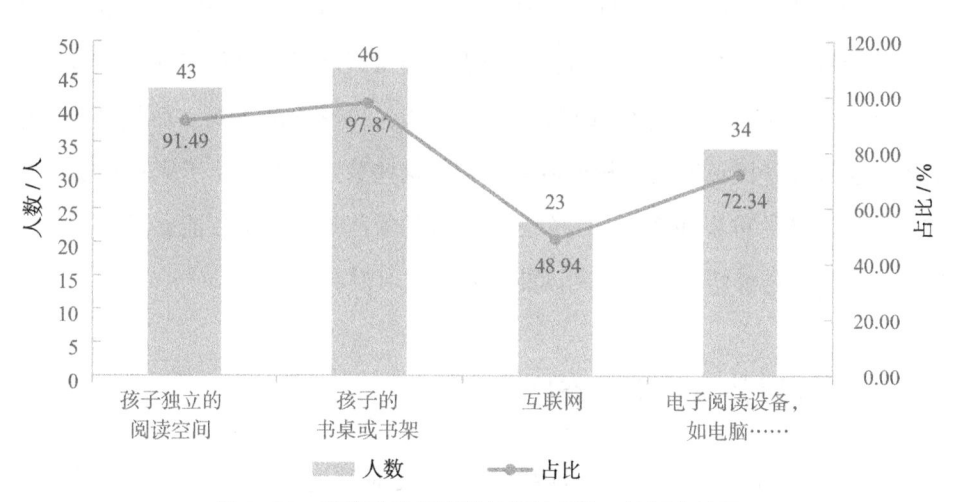

图 2-22　家庭为孩子提供的阅读硬件环境调查结果

第三节　我校全学科阅读的优势

一、良好的家庭阅读陪伴环境

环境对孩子阅读兴趣与习惯的养成有十分重要的影响，在充满书香的家庭环境中，孩子往往更容易对阅读产生浓厚兴趣。本次调研中发现，家长们在家庭阅读环境创设方面，有 70.21% 的家长表示家中藏书超过 200 本，而有 40.43% 的家长表示属于孩子自己拥有的藏书超过 200 本，同时有 65.96% 的家长以每月一次的频率给孩子买书或者借书。可见，家长在环境创设方面下了不少功夫，为孩子营造了良好的阅读氛围。

当阅读成为家庭活动，家庭成员一起阅读的亲子时光，不仅能让孩子在日常生活中养成阅读的习惯，同时有利于培养亲子感情。本调研发现在阅读陪伴方面，分别有 42.55% 和 46.81% 的家长表示经常或者偶尔会陪伴孩子阅读，同时有 42.55% 的家长会在陪伴时与孩子各自读各自喜欢的书籍，而仅有 8.51% 的家长会在孩子阅读时看手机或者玩电脑。这些数字充分展示了家长对于培养孩子阅读习惯的重视和努力。一个充满书香的家庭环境，不仅能够激发孩子的阅读兴趣，还能够培养他们的阅读能力和思维习惯。

二、教师勤奋的学习态度

师者，传道授业解惑也。教师的学习态度对学生学习效果产生直接影响。勤奋好学的教师可以以自身强大的号召力感染学生，引领学生，形成全学科阅读的良好风气。调研结果显示，有 69.57% 的教师表示自己非常重视全学科阅读，且表示"不太重视"的教师人数为零。同时，大多数的教师认为全学科阅读在补充课堂教学、提升阅读能力、丰富学生视野等七个方面都具有正面的积极作用。可见教师在对待全学科阅读的态度上，表现出了极高的认同感和重视度。而在实际行动上，教师也在不断探索可切实落地的策略方法，通过组织参加画展、情境拓展、多媒体阅读等方式，进一步拓展阅读的内容和形式，各学科围绕教学实际情况，探索了趣味引导、多媒体视觉化、小组化合作学习、组织表演、阅读心得分享等途径，旨在培养学生的阅读习惯、阅读理解和阅读专注力等。

当然，教师也反映出实施全学科阅读方面存在的问题和困难。比较普遍的困难因素，包括可供阅读的资源较少、专业书籍数量有限、缺乏合适的阅读内容等。韦编三绝，重在敏行，本着"绝知此事要躬行"的态度，教师开始自学全学科阅读方法理论，寻找书籍，请教专家，互相分享，尝试通过自身的学习和实践来解决这些问题，为全学科阅读的顺利开展扫清了障碍。

三、学生识字量的良好基础

识字量对于全学科阅读而言是重要的基础，阅读需要理解文字，识字量的多少对学生阅读能力产生直接性的影响。在调研中我们发现，大部分低年级学生识字量已经达到500个字以上，这也意味着学生已经具备了基本的阅读能力，可以更加顺畅地进行全学科阅读，这也是开展全学科阅读的一大优势。

第四节　我校全学科阅读存在的问题

通过全面分析教师全学科阅读指导情况、学生阅读情况和家庭阅读情况调研的数据，结合学校实际实施情况，我们发现当前我校全学科阅读工作面临如下问题和挑战。

一、学生层面

（一）学生缺少适宜的阅读材料

阅读是知识获取和心灵成长的重要途径，对于学生来说尤为重要，合适的书籍才能激发阅读兴趣，促进学生的全面发展。根据调研结果显示，没有适合自己的书籍依旧是困扰学生阅读的重要原因，中、高年级人数占比分别为22.73%和25.69%，这个数据清晰地揭示了一个关键问题：缺乏适合的阅读材料成了学生阅读的障碍，提醒我们关注学生的阅读需求和选择。因此，我们需要深入探究这个问题，找出其背后的原因。可能是因为市场上的书籍种类繁多，但真正适合学生年龄、兴趣和阅读水平的书籍却不多；也可能是因为学校和家庭在为学生提供阅读材料方面存在不足。为了解决这个问题，学校和家庭应该共同努力，为学生提供更多元化、更贴近他们需求的阅读材料，为学生创造一个更好的阅读环境。

（二）学生缺少阅读策略和方法

当学生发现阅读不再是一件枯燥无味的事情，而是可以通过有效的方法和策略来享受阅读的乐趣时，他们的阅读兴趣自然会得到激发。这将促使学生更加主动地投入阅读活动中，形成良性循环。调研数据显示，仍有一部分学生不懂得如何运用这些方法和策略。这可能是由于缺乏相关的阅读指导，或者是因为学生没有意识到阅读方法和策略的重要性。因此，学校和家庭应该加强对学生的阅读方法和策略的指导，帮助他们掌握有效的阅读技能，提升阅读能力。

此外，教师也可以通过课堂教学和课外阅读指导，有针对性地培养学生的阅读方法和策略意识。例如，可以组织阅读分享会、阅读指导课等活动，让学生在实践中学习和运用阅读方法和策略。

（三）学生的阅读时间得不到保障

阅读是学生学习知识、开阔视野、提升思维能力的重要途径，而充足的阅读时间可以确保学生有效进行阅读，是培养他们的阅读习惯和兴趣的关键。在困扰学生阅读的原因调查中，大多数学生指出，因为功课太忙，没有时间，导致全学科阅读受到影响。可见，当前存在学生阅读时间普遍偏短的现状。阅读时间的不足可能源自学生的时间被日常生活、学习事务所占据，导致他们难以抽出更多时间进行阅读。同时，现代科技产品的普及也在一定程度上影响了学生的阅读时间。许多学生花费时间在社交媒体、短视频和游戏上，从而挤占了原本可以用来阅读的时间，也有可能导致学生缺乏阅读的兴趣和动力。

二、教师层面

教师个人对全学科阅读的重视程度、知识视野及专业水平则直接影响学生对阅读的兴趣和能力。

通过调研发现，访谈的教师都非常支持全学科阅读，认为全学科阅读有着重要的意义，但是谈及"关于全学科阅读，您认为还存在哪些问题或操作上存在什么困难"时，教师普遍认为在全学科阅读指导上是存在困难的。例如，不同学生在阅读的主动性和阅读能力方面有较大的差距，阅读指导难以照顾到学生个体的差异性；教师跨学科知识方面是相对匮乏的，不清楚如何将阅读教学与各学科内容有机结合，导致阅读指导效果不佳；教师在教学中还需要处理大量的学科内容和教学任务，很难抽出时间和精力来进行跨学科阅读教学设计和实施，导致阅读教学的深度和广度不足。

总体来说，学校和社会应加大对教师阅读指导的支持，为教师提供专业培训，使教师自身的阅读素养和阅读指导能力得到提升。

三、家庭阅读方面

家庭阅读氛围的营造取决于家长对阅读的认知，以及家长自身的阅读行为。

调研结果显示，关于全学科阅读，有 55.32% 的家长表示不太了解，20.81% 的学生得不到家长的阅读指导。家长对全学科阅读认知不足是一个显著的问题。全学科阅读强调的是跨学科的阅读和学习，它有助于学生建立全面的知识体系，提升综合素养。然而，调研结果显示，超过半数的家长对此表示不太了解，这意味着他们可能无法有效地引导学生进行全学科阅读，错过了培养学生跨学科思维的机会。

另外，家长在阅读指导方面的缺失也是一个重要问题。有相当一部分学生得不到家长的阅读指导，他们在阅读时遇到困难无法解决。这可能导致学生对阅读产生挫败感，逐渐失去阅读的兴趣和热情。同时，缺乏家长的指导也可能使学生在阅读过程中无法深入理解和思考，影响了阅读的效果。

为了解决这些问题，家长需要加强对全学科阅读的了解和学习，提升自身的阅读素养和指导能力，同时积极营造家庭阅读氛围，与学生共同享受阅读的乐趣。

四、学校阅读机制方面

全学科阅读需要建立完善的学科间协同机制才能打破学科壁垒，发挥全学科阅读育人效果。通过前期调研发现，学校各学科在教学中缺乏统一的阅读教学协同机制，导致学生在不同学科中的阅读学习缺乏连贯性和整体性。例如，我校语文学科作为与阅读关联性最强的一门学科，开展阅读活动相对成熟，发展也较快，英语教师会花更多的时间在阅读方法指导上，数学教师会花更多时间在读题审题上，道德与法治教师会有较多时间进行文本材料的阅读。而其他学科阅读资源有待开发，在阅读教学各方面的时间都相对较少。各学科之间缺乏有效的沟通和合作机制，这导致学生在不同学科的阅读学习中缺乏交叉和整合，学生阅读能力和跨学科思维能力得不到有效的培养和提升，无法形成全面的阅读能力和综合素养。

全学科阅读的实践探索是一项系统性工程，涉及教学模式各个方面的改革，需要统筹调动全校各方面的资源力量，并且投入相应的时间资源加以协调改进。特别是其中所取得的探索成果，以及基于探索成果所形成的创新做法总结，都需要经过闭环式的全流程管理。但是，这类创新和改革所需要的全流程管理，包括从谋划设计到实施落地，再到反馈信息的收集，最后实现进一步的优化和迭代更新，各个环节都需要一定的时间投入，才能获得充足而有效的信息内容，调整优化各个模块之间的联动机制，从而实现不断地发展进步。我校全学科阅读实践无论是经验积累，还是信息收集都十分欠缺，离项目的更新和完善还有一定的差距。

第三章　全学科阅读课程体系的构建

北京市海淀区第三实验小学以立德树人为根本任务，以"明雅"课程为根基，培养明德雅行、砺学尚志的阳光少年。朱永新教授说过：一个没有阅读的学校永远不可能有真正的教育。全学科阅读育人是新时代基础教育的需要，因此，将阅读引入国家各学科课程体系中，构建综合、立体的阅读模式，通过提升学生的阅读素养，培根铸魂，启迪智慧，培养有理想、有道德、有本领、有担当的时代新人。

第一节　学校文化介绍

北京市海淀区第三实验小学坐落于中关村科技园区内，毗邻多所高校，由原海淀区地质小学（现地质校区）、东升小学（现语言校区）、暂安处小学（现展春校区）三所学校合并而成，并于2004年由海淀区教委命名。

学校秉承与时俱进、团结拼搏的创新精神，积极推行素质教育，推进课程改革，逐渐丰富校园文化内涵，初步确立了以"明雅教育"为核心的校园文化理论体系，以"明德雅行、至善致远"为核心价值观，将培养"三实"少年作为育人目标，即培养志向坚实、身心茁实、素养丰实的明雅少年，希望每一个学生在这样的文化氛围中汲取营养，收获成长。

一、学校办学理念

2022年5月，全家教育工作会议指出，社会主义建设者和接班人的培养，须重视德、智、体、美、劳全面发展。以此为目标构建高水平的教育体系，这既是衡量个体素质的核心标准，也是中国特色社会主义教育的远景目标。

崭新的时代起点，学校需要回归育人常识，构建和谐办学生态，努力实现四个转变。首先，学生不再局限于被动的知识接受，而是要发挥自身的创造力，积极培养创新思维和实践能力，以此肩负起历史的传承使命；其次，教师的角色发生了转变，教师不仅仅是教育服务的提供者，也是立德树人的引领者；再次，家长不再局限于传统的教育委托者，而是转变为学生终身学习的同行者；最后，传统的办学机构需要转变为教育的超级社区，以"聚合资源、搭建平台、重塑角色、构建成长共同体"为基本方略，使学校转变成为"学生的讲堂、教师的学堂、家长的聚智堂及社区的文化殿堂"。❶

学校始终秉承"明德雅行、至善致远"的办学理念，"明雅"一词释义有两个，一是文雅明智的意思，二是正大光明的意思。"正而有德者"谓之雅，又与德有关；"明"可以解释为"明明德"的意思，《大学》中有"大学之道，在明明德，在亲民，在止于至善"。这里的"明"字，可作动词用，也可用作形容词。在对"明雅教育"的价值追求中，学校致力于深化认识，进而实现办学品质的进一步提升。

二、学校教育主张

终身大计，无过于培养人才；教育核心，在于塑造健全的精神品质。习近平总书记在党的十八大报告中强调，"立德树人"是学校各项工作的出发点和落脚点，这就需要我们在办学过程中遵循自然的规律、社会发展的规律、教育

---

❶ 马万成.循规而行 提质增效[J].民主，2022（1）：32-34.

的规律和学生成长的规律。遵循自然的规律，顺应人的自然属性和天性，为学生提供丰富多样的教育；遵循社会发展的规律，努力把握未来社会发展的变化趋势，着力培养学生适应未来社会所需要的本领和素养；遵循教育的规律，探索有效的育人方法和途径，促进学生的全面和谐发展；遵循学生成长的规律，根据不同的年龄阶段去设计教育教学的内容和方式。由此我校构建了"明雅"课程体系，以"为学生终身学习与发展奠定基础"为课程的价值取向；以丰富多彩的课程为学生的个性化发展提供选择空间。不仅着眼于现在，更着眼于可持续发展，使学生成为独立自主的终身学习者。

学校以"明雅"课程体系为引擎，把有意义的事情做得有意思，把有意思的事情做得有意义。有意义就是高挑战、有价值，更多关注价值；有意思就是突破学生的认知，超出他们的预期，更多聚焦体验。我们提倡以自主闯关的方式进行古诗文的背诵，学生在闯关中由齐步走实现尽情跑；开展"研究性学习"激发学生潜能，学生以自愿参加为原则，鼓励他们自主选择主题，展开研究。在学习过程中，学生从已储备的知识和生活经历中，发现存在的问题，并且试图探究解决的办法。把所学与实践结合起来，先制订研究方案，再通过查找资料，进行调查，综合分析，向教师和父母咨询，最后总结出自己的学习成果；"课前五分钟"展示创造自信表达的机会，培养能说会道的学生。学生利用每天课上的前五分钟时间，围绕一个自主探究的主题进行丰富多元、激情洋溢的演讲；学校坚信，当今社会，见识胜于学识，因此开设了由专家讲、家长讲、学生讲的大讲堂，让学生吸收最新的养分，明确自己的目标，激发求知的热情。这些有意思又有意义的教学方式，让每个学生都能有发展个性和特长的舞台，都有机会挖掘心目中最好的自己。

三、学校育人目标

学校将培养"三实"少年作为育人目标，即培养志向坚实、身心茁实、素养丰实的明雅少年。以道德为基础，培育做人的根本；启迪智慧，培养智慧的头脑；以体塑人，使其健康发展；以美化人，温暖美好心灵；以劳树人，筑牢幸福之基。倡导把有意义的事情做得有意思，让学校成为学生的讲堂。为此，学校充分挖掘各学科的育人价值，开展多种促进学生学科素养的活动，将国家课程校本化。例如，整本书阅读、古诗文闯关、研究性学习、五分钟微课程、小公民课程、每日必修课下的课程。拓展类课程满足学生的个性化学习需求，培养学生的兴趣特长，学生可以根据他们的兴趣和发展意愿自由选择。实践课程与学校育人目标相结合，强调各学科的互通性、实践性，既体现不同学段的差异，又使学生在实践活动中开阔视野、增长见识。

实验三小的教育遵循少年儿童身心成长规律，通过形式多样的系列学习，培养学生兴趣特长，拓展学生知识领域，培养科学探究精神、创新意识和实践能力，为学生成长打好精神底色，为终身学习与发展奠定基础，从而实现五育融合、全面育人。

第二节　明雅课程体系

学校在充分整合课程与教学、制度管理、教师团队等各个教育要素的基础上，根据学校办学理念和育人目标，调整、重构原有的课程内容，构建和完善了实验三小"明雅"课程体系。

一、课程建设背景

随着社会的转型、知识获取渠道的多元化，学校的功能与作用在发生根本性变革。学校不再是"知识的配给所"，而是转变职能，将发展学生核心素养、提高学生能力作为主要目标。真正促进学生发展的不是教师教授现成知识的课程，而是能吸引学生不断探究的课程。特别是基础教育课程改革以后，课程管理从国家单一管理转变为国家、地方、学校三级管理，学校拥有了课程设置权力和责任，课程成为学校教育改革中的"热频词"，课程改革、课程建构越来越受到学校的重视，课程被视为学校核心竞争力的重要标志，课程建设成为学校教育的中心任务之一。

2022年4月，教育部印发《义务教育课程方案》和语文等16个课程标准。新修订的义务教育课程以习近平新时代中国特色社会主义思想为指导，落实立德树人根本任务，强调育人为本，依据"有理想、有本领、有担当"时代新人培养要求，明确了义务教育阶段培养目标。各门课程基于培养目标，将党的教育方针具体化、细化为学生核心素养发展要求，明确本课程应着力培养的正确价值观、必备品格和关键能力；进一步优化了课程设置，九年一体化设计，注重幼小衔接、小学初中衔接，独立设置劳动课程；与时俱进，更新课程内容，改进课程内容组织与呈现形式，注重学科内知识关联、学科间关联；结合课程内容，依据核心素养发展水平，提出学业质量标准，引导和帮助教师把握教学深度与广度；通过增加学业要求、教学提示、评价案例等，增强了指导性。❶

新修订的义务教育课程描绘了育人蓝图，增强了思想性，系统融入习近平新时代中国特色社会主义思想，强化社会主义先进文化、革命文化、中华优秀传统文化等方面的教育；增强了科学性，遵循学生认知规律，注重与学生生活、社会实际的联系；增强了时代性，注重体现马克思主义中国化最新成果，反映经济社会发展新变化、科学技术进步新成果；增强了整体性，注重学段纵向衔接、学科横向配合；增强了指导性，加强了课程实施指导，做到好用管用。为义务教育优质均衡、高质量发展提供了有力支撑。❷

我们要加强课程实施管理与指导，明确学校课程实施的工作要求，大力推

---

❶ 中华人民共和国教育部.义务教育语文课程标准（2022年版）[M].北京：北京师范大学出版社，2022.
❷ 同❶.

进教学改革，转变育人方式，切实提高育人质量，加大条件保障力度，保证课程有效实施。

二、课程育人目标

学校始终秉承"明雅教育"的办学理念，提出构建"明德雅行，至善致远"的育人目标，形成了以传统文化为核心的课程体系。遵循少年儿童身心成长规律，本着对国家政策的落实的原则，学生通过形式多样的系列学习，将公民教育、爱国主义教育、感恩教育、绿色教育、传统文化教育、劳动教育等贯穿始终，为学生成长打好精神底色。

育人目标如下：

为学生终身学习与发展奠定基础，助力学生健康成长、多元发展，培养学生兴趣特长，拓展学生知识领域，培养科学探究精神、创新意识和实践能力。

提高学生思想品德修养和审美能力，让学生掌握科学的学习方法，培养团结协作和社会生活能力，从而实现五育融合、全面育人。

培养三实，即"志向坚实、身心茁实、素养丰实"的明雅少年。

三、明雅课程体系的建构

明雅课程体系包含国家课程、地方课程和校本课程。我们做到：开足开齐国家课程，规范统一教学进度计划，增强课堂实效，科学规范布置作业，结合本校的传统和优势及学生的兴趣和需要，开发适合的校本课程。

学校明雅课程体系是针对课程的性质和领域来架构的。课程的三个类别分别是基础类课程、拓展类课程、实践类课程，五个领域分别是语言与文学、科学与逻辑、品德与健康、艺术与审美、生态与劳动，涵盖德、智、体、美、劳，五育融合，落实五育并举（如图3-1所示）。

"三实"——志向坚实、身心笃实、素养丰实

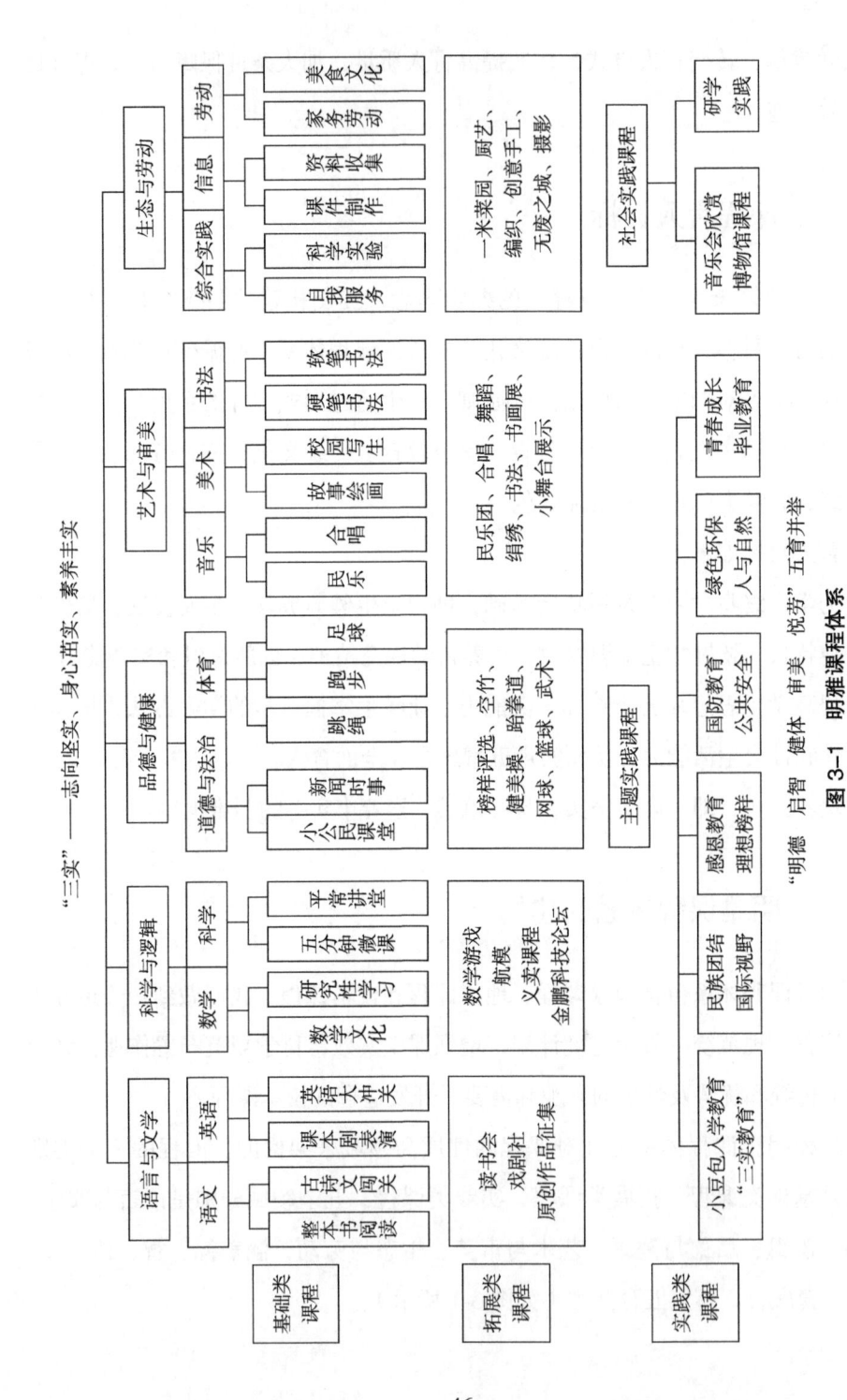

基础类课程

- 语言与文学
  - 语文：整本书阅读、古诗文闯关、课本剧表演、英语大冲关
  - 英语：英语大冲关、课本剧表演
- 科学与逻辑
  - 数学：数学文化、研究性学习
  - 科学：五分钟微课、平常讲堂
- 品德与法治
  - 道德与法治：小公民课堂、新闻时事
- 体育与健康
  - 体育：跳绳、跑步、足球
- 艺术与审美
  - 音乐：民乐、合唱
  - 美术：故事绘画、校园写生
  - 书法：硬笔书法、软笔书法
- 生态与劳动
  - 综合实践：自我服务、科学实验、课件制作、资料收集
  - 信息
  - 劳动：家务劳动、美食文化

拓展类课程

- 读书会 戏剧社 原创作品征集
- 数学游戏 航模 义卖课程 金鹏科技论坛
- 榜样评选 空竹 健美操 跆拳道 网球 篮球 武术
- 民乐团、合唱、舞蹈、绢绣、书法、书画展、小舞台展示
- 一米菜园、厨艺、编织、创意手工、无废之城、摄影

实践类课程

- 小豆包入学教育 "三实教育"
- 民族团结 国际视野
- 感恩教育 理想榜样
- 国防教育 公共安全
- 绿色环保 人与自然
- 青春成长 毕业教育

- 主题实践课程
- 社会实践课程
  - 音乐会欣赏 博物馆课程
  - 研学实践

"明德 启智 健体 审美 悦劳"五育并举

图3-1 明雅课程体系

（一）基础类课程——夯实基础、提升素养

基础类课程，是教育部义务教育课程方案统一规定的科目，包括语文、数学、道德与法治、体育、英语、科学、信息技术、综合实践、音乐、美术、书法、劳动教育等（表3-1），旨在培养学生全面的基础素养，为学生终身发展奠基，是全体学生的必修课。

学校倡导把有意义的事情做得有意思，让学校成为学生的讲堂。为此，学校充分挖掘各学科的育人价值，开展多种促进学生学科素养的活动，将国家课程校本化。

表 3-1 实验三小基础类课程

课程类型			基础课程
课程五大领域	语言与文学	语文	整本书阅读、古诗文闯关
		英语	课本剧表演、英语大冲关
	科学与逻辑	数学	数学文化、研究性学习
		科学	五分钟微课、平常讲堂
	品德与健康	道德与法治	小公民课程、新闻时事
		体育	跳绳、跑步、足球
	艺术与审美	音乐	民乐、合唱
		美术	故事绘画、校园写生
		书法	硬笔书法、软笔书法
	生态与劳动	综合实践	自我服务、科学实验
		信息	课件制作、资料收集
		劳动	家务劳动、美食文化

（二）拓展类课程——张扬个性、实现自我

个性拓展课程：学校在每天 16:30~17:30 开展社团活动，目前学校成立社团 25 个。该类课程结合学校办学理念，旨在满足学生的个性化学习需求，由学生根据自己的兴趣和发展愿望自主选择。

个性拓展类课程，既有在学校指导下进行的内容，也有社团的共享课程，如：绢绣、风筝制作、一米菜园和无废之城等。具体见表3-2。

表3-2　实验三小个性拓展类课程

课程类型		拓展课程
课程五大领域	语言与文学	读书会、戏剧社、《呦呦鹿鸣》原创作品征集
	科学与逻辑	数学游戏、航模、义卖课程、金鹏科技论坛
	品德与健康	榜样评选、空竹、健美操、跆拳道、网球、篮球、武术
	艺术与审美	民乐团、合唱、舞蹈、绢绣、书法、书画展、小舞台展示
	生态与劳动	一米菜园、厨艺、编织、创意手工、无废之城、摄影

（三）实践类课程——开阔视野、增长见识

实践课程：包括主题实践课程和社会实践课程。该类课程与学校育人目标相结合，强调各学科的互通性、实践性。既体现不同学段的差异，如一年级开展入学教育、六年级开展毕业教育；又体现各学段在育人目标上的一致性，如感恩教育、环保教育等。此类课程充分打通课上课下、室内室外、校内校外的学习时空，让学生在实践活动中开阔视野、增长见识。

四、课程具体实施与评价

学校明雅课程体系整合了国家、地方、学校三级课程设置，从顶层设计、课程构建到课程具体实施三个阶段，完成了课程理念与结构的创新，制订了课程实施方案，形成了独特的以落实明德、启智、健体、审美、悦劳"五育"并举的明雅课程体系。从顶层设计到具体课程的实践，逐步推进学校整体课程改革的落地。国家课程校本化，主学科（语文、数学）在课程实施的过程中，特别强调挖掘学科知识的育人点，将学科知识与学生生活、实践活动相融合，把有意义的事做得有意思。坚持把阅读、写字、跑步作为每一位师生的必修功课。学校以"五育"贯穿课程实施的始终，将育人目标与明雅教育课程内容有机链接，注重学生的个性化发展，整合学习内容，变革学习方式，使学校开设的课程有意义、有意思。

（一）开展项目制管理，保障课程建设

随着学校课程的丰富，一对一的管理模式已经不能满足学校发展的需要。特别是一些拓展类、实践类课程，需要统一策划和实施，学校通过开展项目制度，把一些小课程作为一个个项目，由项目负责人全权负责，调度学校的相关资源，保障课程的顺利实施。

（二）统整现行教学时间，灵活开展大小课时教学探索

学校课程改革和完善不尽然体现在课程类型和内容上，在课程实施的时间上，要依据不同的课程内容设置不同的教学时间，开展大小课时的教学探索。一些课程只需要 20 分钟左右的小课即可完成，如小讲座等；还有一些课程则需要更长的时间确保实施的效果，如学生开展的小课题研究、对学生开展研究方法的指导课，都需要集中进行讲授和培训，所以需要的课时相对更长。依据具体情况，合理安排大小课时，是确保课程顺利实施的重要保证。

（三）改革评价，完善课程评价体系

教育评价是对教育活动满足个体和社会需要作出判断的活动，是对教育活动实现的或潜在的价值做出判断，以期达到教育价值增值的过程。[1] 明雅课程的构建和完善以课程评价为抓手，积极探索科学的评价方法和实践，将评价与课程、教学及学生活动融为一体，使评价成为学生监控自我发展、认识自我优势和不足的重要手段，实现以评价促发展的目标。

---

[1] 陈玉琨. 教育评价学 [M]. 北京：人民教育出版社，1999：7-8.

1. 将评价与课程、教学和学习活动融为一体

明雅课程的评价强调将评价融入学生学习的过程，让评价成为学生监控自我发展、认识自我优势和不足的重要手段，实现以评价促发展的目标。

2. 实现评价的多元化

（1）评价主体多元化。

明雅课程强调评价主体的多元化，教师、学生、家长都应该参与到评价的过程中，通过教师评价、学生自评和互评、家长寄语等方式开展。多元评价的主体因其教育背景、思维方式、评价的角度不同，评价信息将是多样的，可以对学生全面发展起到促进作用。

（2）评价方式多元化。

将过程性评价与结果性评价并重，既关注学习的效果，又关注学习过程中的动机和方式，评价的理念回归到对学生综合素养的发展的评价。同时，将学生的学习过程、学业质量、学习习惯、学习态度等都纳入学生的学习评价中，不是只通过期末考试的成绩来评价一个学生的学科学习水平和学习能力。

3. 针对学校开展的各种活动，开展针对性评价

学校通过古诗闯关活动、阅读工程、五分钟演讲、足球联赛等多种比赛和活动，激发学生积极主动参与各项课程的热情，实现学生的自主发展，又通过不断挑战自我，最终发现自己的潜能和特长，促进每个学生全面发展。

开展"明雅少年""古诗闯关小达人""古诗手账达人秀"等评选活动，用榜样激励学生成长。学校通过评选活动，让更多的学生看到身边的同学是如何积极学习、不怕困难、自强不息地进行学习和锻炼的。评选不仅仅看学生取得的成绩，更注重在这个过程中学生体现出的精神、毅力、品格，让这样的精神鼓舞更多的学生，让更多的学生能够积极主动地向榜样学习，成就更好的自己。

第三节　全学科阅读课程体系探索

学校在明雅教育的主张下，以全学科阅读课程为载体，以增强学生核心素养、发展终身学习能力为目标，立足学生的认知水平和各学科特点，对全学科阅读课程体系进行了有益的探索与构建。

在全学科阅读课程建设中，各学科依据学科课程理念及课程标准要求，创造性地将国家课程与阅读理念融合，使其校本化并加以实施。同时，将阅读环节渗透到基础类课程、拓展类课程和实践类课程中，为学生提供丰富、多元化的课程。以数学学科为例，学校明雅课程中的数学文化和研究性学习，可以通过引导学生阅读相关的规则和说明，使其参与到激烈的数学竞赛和有趣的游戏活动中去；阅读与数学史相关的书籍或数学家故事等，理解数学的本质和发展脉络，激发学生的好奇心和深入研究的兴趣。将阅读与数学课程有效融合，建构数学史阅读课程和数学文化课程，更加关注数学知识在实践中的应用，强调如何用数学知识解决实际问题，引领学生在数学学科开展深入探究。语文学科则以学科实践活动为平台，在明雅课程整本书阅读和古诗文闯关的基础上，将阅读与写作相结合，鼓励学生为《呦呦鹿鸣》校刊投稿；将课内阅读与课外阅读相结合、单篇阅读与整本书阅读相结合，开展年级、班级及组内读书交流会；将阅读与美术相结合，进行古诗文手账本的创作；将阅读与朗诵相结合，开展古诗文闯关活动，通过多种活动形式，实施阅读课程。再如学校明雅课程中的体育学科，学生在学习其中一至若干项体育技能的同时，通过阅读体育历史、运动规则、赛事分析、运动员故事等体育类的书籍、文章或新闻报道，更精准地掌握运动技能要领，更深入地了解体育的多元性和综合性，拓宽视野。体育学科的阅读课程设有人物传记和评体育赛事。

全学科阅读课程体系补充、完善及细化了学校的明雅课程体系，在关注培养学生各学科素养的同时，淡化了学段、学科的边界感，满足了学生多元化的需求和个性化的发展。建设全学科阅读课程体系对培养学生的综合素养意义深远。

一、全学科阅读课程建设背景

在经济全球化迅猛发展、科技日新月异的时代背景下，我国对教育发展、人才培养提出更高的要求与挑战。2022年，教育部新修订的《义务教育课程方案》及2022年版语文、数学和英语等16部课程标准，对义务教育提出了新的期望，为其优质、均衡、高质量发展奠定了坚实的基础。在新课程改革中，突出了思想性、科学性、系统性和指导性，为义务教育指明了方向。以"有理想、有本领、有担当"为依据，将"育人为本""立德树人"的基本使命贯彻落实，进一步明确了义务教育阶段的培养目标，勾勒出教育的发展蓝图。

新课程方案及新课程标准强调全学科的整合及全学科的阅读。《义务教育课程方案（2022年版）》明确指出，"加强课程综合，注重关联""各门课程用不少于10%的课时设计跨学科主题学习""注重培养学生在真实情境中综合运用知识解决问题的能力""探索大单元教学，积极开展主题化、项目式学习等综合性教学活动，促进学生举一反三、融会贯通，加强知识间的内在关联，促进知识结构化"。❶新一轮的课程改革强调了与学生的生活、社会实践之间的关系。学校以阅读为引领，通过主题、任务、项目等形式整合学科课程内容，打通知识、能力与素养的形成路径，帮助学生在体验、实践中，"行走"于各个知识领域，从而实现跨学科学习，达到新课程标准的育人目标。全学科阅读课程，既实现了各学科间综合、关联、跨学科、真实情境的学习要求，又满足了学习的实践性，充分践行了"做中学、用中学、创中学"。本课程可以有效地指导学生参与主题研究，通过发现问题、解决问题、构建知识、应用知识等一系列的过程，让知识以实践为基础，在实践的基础上，促进能力的提高。

---

❶ 中华人民共和国教育部.义务教育课程方案（2022年版）[M].北京：北京师范大学出版社，2022.

"最是书香能致远"早已成为教育界的普遍共识。就学生而言，丰盈自己精神世界最好的方式就是捧起一本书。2017年6月，经国务院法制办办务会议审议，原则通过《全民阅读促进条例（草案）》，其中第二十二条强调：国家鼓励中小学加强书香校园文化建设，加强校园阅读设施建设，完善相关建设标准，鼓励教师开展阅读指导，有针对性地开展教师培训，开设必要的阅读课程，开展多种形式的校园阅读活动。❶该条例指出，学校应在书香校园氛围下，打造阅读+课程的学习新模式，全面拓展学生的语言学习区间，激发阅读兴趣的同时，还可以提升核心素养。凭借全学科阅读课程，让阅读成为学生的一种生活习惯，培养他们终身学习的能力，伴随着书香气健康成长。

阅读的意义和重要性是不言而喻的，它对于个人成长和社会进步都具有深远的影响。习近平总书记在很多场合都强调过读书的重要性，倡导大家将阅读变为一种生活方式，应该多读书、善读书。这不仅是对个人修养提升的要求，也是对建设书香社会、推动文化繁荣的期望。"书犹药也，善读之可以医愚"，阅读是人类增长知识、启迪智慧、陶冶情操的一种主要方式。读书可以启迪思维，立下高尚的志向，培养浩然正气。我国从古代就倡导读书，讲求格物致知、诚意正直，以继承民族的无限生机，培养中国人的自信心和自强不息的性格。通过构建"书香文化"，人们的思想境界和精神境界都将得到极大的提高，中华民族的精神世界也变得厚重、深邃。

我们既是在创造自己的生活环境，又是在被周围的环境所制造。要养成良好的读书习惯，营造积极的学习氛围，离不开书香满溢的校园。2023年，全国教育工作大会明确指出，要大力推进全民读书，培养学生爱读书、读好书、善读书。阅读是提高学生思想素养的一种主要途径，在学校教育中更是如此。在全学科阅读过程中，涉及多学科的知识领域，能够帮助学生更全面地理解文章，掌握学科技能，提升他们的综合素养。

---

❶ 国家新闻出版广电总局. 全民阅读促进条例（草案）[Z]. 2017.

学校坚持"以人为本",始终秉持"明雅教育",为学生的学习和可持续发展奠定基础。"阅读"早已成为全体师生每天的一门必修课程,它和"掌握知识与技能、动手动脑、做人做事、生存生活"建立起一条纽带。在新时代教育的大背景下,构建全学科阅读课程,以读促思,以思促行,助推学生的生命成长。

二、全学科阅读课程培养目标

新课标中,各学科对本课程都有明确的核心素养培养目标。义务教育阶段,素养的生成主要来自阅读和实践。将阅读与实践充分融合,知行合一,可有效提升学生的核心素养。学校以全学科阅读课程为载体,利用综合立体的阅读模式实现了学科间的融合,为学生提供了适合他们发展的多维度、多元化课程,拓宽了他们的学科视野,从而实现了课内外的连接。学生在多学科的阅读课程体系视域下,通过感知、体验、参与和探究等活动,提升了自己在某一方面的素养。该素养可以是在某一方面表现突出,值得他人学习或借鉴,成为榜样人物;可以是通过勤学苦练掌握了一项技能;可以是延展自身的兴趣爱好,完成了一部精彩的作品;也可以是勤思好学,有自己的主见,作出了一方评论;还可以是写得一手好字或是拥有一副好口才。我校将其概括为"六个一",即一个榜样、一项技能、一部作品、一方评论、一手好字和一副口才。全学科阅读课程旨在实现这"六个一"的培养目标,以阅读启智慧,借实践育能力。

(一)一个榜样

心有榜样,行有力量。榜样的力量是无穷的,身边的榜样最具说服力。全学科阅读课程将书中的榜样人物迁移到实际生活中,在心中树立榜样人物:有孝敬父母的榜样、助人为乐的榜样、敢于担当的榜样、奋勇拼搏的榜样、潜心钻研的榜样……以此促使每一个学生都有梦想、敢担当、勇奋斗，成为更好的自己。

（二）一项技能

子曰："志于道，据于德，依于仁，游于艺。""艺"即技能，一技傍身，方不惧人生风雨。通过全学科阅读课程，助力学生掌握一项技能。这项技能可以是弹一手好琴，也可以是擅长烹饪，还可以是绘画技能，或者是一项体育技能……让学生在热爱中，遇见更好的自己。

（三）一部作品

世界万物所具有的色彩，都是生命的颜色。只有五彩缤纷的生命才能创造出多彩的生活。通过全学科阅读课程，提升学生的自我价值感，助力他们用不同的视野感受生命，创造出属于自己的一部作品、一首诗歌、一项科技发明、一个趣味手工、一首自编曲目、一幅画作……激励学生在热爱的学科领域，去发现生命的颜色。

（四）评论

"言语巧偷鹦鹉舌，文章分得凤凰毛。"语言是一门艺术，善用语言评论世界，是一种修养，给人以信赖感和友善感。通过全学科阅读课程，帮助学生学会独立思考，以自己的视角去赏析所见所闻所感并给予恰当的评论。可以是一则影评、一篇书评、新闻评论、某一话题的评论、他人作品的评论，抑或是对他人见解的评论……在评论中，培养学生能言巧辩的表达能力、敏锐的洞察能力和创新的思辨能力，同时学会尊重差异，"横向"汲取他人的观点。

（五）一手好字

一手好字，相伴一生，受益终身。我国自古以来就把书法比拟成自然万物，如行云，如流水……又比成天上的群星，地上的花木，水中的游鱼……通过全学科阅读课程，引导学生坚持练字，写一手好字。可以是写一手好的硬笔字，也可以是一手好的毛笔字。在习字过程中，品鉴汉字之智，修身养性，陶冶情操，磨砺品性。借汉字之美，提升他们的自身气质和审美鉴赏能力，传承中华民族的国粹文化。

（六）一副口才

语言是一门艺术，是思维的外显。口才是思维的手段，它可以让一个人的内在充满魅力。通过全学科阅读课程，以语言为载体，培养学生的涵养和自信。助力他们的语言表达能力，使他们能够在人前侃侃而谈、乐于分享，并落落大方地表达观点，让生命充满能量。

在新时代的教育大变革背景下，全学科阅读课程依托新版义务教育课程方案和各学科课程标准，通过不同学科课程目标之间的垂直衔接与横向整合，以阅读为学科融合手段，将培养学生综合核心素养这一目标真正落地，满足学生多元化需求，促进他们的全面发展。

三、全学科阅读课程结构说明

全学科阅读课程体系结合本校的传统和优势，基于学科知识，延展知识构架，深入知识内在联系；构建学科阅读课程体系，创新教学手段，满足学生兴趣、需求及认知水平。该课程对学校课程体系的完善及学生综合素养的提升具有重要的意义和价值。如图3-2所示。

全学科阅读课程体系

课堂实践与阅读主题

- 人文与社会
  - 语文：整本书阅读、课型探索、跨文化阅读、绘本阅读、社会热点、榜样人物
  - 英语
  - 道德与法治
- 数学与科学
  - 数学：数学史阅读、数学文化
  - 科学：科学实验、观察生活
- 艺术与审美
  - 音乐：歌曲鉴赏、音乐会欣赏
  - 美术：名画欣赏、博物馆课程
- 运动与健康
  - 体育：人物传记、评体育赛事
  - 劳动：美食文化、说明书阅读

跨学科阅读实践活动

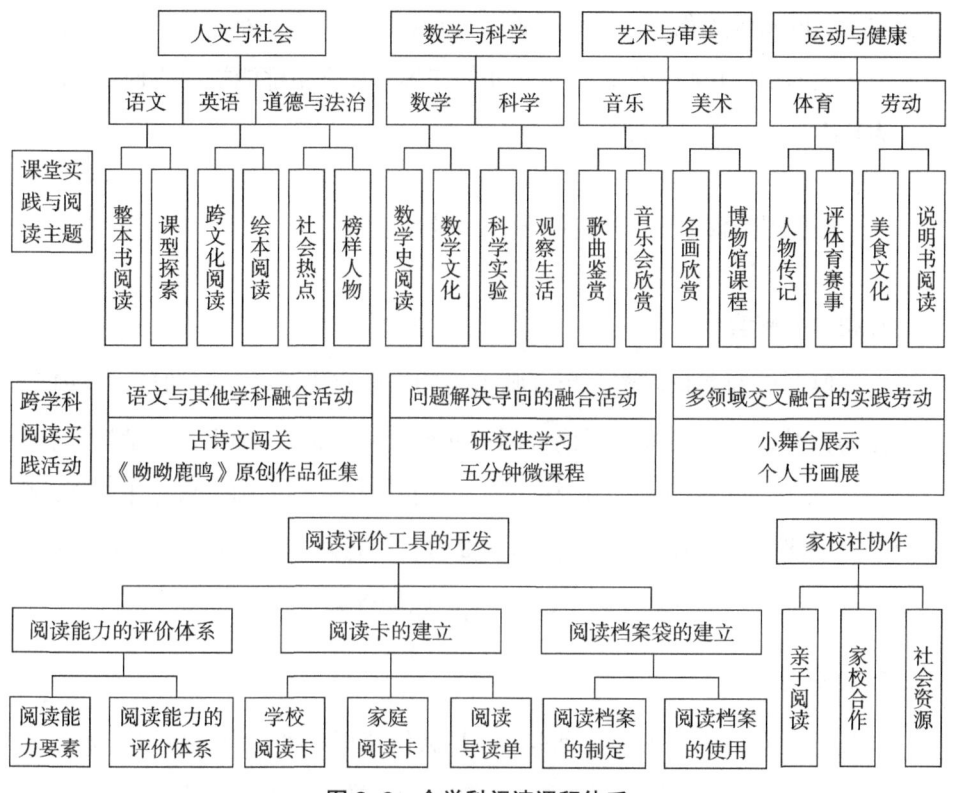

- 语文与其他学科融合活动：古诗文闯关、《呦呦鹿鸣》原创作品征集
- 问题解决导向的融合活动：研究性学习、五分钟微课程
- 多领域交叉融合的实践劳动：小舞台展示、个人书画展

阅读评价工具的开发

- 阅读能力的评价体系：阅读能力要素、阅读能力的评价体系
- 阅读卡的建立：学校阅读卡、家庭阅读卡、阅读导读单
- 阅读档案袋的建立：阅读档案的制定、阅读档案的使用

家校社协作

- 亲子阅读
- 家校合作
- 社会资源

图 3-2 全学科阅读课程体系

学校的育人目标是"培养志向坚实、身心苗实、素养丰实的'三实'明雅少年"。结合育人目标，针对课程的性质和领域，学校架构了全学科阅读课程体系。与阅读相关的两个课程类别分别是：各学科课堂实践与阅读主题、跨学科阅读实践活动。四个领域分别是：人文与社会、数学与科学、艺术与审美、运动与健康。涵盖德、智、体、美、劳，五育融合，落实五育并举。

课堂的基础类学科课程是教育部义务教育课程方案统一规定的科目，包括语文、数学、英语、体育、道德与法治、科学、音乐、美术、劳动教育等，是全体学生的必修课。

学校主张把有意义的事情做得有意思。学校为学生搭建平台，使之成为学生的讲堂。为此，学校以阅读之名，充分挖掘各学科的育人价值，各学科通

过相关主题的阅读实践课程活动，通过培养学生的阅读素养，多维度、多感观地发展学生的学科核心素养，丰富多元的课程，让学生都能找到适合自己的跑道，为其终身发展奠定基础。

（一）基础类课程——夯实基础、提升素养

1. 整本书阅读

为丰厚学生的文化底蕴，学校师生一同享受每天的"午间阅读一小时"。除自主阅读外，学校还推出了促进阅读交流的"三话"（师生"共话"、生生"对话"、亲子"夜话"）和"七个一"（读一读、说一说、画一画、评一评、唱一唱、演一演、练一练）。为了提高学生的表达能力，以读促写，学校还在公众号开设了校刊《呦呦鹿鸣》，发表学生的原创诗文。

2. 数学文化

立足学生的兴趣，在数学课堂上，打破传统算一算、画一画的教学模式，学生通过阅读数学名人的逸闻趣事、有趣的中外数学发展史、蕴藏数学智慧的生活小妙招等，探秘数学世界。让阅读承载数学知识，变成文化味十足的探究式数学课堂，以此培养学生的数学思维，渗透文化自信。

3. 博物馆课程

见识比知识更重要。学生美育的培养除了唱唱、跳跳、画画外，艺术类学科的相关阅读课程也可以帮助学生走得更远、看得更广、想得更深。课堂上，学生坐上书籍的飞船，畅游在各大博物馆间，揭开每一件藏品神秘的面纱，感受其动人的故事，借此领悟美的力量及造物者的伟大。该课程激发了学生的好奇心和无限想象力，培养学生的创造性、批判性思维，学会如何与艺术对话，如何创造未来。

4. 评体育赛事

体育的魅力在于激励学生奋勇拼搏，勇往直前。结合与体育相关的阅读课程，学生了解了体育文化和精神，学会了评论体育赛事，培养了敏锐的洞察力、灵敏的思维，增广见闻，加深生命的厚度。

各领域相关的阅读课程，以丰富多样的形式，滋养着学生。

（二）跨学科课程——开阔视野、彰显个性

跨学科类的阅读实践课程与学校育人目标相结合，强调各学科的互通性、融合性与实践性。既体现不同学科的差异，又体现各学科在育人目标上的一致性，如古诗文闯关、研究性学习等。此类课程充分打通课上课下、室内室外、校内校外的学习时空，使学生在实践活动中开阔视野、彰显个性。

跨学科阅读课程由学校为学生搭建展示的平台，激趣增智，为学生个性化的成长提供可能。

1. 古诗文闯关

为了激发学生的积极性，让学生走近古诗词、爱上古诗词、积累古诗词，学校开展了"古诗词闯关"活动。学校为学生提供了包含几百首古诗词的诗库，学生可以从诗库或其他地方选择自己想要积累的古诗，并制作属于自己的精美手账。学校定期举办闯关活动，学生拿着自己的手账，背诵考官从手账中选择的古诗进行考级，20首为一级，学生在闯关中由"齐步走"实现"尽情跑"。

2. 研究性学习

为培养学生的提问意识、探究意识和创新意识，使学生获得亲身参与探究活动的体验，学校支持和鼓励学生开展研究性学习活动。学生基于自身兴趣和学习生活经验提出想研究的问题并自由组队，在导师的指导下，在家长、社会

多方资源的帮助下，经历查找资料、调查分析、整理归纳的过程，得出研究结论。学生从发现问题到解决问题，从自主探究到合作交流，从收集资料到展示成果，实现多维度成长。

3. 小舞台展示

充分开发和利用艺术本身的独特魅力，为学生搭建展示自我的平台，充分发挥美育教育的育人职能，培养学生健康向上的审美认知与高品质的艺术修养，提升综合素养。

跨学科阅读实践课程落实五育并举，遵循以德立人，滋养为人之本；以智启人，培育聪慧之脑；以体塑人，促进健康成长；以美化人，温润美好心灵；以劳树人，培固幸福根基。❶ 将"齐步走"变成"尽情跑"，极大地激发了学生的学习兴趣。

学校"全学科阅读"课程的构建和完善将继续以课程评价为抓手，积极探索科学的评价方式与教学实践模式，将评价与课程、教学及学生活动融为一体，使评价成为学生监控自我发展、认识自我优势和不足的重要手段，实现以评价促发展的目标。

课程评价实现了评价方式的多元化，建立了完善的阅读能力评价体系；学生阅读卡及阅读档案袋，使评价立体化，可追踪、可观察、可调控。

课程评价强调了评价主体的多元化，教师、学生、家长都应该参与到评价的过程中，通过师评、自评、他评、家长寄语等方式开展；多元评价的主体因其经历、背景不同，提供的评价信息也是截然不同的，这将对学生的全面发展起到促进作用。

此外，学校以"聚合资源、搭建平台、重塑角色、组建生命成长共同体"为基本方针，力争把学校、家庭和社会纵贯横联，从而形成家校社协同育人新生态。

---

❶ 马万成. 循规而行 提质增效 [J]. 民主，2022（1）：32-34.

全学科阅读课程突破了学科屏障，是全学科参与、多维度阅读的课程。通过创建一种宏观阅读大概念，将对学生阅读素养的培养置于多学科融合的体系中，让学生能够自主探索各学科的文化内涵。该课程是提升学生核心素养的重要途径，更是新时代培养未来社会新型人才的必然趋势。

第四章　全学科阅读策略体系探索

第一节　学科阅读策略体系的整体探索

"全学科阅读"的概念，是近年来不断升温的教育热点话题，而中小学是全学科阅读实践开展的主要阵地，越来越多的学校把全学科阅读纳入学校的教学建设，以其为支点从阅读教学的层面探索育人方式的变革。我校从"五育"融合的角度出发，将"读书、写字、跑步"作为学校师生成长、发展的必修课，构建明雅课程体系，并深入研究明雅课程体系下的全学科阅读主题，将阅读从课内延伸到课外，从单一学科发展到全学科共育，从文本阅读拓展到视听赏析、体育竞技，从校园、家庭走向音乐厅、博物馆。在长期开展的全学科阅读实践过程中，我们从"全学科"视角出发，跨越各个学科领域，形成了全学科阅读策略体系。

我校全学科阅读从明确阅读目标、掌握阅读方法、开展阅读效果评价三方面构建全学科阅读策略体系，指导全学科阅读教学，不仅涉及低段的绘本阅读，中高年级的古诗文、名著阅读，还能广泛应用于语文、数学、外语、科学、艺术、体育竞技等阅读教学。

一、明确学科阅读目标

全学科阅读旨在通过阅读实践活动实现"六个一"的培养目标,在全学科阅读的背景下,明确学科阅读目标显得尤为重要,它有助于学生有针对性地进行阅读,以提升阅读效果和学习效率。在全学科阅读实践中,阅读目标是一个多维度的概念,它涵盖了阅读兴趣、阅读习惯、阅读方法及阅读理解能力的养成等多个方面,这些目标共同构成了我们在阅读过程中的核心追求。

(一)不同年级的阅读目标要求

首先,阅读兴趣是阅读目标的基础。只有当一个人对阅读产生浓厚的兴趣时,他才会主动地去寻找阅读材料,沉浸到阅读活动中。不同年级学生的阅读兴趣呈现着多样化和层次化的特点,这主要受他们年龄、认知发展、学习环境及社会文化背景的影响。例如,低年级学生的阅读兴趣主要以故事为主,他们喜欢听故事、看故事书,并通过阅读故事书来体验多种情感和经历。图画丰富、色彩鲜艳的绘本和童话故事书是这个阶段学生的最爱,因为这些书籍能够激发他们的好奇心和想象力。随着认知能力的提高和知识面的扩大,中年级学生的阅读兴趣开始多样化,他们开始关注那些能够帮助他们了解不同人物生活经历和文化背景的书籍,与此同时,科幻小说、优美短小的散文也开始进入他们的阅读视野。高年级学生的阅读兴趣则更加广泛和深入,他们开始关注社会、政治、经济等各个领域的问题,对经典文学、哲学、历史等书籍产生浓厚的兴趣。

其次,阅读习惯是阅读目标的重要保障。良好的阅读习惯可以帮助学生保持阅读的持续性和稳定性。不同年级的学生在阅读习惯上呈现出明显的差异,这些差异主要受到年龄、认知水平、学习需求及兴趣爱好的影响。例如,低年级的学生喜欢阅读图文并茂的绘本和童话故事,通过直观的图片和生动的文字来理解故事内容,在阅读的过程中,他们往往需要家长和教师的陪伴及引导,喜欢与成人一起分享阅读的乐趣。随着认知水平的提高和学习需求的增加，中年级学生的阅读习惯逐步走向规范化和系统化，同时，他们也逐渐形成了固定的阅读时间和地点，喜欢在安静的环境中开展阅读活动。高年级学生的阅读习惯更加注重深度和广度，每天定时阅读，养成做读书笔记和写阅读报告的习惯，促进思维的深化和拓展。

再次，阅读方法是实现阅读目标的关键。掌握正确的阅读方法可以使学生更快地获取信息，更深入地理解文本内容。对于低年级学生来说，阅读方法主要集中在基础认识和兴趣培养上。低年级学生可以利用图画和插图理解故事情节和人物关系，亲子共读，通过互动和讲解帮助低年级学生理解故事内容，对于学生喜欢的故事，也可以重复阅读，加深理解和记忆。中年级学生可以将较长的文章或故事分成若干段落进行阅读，在阅读的过程中批注重要信息和自己的思考，鼓励学生主动思考和探究文章的内容和意义。高年级学生的阅读方法需要更加注重批判性思维和深度理解的培养。在这里需要注意的是，阅读方法并非一成不变，不仅要关注学生的年龄特征，也要随时根据学生的实际情况和阅读需求进行灵活调整。

最后，阅读理解能力是阅读目标的核心。阅读不仅仅是为了获取信息，更重要的是理解文本背后的意义、作者的观点及文本所传达的情感。通过不断的阅读实践活动，学生可以逐步提升自己的阅读理解能力，从而更好地赏析阅读材料、理解社会现象、拓宽知识视野。

为了能够定量地测查学生的阅读水平，我们参考北京教育科学研究院张晓玉老师主编的《海淀区中小学全学科阅读资源建设与指导工具研发》课题文献汇编中《北京市中小学生阅读能力分级标准指南（试行）》（以下简称《指南》）一文，她将中小学生阅读能力从低到高分一至五个等级，自一级至五级分别对应小学低段、中段、高段、初中阶段、高中阶段学生阅读能力的整体表现。❶

---

❶ 张晓玉.海淀区中小学全学科阅读资源建设与指导工具研发课题文献汇编[M].北京：北京理工大学出版社，2023：7.

在这个基础上，我们将《指南》里的每个能力的行为表述用李克特量表进行赋值，值域为 1~5，1 表示最低水平，5 表示最高水平。

表 4-1 呈现小学阶段学生阅读能力具体表现的三种关键能力（即信息提取能力、理解把握能力和实践应用能力）。

表 4-1　小学阶段学生阅读能力具体表现的三种关键能力[1]

等级	信息提取能力具体描述	理解把握能力具体描述	实践应用能力具体描述
三级 （小学高段）	1. 能读懂日常生活和学习中常见话题形式的文本 2. 能根据需要，准确提取信息，并通过推断找到隐含的信息 3. 能对信息进行比较和加工，建立信息间的联系，拓宽自身的知识面	1. 能阅读不同学科的文本，把握主要内容 2. 能对文本信息进行较为复杂的加工，对文本中的关键内容作出符合文意的解释	1. 能有目的地筛选阅读材料，展开阅读活动 2. 能根据具体情境综合运用文本信息，解决比较复杂的问题 3. 能在不同学科的学习中，通过阅读，获得解决学科问题的知识与方法 4. 能基于文本信息对文本的科学性、可靠性等进行评价
二级 （小学中段）	1. 能读懂生活、学习中大部分常用文本 2. 能根据需要，准确提取多个信息，并区分主要信息与次要信息	1. 能准确理解文本内容，丰富自己的认知经验 2. 能对文本信息进行简单的比较、筛选、关联、整合等，形成初步的体验与感悟 3. 能对文本有自己的喜好和选择	1. 能在具体情境中，运用文本信息，解决常见的简单问题 2. 能就文本中所写的主要内容或表达的观点，进行补充说明或举例佐证
一级 （小学低段）	1. 能读懂生活中常见的简单语言材料 2. 能根据需要，准确提取基本的事实性信息	1. 能用自己的话大体表达自己对文本内容的理解	1. 能借用文本中的语句来表达自己的想法

---

[1] 张晓玉. 海淀区中小学全学科阅读资源建设与指导工具研发课题文献汇编 [M]. 北京：北京理工大学出版社，2023：7-8.

（二）不同学科的阅读目标要求

学校开展全学科阅读实践活动，通过有针对性地阅读训练和指导，旨在提升学生的综合素养和能力，但是不同学科的阅读目标各有侧重。语文学科注重文学作品的阅读和欣赏，强调对文本的理解和感受，以培养学生的文学素养和审美能力。数学学科通过阅读数学题目和公式，培养学生分析能力和解决问题的能力，同时进行逻辑推理和证明。科学学科通过阅读科学文章和实验报告，培养学生的科学思维和探究能力，提取实验数据和研究结果，进行分析和解读。社会学科通过阅读历史文献、地理资料和社会热点等，培养学生的社会责任感和公民意识，提取关键事件和观点，进行归纳和分析。

总之，不同年级和不同学科对小学生阅读目标的实现有着不同的要求。家长和教师应根据学生的年龄特征和学科特点，有针对性地选择适合的阅读材料和训练方式，逐步提高学生的阅读能力，同时也要注重培养学生的批判性思维和综合分析的能力，为学生的全面发展打下坚实的基础。

二、全学科阅读策略探索

阅读方法的探索是一个多元化、个性化的过程，它需要根据学科特点、阅读目的和个人差异来灵活选择和应用。我校通过不同学科的阅读实践活动来探索学科阅读的方法，在一定程度上提高了学科阅读的效果和质量。

（一）阅读兴趣养成

我们经常能够看到，同一年龄段的学生，他们有的能够长时间静下心来进行阅读活动，而有的则浏览式翻阅图书，很难进入阅读状态，这与他们的阅读兴趣养成有着高度的相关性。

近年来，中考、高考的趋势渐渐证明了"得语文者得天下"，阅读更是一切学习的基础，学生的阅读能力与未来的学习有着密切的关联，文字能激发学生深度的思考，从而透过文字背后去发现思想、价值和真理，促进思维的进阶。

阅读是一种习惯，培养小学生的阅读习惯是各学科教育中的一项重要任务，需要家长和教师的共同努力和耐心引导。而阅读兴趣的养成不是一朝一夕的事情，需要家校社携手，共同为学生的阅读习惯助力。首先，确保阅读材料是学生所感兴趣的，这既包括学生所喜欢的主题、角色、故事情节，也包括学生主观意愿想了解的学科领域，让他们挑选自己喜欢的书籍，在一定程度上增加了他们阅读的动力。其次，树立榜样。家长和教师是学生成长过程中最重要的榜样，展示其自身对阅读的热爱，定期花时间和学生一起阅读，共同分享其中的精彩部分，也会让他们在潜移默化中爱上阅读。最后，给予一定的奖励。当阅读进行一段时间后，鼓励学生分享他们正在阅读的书籍或者书中的小故事，既可以通过口头分享，也可以写出来或者画出来，以多种方式呈现学生阶段性的阅读成果，并设定奖励机制，可以激励他们更积极地阅读，循环往复。都说"兴趣是最好的老师"，打开了兴趣的大门，久而久之，学生的阅读习惯就自然而然地养成了。

（二）阅读时间安排

阅读开始时，无论是家长还是教师都会有这样的困惑——学生到底花多长时间在阅读上是合适的？其实，对于小学生来说，阅读时间的安排需要考虑到学生的年龄特征、学业负担、兴趣爱好、注意力集中等特征。综合考量，无论是在学校，还是在家里，都建议每天安排一个固定的时间段作为学生的阅读时间。

我校开展全学科阅读后，每天中午 1:00 到 1:40 是学生固定的阅读时间，在这 40 分钟的时间里，教师会根据学生的年龄特征和阅读速度的不同进行调整，从一年级到六年级，学生在学校至少每天都能够保证 10~30 分钟的连续阅读时间。

学校有固定的阅读时间，学生回家后也要有独立的、固定的阅读时间。"双减"政策落地后，小学生放学后的时间相对充裕，教师、家长要及时鼓励学生在课余时间选择一些喜欢的书目进行阅读，减少或杜绝沉迷于电子产品的现象。

家庭固定的阅读时间不仅指每天放学后进行阅读活动的空余时间，还包括周末和节假日的固定阅读时间。在周末和假期，家长要协助学生安排更长的阅读时间，这种阅读既可以是随身携带阅读书目的文本阅读，也可以是走进博物馆、音乐厅，将文本阅读拓展到视听赏析之中。

（三）阅读书目的选择

当学生逐渐养成阅读兴趣，拥有了固定的阅读时间，面对市面上琳琅满目的书籍，该如何去选择适合他们阅读的书目呢？

首先，小学生阅读书目的选择必须依据我们的新课标，它是每个学科的方向指南。以语文学科为例，部编版教材每册都编排一次"快乐读书吧"栏目，体现了统编教材倡导大量阅读、加强课内外沟通的理念。这些书目是经过教材编者精心挑选的，通常与单元主题关联，或者适合运用近期学过的阅读策略，或者是教材选文的原著，是课内的有益补充和延伸。❶

在课程标准指导的基础上，专家、教师和家长根据学生的年龄特征、兴趣爱好和学习需求，可以从图书馆、书店、网络等渠道为他们推荐一些优秀的书籍，同时根据学生的阅读情况和反馈情况进行及时的调整和完善。例如，对于没有读过书的学生，建议家长为他们准备图文并茂的绘本，特别是图画比较丰富而字数较少的绘本，最初需要教师、家长陪同学生一起阅读，大人先领读，学生再进行复述；对于有了一定的识字量但是不多的学生，建议准备字数稍微多一点的绘本，依旧需要大人的陪读；对于识字较多的学生，可以鼓励他

---

❶ 陈彩虹. 小学生课外阅读书目的选择原则与推荐[J]. 文理导航, 2020（3）: 1.

们阅读带拼音的故事书；而对于识字超过1000个的学生，家长可以为他们准备纯文字的故事书。一年级从绘本阅读开始，因为图画语言早于文字语言，更直观、更符合儿童形象性思维的特点，通过直观的内容，学生吸收并消化着各种观点，在潜移默化中培养他们的阅读能力，并慢慢引导他们向纯文字阅读过渡。对于阅读水平高的学生，建议尝试精读四大名著。针对三、四年级的学生，建议他们阅读青少年版的名著，而对于阅读水平更高一些的高年级学生，家长和教师可以引导学生阅读四大名著的原著版本。为什么倡导中高年级的学生读名著、读经典呢？首先，因为"名著"一般拥有广泛的读者，它们不是风行一时的"快餐"，而是经久不变的畅销书；其次，"名著"通俗易懂，不卖弄学问，只要认真阅读都能从不同程度获取丰富的内容和思想；最后，"名著"最富有教育意义，它们是人类不可缺少的老师。

总之，对于学生所有的阅读书目，必须经过专家、教师的审核，专家和教师审核的不仅是阅读材料的内容，还包括书籍的出版社及印刷情况，为学生的健康阅读保驾护航。

（四）阅读环境的营造

阅读与心境和情境有很大的关系，当学生进行阅读实践活动的时候，总会有许多因素直接或者间接地影响着他们对阅读的参与程度。营造良好的阅读环境不仅需要关注文化环境、心理环境的创设，还要关注物理环境的营造。

在学校，拥有轻松愉悦的阅读氛围，是一个班级良好班风的营造所必不可少的。学校阅读氛围越浓厚，班级阅读实践活动开展得越扎实，这个班级的学生参与阅读的程度就越高。在进行阅读活动的时候，我们要选择在学生情绪比较平和的状态下进行，学生在剧烈运动后，要稍作休息，等心情平静之后再进行阅读，也就是我们常说的收拾好心情再阅读。学生在阅读的过程中，情境的创设也非常重要：在学校，将教室的光线和温度都调整好，适合学生阅读。例如，中午的时候，教室的温度较高，学生容易犯困，可以打开门窗、适当通风，让教室的温度降下来，给学生创设适合的阅读环境。

在家庭中，期待家长也一起参与孩子的阅读，在家庭中形成一定的阅读氛围，建议家中孩子要有独立的阅读空间，父母要尽量安静，如果可以也尽可能地与孩子一起读书。在阅读心境与情境的创设上，与学校保持高度的一致。

（五）辨析真假阅读

在学校开展全学科阅读的过程中，各学科教师在指导学生阅读的时候也会发现，有的高年级学生，连最基本的故事都看不下去，拿着一本书翻来翻去，很难进入阅读状态，也有的学生目光随着教师而动，很容易就被外界所干扰，那么在全学科阅读实践中教师就要进行真假阅读的辨析。

随着时间的推移，真读书的学生思维越来越深刻，语言表达越来越流畅并具有思想性，词语的运用也越来越丰富和生动，但是假读书的学生则还是停留在原来的阅读水平，阅读的书籍也是倾向于单一、浅层等。学生真阅读的实际表现：首先，阅读过程中不受或极少受其他响动的影响；其次，能够按照家长、教师的要求有效阅读，阅读状态是投入的；最后，能够在阅读后与大人进行一定程度的交流——能用自己的语言讲出读过的故事，能够说出明白的道理并对故事中的主人公进行客观评价（他是一个什么样的人？为什么？）。我们也可以在阶段性阅读后开展一些阅读分享活动，运用"5W1H"（Who 何人？When 何时？Where 何地？What 何事？Why 何故？How 何法？）的方法进行提问，以此来辨析学生的真假阅读。

（六）"三支笔"陪伴阅读

阅读分精读与泛读两种阅读方法。精读的基本要求是学生至少阅读5~10遍，每次阅读需要带着不同的阅读任务进行。精读主要是在初读之后进行，学生在初读之后进行反复的、突出重点的深入研读即为精读。精读是领会文章及全书精髓的重要步骤，能够修正或深化初读时所形成的印象。如何引导精读呢？概括来说，就是"三支笔"陪伴阅读。准备黑色、红色、蓝色三支笔开启精读之旅。在经过第一遍初读后，学生对文章或整本书的内容会有大致的了解，再次从头开始阅读，也就是进行第二遍用黑笔做简单批注的默读环节。这一次的阅读建议学生用手指读，对有意思的人物或者故事章节要进行想象，在读的过程中构建画面，同时对内容进行简单记忆。第三次阅读，运用红笔进行批注，这一次是针对整本书的批注，内容不需要多么具体，学生有自己的思考即可。红笔批注的内容包括：细节描写（人物的外貌、心理、动作、语言、神态等的描写），圈画的部分起到了什么作用？自己对这部分的思考进行批注。这一次的精读要做到少、细、精、慢。第四次的阅读用蓝色的笔进行批注。这一次的蓝笔批注，是在学生对文章人物有了自己的视角和思考的前提下，对重点章节、重点人物或事件进行分析后的批注。做蓝笔批注的时候，要画出关键词、重点语句，同时分析事件的起因、经过和结果，辨析人物的性格品质，提炼、总结和升华段落大意。总之，在这一次的批注阅读中，一定要发扬蚂蚁啃骨头的精神，从一点一滴入手，注意各章节、上下段落、前后句子的联系，取其真谛。"三支笔"陪伴精读，事半功倍。

三、开展阅读效果评价

学科阅读策略不仅关注学科阅读目标、探索全学科阅读方法，而且当读者进行阅读实践后，对于阅读材料的理解、记忆、应用、情感体验等方面的有效评价也非常重要。

首先，要设定明确的评价目标。根据阅读科目的不同、阅读材料的性质和读者年龄等方面的特点，制订具体的评价标准。

其次，选择适当的评价方法。可以设计调查问卷，包括选择题、开放性问题等，以收集读者对阅读材料的理解和感受，还可以进行阶段性的小组交流、深度访谈等。

最后,收集数据并实施评价。根据所选的方法进行评价,在这里要确保评价过程的公正性和客观性。

需要引起注意的是,阅读效果评价并非一蹴而就的,而是需要持续进行并不断优化的工作。评价过程中应充分尊重读者的个体差异和多样性,避免用单一标准来衡量所有读者的阅读效果。

第二节 人文与社会的阅读策略

一、语文课型探索与阅读指导

阅读是语言学习的基础,人通过阅读接触世界、理解世界,内化、丰富自己的思维,体会人生百味,品悟生命真谛。而阅读是一件"自己"的事,作为教师的我们要通过不同的"阅读课",教会学生自主阅读的方式方法,赠予他们一把打开阅读宝箱的"钥匙"。接下来,我们将和大家一起进行导读课、交流课、好书推荐课、阅读方法四种阅读课型的探索和指导。

(一)导读课

导读课是引领学生走进书籍的第一步。在教学过程中,我们常常思考并重视教学策略的指导,忽略书目的推荐与选择。其实,导读课的重点首先是书籍的选择,其次才是阅读方法的指导。在教学过程中,调动学生阅读的兴趣,了解学生阅读的状态,进而培养学生掌握阅读的方法。

1. 书籍的选择

《儿童文学的乐趣》一书中写道:"在开始阅读一本书之前,封面是影响读者期待的最重要的因素,封面或护封上的图画,通常涵盖了故事中最关键的要素。"❶ 书籍的封面，是书籍给人的第一印象，是影响读者深入阅读的重要因素。

（1）阅读书名。

一个好的书名往往是作者经过深思熟虑之后的慎重选择。好的书名可以让读者快速了解书籍的主题和内容，从而帮助他们决定是否阅读这本书。好的书名还可以让读者记住这本书，甚至成为话题，从而增加书籍的影响力和销量。考虑到学生的年龄和背景，不同年级的学生从封面获得的信息是不同的，低年级学生首先会被封面的画面吸引，然后关注到书名，而高年级的学生会更注重书名及书籍的内容。

（2）了解作者。

一本书的作者及其相关作品也是提供书籍质量和适用性信息的重要线索。了解作者的专业背景、教育经历和在相关领域的资历，知道该作者在其领域内具有丰富的经验和知识，所以更可能写出有深度和准确性的作品。我们还可以查看作者的其他作品，了解其写作风格和专业领域。如果作者在特定领域有多部作品，这通常表明他在该领域有丰富的知识和深入的见解，如 J. K. 罗琳写的《哈利·波特》魔幻文学系列小说。因此，了解作者的相关系列书籍去阅读，对于选择书籍也是很重要的。

（3）查看出版社及版次。

出版社的声誉和专业领域是选择书籍的一个重要考虑因素。选择知名出版社出版的书籍，是因为它们通常都经过较严格的编辑和校对，保证了内容的质量和准确性。还要辨别出版社的专业领域及书籍版本的优劣。例如：《论语》等古籍类，其中中华书局和上海古籍出版社的质量最好，尤其是译注类的；中国文学类的出版社比较多，如人民文学出版社、作家出版社等。一本书的质感如何，纸张的选择也是至关重要的，纸张的选用，涉及图书的观赏性和收藏价

---

❶ 佩里·诺德曼，梅维丝·雷默. 儿童文学的乐趣[M]. 陈中美，译. 贵阳：贵州人民出版社，2023：370.

值,也会直接影响读者的阅读感受。

选择书籍还要看版次,如果一本大家认同的好书有不同的版次,那就证明它受到了大多数人的肯定。另外,一本书如果真得好,那么肯定会在各个不同的国家售出,被翻译成不同的语言。例如:《小王子》的全球译本数达253个,受到了孩子及大人的喜爱。

(4)鉴赏腰封。

腰封,也称"书腰纸",是图书外部的装饰物。腰封上的信息通常包括书籍的主题、风格、目标读者及对书籍的简短介绍,可以作为评估书籍的一个快速和方便的信息源。同时,也应该注意腰封上的评价,来自名人推荐或评论家的推荐可以向读者快速介绍内容。

(5)检索目录。

书籍目录是了解一本书的向导。一个好的目录可以帮助读者建立对作品的整体认知,有助于整体阅读理解和组织思维。它应该按照逻辑顺序组织,并使用清晰的标题和子标题。这有助于教师和学生快速浏览和定位所需信息,了解书籍的内容和重点。通过检索目录,可以轻松准确地找到目录中对应的章节标题,发现自己感兴趣的内容,并直接跳转到相应的章节开始阅读,获取感兴趣的信息,节省了阅读的时间和精力,使阅读体验更加高效和愉悦。

(6)浏览封底。

封底设计是封面设计的补充和延续,两者在设计上形成一个和谐的整体,是书籍设计的需要。封底在文字内容上相对自由简洁、主次分明,使读者一眼就能捕捉到作者想要传达的重要信息;不同的书籍封底设计差异较大,但通常包括内容简介、作者介绍、书评、条形码、定价等。

(7)关注书评。

在选择书籍时,查看专业评论和读者评价也很重要。来自学术期刊、专业博客等的评论可以提供专业和深入的书籍分析。这些评论通常聚焦于书籍的内容质量、写作风格和教育价值。网络书店和阅读社区里的读者评价可以提供书籍普遍受欢迎程度的线索，高评分和积极的评论通常表明书籍对广泛读者有较强的吸引力。

2. 教学方法和活动

在导读课中，采用多样化的教学方法和活动是提高学生参与度和阅读理解的关键。教师引领学生按照上述步骤开启阅读一本书之旅，并将阅读的感受通过语言传达给同学、教师和家长，使他们通过该学生的介绍能够快速了解书的内容梗概和精彩部分。

我校在具体实践中，多采取小组讨论、撰写书评或报告、角色扮演及现代信息技术等方式，目的是让学生在短时间内获取更多书中的内容。

通过分组讨论，学生可以交换观点，加深对书籍内容的理解。在小组内，学生主动地表达自己的想法，倾听并回应组内其他同学的观点。分组讨论鼓励学生将理论与实践结合起来，通过讨论具体案例或问题，将书中的知识应用到现实情境中。

指派学生就书中的特定主题或章节进行深入研究和报告。这种方法鼓励学生进行独立研究，加深对特定主题的理解。主题报告要求学生进行批判性分析，评估不同观点，并形成自己的论点。

通过写作任务，学生可以练习表达自己的想法。写作过程鼓励学生思考书籍的主要论点，并用自己的话来阐述这些观点。写作也可以是一种创造性活动，学生可以通过故事写作、诗歌或评论等形式，表达对书籍内容的理解。

角色扮演活动，让学生扮演书中的角色或历史人物。这种方法有助于学生更深入地理解人物的动机、背景和情感。通过角色扮演，学生可以从不同角色的视角看待情境，增进对多样性和复杂性的理解。

合理利用技术和资源可以大大增强教学效果。利用在线数据库、电子书籍和学术文章为学生扩展阅读材料。通过社交媒体平台促进课堂外的讨论和互动，包括创建专门的学习小组，或者在现有的社交媒体平台上发布相关内容，及时收集学生的反馈和问题，使教学更加灵活和互动。

3. 评价和反馈

对学生的学习进行评估和提供反馈是教学过程中不可或缺的部分。通过口头和书面报告的形式，可以全面地评估学生对书籍内容的理解和分析能力，这包括对他们的思维过程、论据的有效性及表达能力的评价。

教师应提供具体的建设性反馈，帮助学生识别他们的强项和需要改进的领域，这种反馈应该鼓励学生在学习过程中不断进步。反馈过程也应该鼓励学生表达他们对学习材料和教学方法的看法，从而促进教师的教学方法改进。鼓励学生进行自我反思，评估自己的学习过程和成果，可以通过日记、学习日志或自我评估表格来进行。

（二）交流课

阅读交流课，即通过读书的交流活动，引导学生对所读书目有更多的认识和理解，之后，进行心得体会的分享，帮助学生养成乐于交流、善于表达、认真倾听的良好习惯。

叶圣陶先生提出："没有教师指导的课外阅读是消遣性阅读。"❶ 对于语文学科来说，在《义务教育语文课程标准（2022年版）》的指导下，大单元教学成为课堂教学的主旋律，但课外阅读仍不同于课内单元课文的阅读，以内容和篇幅来对比，课外阅读的长度、宽度、深度、厚度都远远超过单元阅读的课文。因此在阅读交流课中，教师在其中角色则转变为阅读兴趣的促进者、阅读交流的融合者、阅读习惯的引导者。

---

❶ 叶圣陶.叶圣陶语文论集（上）[M].北京：教育科学出版社，1980：1-737.

1. 交流前指导——阅读兴趣的促进者

子曰："知之者不如好之者，好之者不如乐之者。"因此阅读前教师要调动一切能调动的力量激发学生的兴趣。❶

低年级学生的感官思维是主导，他们会因为某篇文章或某本书与自己的人生经历相同而产生阅读的欲望，也会因为自己成功突破某个阅读难题而大受鼓舞，同时也会因为阅读对象难以理解、枯燥乏味而迅速丧失阅读兴趣。❷针对这一认知特点，我们可以在开始阅读前，上一节先导课。首先，通过图片或视频来提升学生的阅读兴趣，降低阅读门槛；通过大问题设疑、小问题层层引导的方式，让学生边阅读边交流，把阅读变成大家共同的事情，在交流中加深对书本内容的理解，从而产生更多的兴趣。其次，联系学生实际生活，促进认知与实际的联结。最后，通过交流合作帮助学生进行知识的迁移应用。

中高年级学生逐渐向逻辑思维发展，学生逐渐能独立思考和解决复杂问题。因此在阅读前，教师从课内课文出发，引导学生带着问题，由课内延伸到课外，带着目的进行阅读，避免一晃而过式阅读。

2. 交流中指导——阅读交流的融合者

思维的火花在交流中碰撞着。学生个体的阅读差异取决于阅读积累的程度、个人的兴趣爱好、性别差异等。因此在指导学生阅读交流时，要因材施教。

（1）美文分享。

在分享散文、诗歌时，可以通过朗读美文的方式，让学生在朗读中感受到语言的韵律和节奏，培养他们的语感和审美素养。朗读是一种富有表现力的语言艺术，通过朗读美文，学生可以相互欣赏、学习，更好地感受语言的韵律和

---

❶ 王桂艳，杨海波.小学语文阅读指导策略的研究[J].中国校外教育，2016（17）：60，63.
❷ 倪岗.中学整本书阅读课程实施策略[M].北京：商务印书馆，2018：477.

美感，提高他们的语音、语调和语速等方面的表达能力。我们还可以引导学生通过朗读美文来理解文章的思想和意义，让他们在朗读中得到情感熏陶和思想启迪。

通过朗读美文的方式，我们不仅可以培养学生的语言表达能力和审美素养，还可以促进他们的思维发展和情感交流。朗读活动也可以为学生提供一个展示自己的舞台，让他们在集体中感受到自己的存在和价值，增强他们的自信心和自尊心。

（2）故事交流会。

故事交流会是一种富有创意和趣味性的阅读交流方式，不仅可以提高学生的语言表达能力和创造力，还可以促进他们的全面发展。在故事交流会中，学生提前准备自己想要分享的故事，在分享时，可以通过讲述、展示等方式来分享自己的故事，尽可能地让同学们能够更好地理解、感受故事的内容和意义。

故事交流会可以让学生在轻松愉快的氛围中学习如何倾听、理解和表达自己的想法，提高他们的语言交流能力。同时，通过分享自己的故事，也可以增强他们的心理素养，促进学生之间的互动和合作。

例如，在一年级上学期的寒假中，语文学科布置了这样一个任务：

①阅读推荐的必读书目《伊索寓言》，希望家长和孩子一起阅读，与书为友（选读书目《中国古今寓言》）。

②坚持每天阅读20分钟。

③阅读后，根据阅读内容、人物等，制作书签（至少一张）。

在一年级下学期开学之后，借助这些书签，举办了"读书启智——《伊索寓言》故事交流会"，请同学们来讲一讲自己制作书签的内容和原因。同学们围绕《伊索寓言》开展了丰富的讨论，通过讲解其中的一些小故事，和同学分享自己对故事的理解，以及做相同书签的同学相互展开讨论，丰富自己对不同故事的理解。

在学生交流汇报之后，其他同学作为小评委，针对"语言的流畅性、内容的趣味性和书签的美观性"三个方面进行点评。交流结束后，书签继续放在班级外墙展览，供不同年级学生参观欣赏。

（3）迷你情景剧。

通过让学生参与表演和创作，培养他们的团队合作、语言表达能力及创新思维能力。

在迷你情景剧中，学生可以根据阅读内容自行编写剧本、分担角色，进行表演。迷你情景剧的表演形式多样，可以包括对话、动作、音乐等多种元素，这有利于提升学生的综合素质。在排练和表演过程中，学生需要互相配合，共同解决问题，这也有助于培养他们的团队合作意识和沟通能力。更重要的是，通过参与迷你情景剧，学生能在轻松愉快的氛围中学习知识和技能，他们可以在表演中自然地运用所学知识，使学习变得更加有趣和有意义。

（4）座谈会、辩论会。

读书座谈会和辩论会在小学阶段对于培养学生的沟通技巧、批判性思维和团队协作能力具有重要意义。

座谈会通常由一组学生和主持人围绕一个主题展开讨论，而辩论会则是两组同学围绕一个主题进行思辨。在这样的讨论中，学生在自由发表意见的同时，也需要仔细倾听他人的观点，以促进相互理解和学习。通过这样的活动，学生可以锻炼自己的批判性思维能力和表达能力，学会如何清晰地表达自己的观点，并对他人的观点进行合理的评价。

这样的阅读交流形式对于培养学生团队协作能力也十分有效，在讨论中，学生在互相尊重的前提下，学会了如何与他人合作。

3. 交流后指导——阅读习惯的引导者

阅读交流习惯的养成对于学生的成长具有深远的影响。通过阅读，学生可以开阔视野、增长知识、培养想象力、提升语言理解能力。而交流则是将个人分享于集体，将他人思维内化吸收，进而提升自身水平，并锻炼沟通技巧；与此同时，也在班级中树立起一批榜样。榜样的力量是无穷的，通过学生之间互相影响，让阅读之风吹遍班级的每个角落。

作为教师，我们需要做的是：对学生的阅读和交流情况进行定期评估，给予积极的反馈和指导，帮助他们不断改进、提高，以及养成阅读交流的习惯，从而促进他们的全面发展。

阅读交流在一定程度上促进了学生思维上更深入地认识和理解。在各种各样的阅读交流活动中，学生不知不觉中就会对阅读内容进行不同层次的思考，进而继续提出自己的见解和疑问，阅读交流的正向循环也由此展开，在这个过程中，培养学生的批判性思维和问题解决能力。阅读和交流是个人成长的重要基石，相信从小培养这样的习惯将使学生受益终身。

（三）好书推荐课

好书推荐课是一个以学生为中心的活动，旨在培养学生的阅读兴趣、批判性思维和口头表达能力。以下是一个完整的推荐过程指导，涵盖从书籍选择到推荐方式，再到同学介入及评价等。

1. 选择推荐书籍

在好书推荐课中，多样化的书籍选择对于激发学生的阅读兴趣至关重要。这意味着应该包括不同类型和风格的书籍，如经典和现代文学作品、非虚构书籍、科幻小说、历史读物、传记，以及文化研究等。这样的多样化不仅能够满足不同学生的兴趣，还能帮助学生拓宽视野，理解多种文学风格和流派；通过阅读不同类型的书籍，学生可以发现新的兴趣点，同时增强他们对文学和世界的认识。

选择书籍时，必须考虑到其适宜性，以确保内容适合学生的年龄和理解水平。适宜性评估包括对书籍语言难度的考量、主题成熟度的判断，以及是否与学生的生活经验和知识背景相符。

选择与课程内容相关或能引发学生思考的书籍也十分关键。关联性强的书籍可以使学生将所学知识与实际阅读材料联系起来，从而加深理解和记忆。

2. 推荐方式

个人陈述是好书推荐课中的核心环节，它要求学生对所选书籍进行简短而精练的介绍。在这一过程中，学生应该阐明选择特定书籍的原因，这可以基于个人兴趣、书籍的独特价值或与当前学习内容的关联性。个人陈述还应包括书籍的主要内容概述，突出其特别之处，如独特的主题、引人入胜的故事情节或影响深远的角色刻画。最重要的是，学生应分享他们的个人体会，包括阅读过程中的感受、学到的知识或受到的启发，这样可以增加推荐的真实性和感染力。

创意展示是提高好书推荐课趣味性和互动性的有效方式。鼓励学生运用多种创意方法来展示他们所选的书籍，可以激发他们的创造力和表达能力。

互动环节是好书推荐课的重要组成部分，它为学生提供了一个相互交流和讨论的平台。在每次书籍推荐之后，应留出足够的时间让其他学生提出问题。这些问题可以是关于书籍内容的具体细节，也可以是对推荐者观点的探究。

3. 同学介入

小组讨论是同学介入好书推荐的重要环节，它为学生提供了一个分享和交流思想的平台。在每次书籍推荐之后，学生可以分成不同小组，讨论他们对推荐书籍的看法和感受。这些讨论可以围绕书籍的主题、人物、情节，甚至是作者的写作风格展开，在小组讨论中鼓励学生发表个人见解，同时倾听并尊重他人的观点。

定期举办的读书会是深入探讨已推荐书籍的有效方式。在读书会中，学生有机会更全面地讨论书籍的各个方面，包括详细的角色分析、情节解析及主题深挖。读书会可以采取不同的形式开展，如引导式讨论、自由交流或专题研究。

角色扮演是一种富有创意且寓教于乐的活动，可以帮助学生深入理解书中的情节和人物。学生可以选择自己感兴趣的角色进行模拟对话或辩论，通过扮演和表演来展现角色的性格、动机和情感。这种活动不仅使书籍的内容更加生动和具体，还帮助学生在角色扮演的过程中提高同理心和情感理解能力。

4. 评价机制

同伴评价是好书推荐活动中的重要环节，它不仅提供了对推荐者的及时反馈，而且还鼓励学生之间的互动和交流。在每次书籍推荐后，同学们可以对推荐的方式、内容的完整性、表达的清晰度和创意进行评价。评价可以采用口头评论、书面反馈或投票系统等形式进行。通过同伴评价，学生可以学习如何以建设性和积极的方式提出意见，同时也能从他人的视角收获对自己表现的认知；同伴评价的过程有助于建立一个相互尊重和支持的学习环境，鼓励学生积极参与并改进自己的表现。

自我反思是推荐者在推荐过程中不可或缺的部分，它帮助学生深入理解自己的学习和表现。在每次书籍推荐之后，推荐者应该反思自己的准备过程、推荐内容及表达方式。自我反思可以包括对所选书籍适宜性的评估、个人陈述的组织情况，以及与听众互动的效果等方面。通过这种方式，学生可以识别自己的优势和改进的方向，从而在未来的推荐中做得更好。自我反思不仅促进了个人技能的提升，还增强了学生对自我学习过程的意识。

教师反馈在好书推荐活动中也扮演着关键角色，它提供了专业和全面的评价。教师可以对每次书籍推荐的内容质量、表达方式和创意等方面进行评价，指出推荐的亮点和需要改进的地方。教师的反馈应该既具有鼓励性，也具有指导性，这样才可以帮助学生了解如何更有效地进行书籍推荐。

5. 推广阅读

书籍交换活动是推广阅读的一种有效方式，它不仅能够鼓励学生阅读更多不同类型的书籍，还能促进学生之间的交流和分享。在组织书籍交换活动时，学生可以将自己已阅读过且愿意分享的书籍带到学校，与其他同学交换阅读。这种活动有助于学生发现新的兴趣点，拓宽阅读范围；同时，书籍交换也是一种经济实惠的方式，让每个学生都有机会接触到更多的书籍资源。

设定特定主题的"阅读月"是另一种有效的推广阅读方式。例如，"经典文学月"或"科学探索月"等主题，可以激发学生对特定领域的兴趣和好奇心。在这个月份，学校可以安排一系列与主题相关的活动，如主题相关的书籍推荐、主题讨论会、知识竞赛等。

（四）阅读方法

科学的阅读方法是增效的保证，阅读方法课在于指导学生学会运用合适的方法进行阅读。在互联网高速发展、信息爆炸的时代，学生只有熟练掌握阅读方法，才能在进行阅读时有的放矢、事半功倍。指导学生阅读方法，可以让他们更好地筛选、理解、消化阅读材料，提高阅读素养，在有限的时间里增加更多的知识储备。

1. 整本书阅读

《义务教育语文课程标准（2022年版）》中将"整本书阅读"作为拓展型学习任务群之一，其重要性可见一斑。

在进行整本书阅读时，学生通过自由组合的方式形成读书小组，从同主题不同书中选取自己喜欢的一本，共同研究，绘制思维导图，最后在小组分享与展示中，完成一场内容纷呈、各具特色的读书会。

同主题不同书的分组研读可以帮助学生避免对事物的单一性认识，拓宽视野。不同的小组研读不同的书，从不同的角度、方面、特点来看待同一种认识，在与同伴讨论分享后，达到扩大阅读面的同时，间接完成增加阅读数量的目的；学生在师生研读、生生共读、亲子陪读的过程中，由线状阅读进阶到网状阅读，实现高效学习。

学生通过"对比"进行整本书阅读，可以体会同类作品在不同作者笔下的异同点，并将之内化为自己的写作素材，扩大积累量。

以米伊林的《十万个为什么》和中国《十万个为什么》的对比阅读为例，我校教师以统编版四年级下册第二单元为基点，引导学生对两本科普作品产生兴趣，通过抽盲盒获取问题的方式引导学生对两本书进行深入探讨，研究其形式、内容的不同，进而激发对科普知识的兴趣，引导学生积极参与到更深入的研究中。

2. 精读

在多种阅读方法中，精读能够让学生获得最细腻的感受、最透彻的理解和最广泛的联想。[1]因此精读时要细读多思、反复琢磨、反复思考体会，边分析边评价，力求明白透彻。只有精心研究，细细咀嚼，才更能体会文章的妙处，我校的"三支笔批注"就是践行了这一点。

我校中高年级以"三支笔批注"为抓手，用红、蓝、黑三种颜色的笔来分别标注阅读中的重点、疑问和写下自己的理解，使阅读过程更加深入和高效。"三支笔批注"让阅读不仅仅停留在"读"的层次，而是进一步转化为"思考"。每一次阅读和批注都是对自己的思维能力的提升。

值得一提的是，学生不仅将"三支笔批注"用于阅读书目，还将其运用到课前的预习和课上的学习中，在预习时自主运用"三支笔批注"更有利于学生自主理解课文，课上的听课也会更高效。具体见表4-1。

3. 速读

速读区别于细致入微、广泛思考、准确评价的精读。包括跳读、略读和扫读。学生在阅读时可以根据阅读目标和材料的难度，以及自身的时间、精力等情况，有目的、有重点、有选择地进行快速阅读。

---

[1] 朱艳霞. 书韵飘香，热爱阅读——三种阅读方法提升六项学习能力[J]. 课外语文，2023（8）：17-19.

表 4-1　三支笔批注

阅读	步骤	目标/做法
第一遍	粗读	对整本书有大致了解
第二遍	黑批	初步阅读指导： （1）铅笔圈划生字词语，划分统计段落 （2）布置简单任务："故事讲了什么？都有谁？" （3）对有意思的部分进行想象
第三遍	红批	红笔批注有疑问的地方和感兴趣的地方
第四遍	蓝批	（1）蓝笔圈划关键词、重点词语 （2）厘清文章思路、重点人物及事件。重点：细节描写（外貌、语言、心理、动作、神态、过程细、精、慢），重点语句（中心句、过渡句、总起句、总结句、关键句，写出句子在文中的重要作用）
第五遍	总结思考	体会感悟、思维导图、画像等

在我校顾婕老师的《十万个为什么》阅读课中，从引导学生抽取盲盒中的问题，尝试自己解答问题，到通过阅读科普书籍并从中找到答案，最终获得独特的感受和强烈的阅读兴趣，学生通过速读快速了解书中相应内容，更快地找到文章的主旨，筛选出有价值的内容，从而节省了大量时间；且在速读过程中，学生将注意力集中在文字上，迅速捕捉到了关键信息。这样的训练不仅使得学生在阅读时更加专注，减少了分心的可能性，同时也大大提升了阅读的有效性，充分体现了速读这种阅读方式对学生快速了解一本书的重要性和必要性。

4. 浏览

对那些篇幅较长、信息较多，内容不是很重要但又必须了解的书籍，学生可以粗略看一遍，能简单了解内容、主题、写作手法即可。我校积极订阅《北京少年报》，利用报纸，培养学生的浏览素养，帮助学生及时了解社会动态和新闻事件，掌握最新的科技发展和行业趋势，丰富学生的课外知识和文化背景。不仅如此，教师还指导学生将浏览的方式运用到互联网中，学生成长在 AI

高速发展的时代中，网络愈发地融入学生的成长生活中，面对网络上形形色色的信息，我们采用线上线下相结合的教育方式，着重培养学生筛选和鉴别信息的能力，选择可靠的媒体和平台，避免被误导。

浏览是一种重要的学习和交流方式，它不仅能够让学生更好地了解世界，还能够提高认知水平和综合素质。因此，为了提高浏览效率，我校教师辅导学生养成了定期整理浏览记录和笔记的习惯。这样的好习惯不仅能够回顾和总结所学内容，还能够为未来的学习提供有价值的参考。

5. 朗读

朗读，顾名思义，即高声诵读，是一种出声的阅读方式，同时也是小学生非常重要的阅读方式，可以帮助学生认读，识别生字、生词。

我校二年级开展以"发现美，朗读美"为主题的美文朗读交流月。在此期间，学生集中利用各科课前五分钟的展示机会，和同学们分享自己发现的美文，在此过程中，学生的口语表达能力得到了充分的提高。通过不断的朗读、交流、评价，他们的口语发音更加准确，语调更加自然，表达也更加流畅。学生在朗读技能不断提升的同时，也积极传承和弘扬了社会主义先进文化、革命文化、中华优秀传统文化，以及学习和了解有关国家安全、生命安全与健康等知识。

在年级间的美文分享中，班级与班级的壁垒被打破，学生跨班结识了同道之友，分享喜悦，互相学习，共同进步。

6. 默读

默读速度快，不易影响他人，安静环境下有利于集中地思考、理解内容，持久性更强。我校利用中午时间，为学生营造默读空间，培养学生的阅读耐心和阅读能力，至今已颇见成效。学生利用此时间大大提升了自己的理解能力和记忆能力。在默读的过程中，学生自觉学会了抵制各种干扰和诱惑，保持专注和自律。同时，在教师的指导下，也学会了合理分配时间，避免过度疲劳和压力过大等情况。如今学生能够在阅读前制订一个详细的计划，明确阅读的目标和时间安排，最大限度地帮助自己保持专注和自律。

二、英语分级阅读指导策略

英语阅读不仅是学生获取信息和学习文化知识的重要手段，也是提升学生英语听、说、读、写能力的重要途径。广泛、深入、持续的英语阅读行为不仅能够提升学生的自身素养和人文底蕴，还对促进国家认同和国际理解具有非常重要的意义。❶《义务教育英语课程标准（2022年版）》提出要构建以分级体系为基础的英语课程结构。分级阅读就是根据青少年的身心发展规律和认知发展水平，为其选择适合的阅读材料，以促进学生的有效发展。

（一）英语分级阅读的重要意义

英语分级阅读是一种根据学生不同年龄和英语水平，提供相应难度的阅读材料的方法，这种方法在全球范围内得到了广泛的应用，使学生受益匪浅。分级阅读能够更好地符合新时代课程改革的教学要求，满足学生的语言应用、语言理解和语言文化探究等多元化的需求，也能够更好地发展学生的语言素养。分级阅读还可以帮助学生结合自身的特点，因材因需地进行有效阅读，根据阅读学习要求调整学习目标，掌握多元的阅读方法和阅读能力。

在阅读教学中，教师需要合理地开发和利用教学资源，选取满足学生身心发展的阅读材料，通过设计多样的教学活动，激活学生已有的语言知识、经验、文化背景和思维方式等；运用一定的教学策略，带领学生一起对语篇进行解读和加工，促进学生深度思考，提高学生对知识结构的把握，促进学生对阅

---

❶ 王蔷，陈则航. 中小学生英语分级阅读标准的研制与内容概览[J]. 中小学外语教学（中学篇），2016，39（9）：1-9.

读文本和作者思想的理解，有效改变思维方式，形成深度思考的习惯，最终实现深度学习。

（二）积极营造全语言教学的阅读氛围

要想阅读活动能够高质量开展，首先需要进行阅读文化的熏陶。分级阅读教学在阅读文化的有力支撑下，才能发挥其最大的作用，从根本上提升学生的阅读水平和增强学生的阅读素养。随着新课程改革的不断深入，我校积极贯彻落实素养教育，努力尊重学生的学习差异，积极开展分级阅读活动。在校内努力营造全语言的教学阅读氛围的同时，又将分级阅读延伸到课堂之外，最大限度地帮助学生保障阅读时间，养成阅读习惯。

1. 配备图书，创设阅读环境

为了更好地创设英语阅读环境，我校给予了最大限度的资源供给。每年专门设置英语分级阅读经费，用于购买分级阅读纸质书和电子资源。用于课堂教学的精品课程书籍每班50本，尽量保证班级学生人手一本，便于课堂精读。同时，将用于拓展和补充的绘本放置在班级图书角，鼓励学生将家中自己的读物带到学校，学生午间自由借阅，资源共享。

充分利用班级板报、楼道、卫生间等环境为英语阅读文化创建空间。用英语名人名言、英文安全标识、英语温馨提示等装饰校园环境，在班级板报中展示学生阅读单、读书手抄报、思维导图等以合作为主的阅读活动。同时，组织英语文化节、英语绘本小舞台等开放式、互动式的阅读交流实践活动，创建英语阅读文化氛围。

2. 家校联动，确保阅读时间

为了保证学生在校英语阅读的时间和效率，我校将每月最后一节英语课设为阅读精读课，专时专用。在假期备课中，教师每人每学期设计一节分级阅读绘本导读课，经过集体说课、评课、修改后，在组内进行示范课。之后，其他教师将这节精品课在自己的班级中复制教学，这样保证每学期学生都能有至少四节阅读精品课。同时，利用每周的课后延时服务，专门开设英语阅读社团，增加精读课堂体验。充分利用课前五分钟微课时间，鼓励学生分享自己的阅读书目和阅读内容等，激发学生英语阅读的兴趣，提高学生英语阅读能力和表达能力。

仅仅依靠学生在校或者课后自主进行阅读，是远远不够的。因此我们还与家长取得有效联系，通过家长会、家委会、班级微信群等渠道宣传英语阅读的意义和必要性，邀请家长参与亲子共读活动中。采用资源打卡、分享阅读视频等方式，建议家长鼓励和督促学生每天进行10~20分钟的英语阅读，同时给予家长一些亲子阅读的策略，以确保阅读的时间和效果。

（三）英语分级阅读材料的开发策略

1. 国内外关于分级阅读材料的现状分析

通过梳理分级阅读在阅读教学中的相关文献，我们发现分级阅读的理念是19世纪初美国学者最先提出的。目前，在欧美国家普遍使用的阅读分级标准主要有四种：年级分级体系（Grade Level Equivalent）、指导性阅读分级体系（Guided Reading Level）、发展阅读评估分级体系（Developmental Reading Assessment）和蓝思分级体系（The Lexile Framework for Reading）。

但针对适合非母语国家英语分级阅读体系的建立，我国也出现了一批分级阅读研究中心和项目组。国内英语课外阅读起步于20世纪初，前期主要是引进或联合开发课外阅读资源，但是国外分级阅读资源难以直接匹配中国孩子的认知和能力水平，需要进行本土化改良。王蔷、陈则航等学者研制出的《中国中小学生英语阅读分级标准》成为英语课外阅读的奠基性理论，英语学科核心素养发布后推进了英语分级读物阅读，学界成立了中国英语阅读研究院等机构。这些研究机构和组织力求推动中小学生开展英语阅读，不仅是单纯培养兴趣，更重要的是通过阅读提高学生的语言能力，发展学生的文化品格、思维品质及提升学生的学习能力，促进学生全面发展。

2. 运用测查与观察相结合的方法对学生进行分级

虽然分级阅读受到广泛关注，但是目前国内还没有统一规定的分级标准和测评系统，我校根据学生具体情况和多方考量，尝试通过测查和观察相结合的方式对学生进行分级，尽最大努力做到科学、有效，但目前仍处于探讨和摸索阶段。

（1）问卷调查，了解英语学习背景。

这个环节主要是家长提供的资料，除了完全零基础的学生，我们需要对其他学生过往的经历有较为详细的了解。事实上背景了解得越详细，测评的过程越清晰。背景一般包括：年龄、姓名等基本信息，英语的学习经历，家庭能否给予支持，平时英语听读或阅读读物的内容和难度及学生的阅读喜好和阅读书籍的类别等。

（2）日常观察和交流，提出阅读建议。

教师通过对学生课上和课下的日常观察和交流，判定学生的阅读等级，提出阅读建议。例如，要观察和记录学生自选书籍的级别，阅读该级别书籍时的反应、专注程度、阅读持续的时间，再就阅读的内容进行提问，学生能够简单回答大部分问题，说明学生比较适合该级别的读物。如果学生能够较轻松地完成自主阅读，教师会尝试建议其提升等级并进行持续观察。相反，如果学生对于这一级别的读物存在困难，就建议其降级阅读。鼓励学生找到适合自己水平的读物是首要任务。

（3）借助网络信息技术测评，确保阅读分级客观有效。

在当今信息化网络时代，开放的网站或阅读平台能够帮助测评学生的英语阅读学习情况，科学计算出学生所处的最近发展区，实现因材施教的分级阅读教学目标。为了对学生的阅读水平给予客观公正的评价，我校教师经过前期学习和研究，最终采用伯特阅读测试（Burt Reading Test）[1]对学生进行阅读测试。

---

[1] 伯特阅读测试（Burt Reading Test）是1981年在新西兰的学校发明的，至今澳大利亚和新西兰的教师们都广泛使用，测试结果比较客观。

该测试比较适合在学校操作，因为其测试时间较短，操作简便，结果客观准确。阅读测试是由一排十个由易到难排列的单词组成的单词表，测试时要求学生从单词表的第一个单词开始朗读，教师根据学生的反馈和朗读来判断其是否能够正确理解这个单词的意思。学生读对的单词，教师需要在自己的纸上打钩；反之，学生读错或者不懂的单词，教师需要在自己的纸上打叉。当学生连续读错十个单词时，测试结束。教师根据学生读对的单词数量，在对照表上找到对应的阅读能力级别。

（4）综合测评，做好记录和后续跟进。

除了以上测评手段，我们还根据不同年级学生的认知特点，针对他们对高频词和自然拼读等方面的掌握情况进行综合测评。教师对每个学生进行测评，并进行详细记录，形成个人阅读档案。并且，每三个月对学生进行跟踪测评，力求定期对学生的阅读级别进行调整，同时设置目标，预测学生的阅读水平增长情况。

3. 依据分级阅读标准对阅读材料分级

通过对国内外分级阅读标准的学习和研究，我们了解到蓝思分级阅读体系被广泛使用，该体系既可以用来衡量某个读者的阅读水平，也可以用来标识出版物的难易程度，相应的数值常被称为"蓝思值"或者"蓝思指数"。数字越大表示书籍难度越大，要求的阅读能力越高。"指导性阅读分级体系"简称GRL，该体系是将英文读物按照26个字母的先后顺序划分，因此又常常被称为A~Z分级体系。AR分级阅读体系又叫"阅读促进分级体系"，是按照年级和月份来标识级别的。AR分级阅读体系的另一个特点就是，像蓝思一样，它也是一个能同时评判图书难度和阅读者自身阅读水平的系统。

由王蔷教授主编的《中国中小学生英语分级阅读标准》中提出了学生在不同年龄段的认知特点、学习能力及思维品质，建议教师科学地选择分级阅读资源。这给我们的启示是可以尝试按照英语读物的主题、题材、类别及读物里包含的思维和文化品质等进行划分。

我校教师在深入分析研究并借鉴这些分级体系的基础上，尝试将已有的资源进行归类，开发和利用这些资源，丰富课堂阅读教学。在开发素材性资源时，首先，要保证资源具有正确的育人导向，选取的内容是积极向上的，并要求教师在英语学习过程中引导学生多角度认识世界，有条理地表达自己的观点，逐步发展学生的逻辑思维、批判性思维和创新思维。其次，分级读物的内容与教材单元主题情境相匹配。我校全体英语组教师分工合作，将所有与教材相关的话题或者能够对教材内容进行补充或替换的阅读资源进行分类和整理，参考区教研员带领骨干教师研发的教学资源，建构我校的共享阅读资料库。资料库大致分为虚构类读物和非虚构类读物。按照主题不同，又分为科学类、综合类、故事类等。最后，各年级任课英语教师立足于本学段本年级的教学内容，进行集体教研，人人参与，精心打磨出精品分级阅读课程、录制精品阅读微课等，同时建立精品共享阅读资源库，各年级循环使用，在实践中不断更新、不断精进资源的数量和质量。

（四）阅读的指导策略

1. 学生差异化指导策略

在对学生和阅读材料进行测查和分级后，并不能完全指望学生自主阅读。这就需要教师关注学生的阅读过程，适时适量地为学生提供指导和帮助，帮助学生巩固阅读兴趣的同时，真正提升学生的阅读能力。在应用分级阅读模式时，教师要根据处于不同阶段学生的特点、学生的实际水平及应达到的目标等，设计不同的指导方案。

第一，针对阅读水平处在低阶水平的学生，教师提前提供单词导读的视频或者音频，帮助学生扫清单词障碍，使学生能更顺利地了解语篇大意，增强学生学习的自信心。

第二，针对阅读水平处在中阶水平的学生，教师要尊重其自主阅读的权利,鼓励他们选择适合自己的阅读材料。这部分学生大都具备一定的自主阅读语篇的能力,但还不能很好地进行精读学习,对于一些细致的问题理解得不够深入。因此需要教师结合阅读材料,有意设计与关键词含义、语篇细节相关的活动,借助问题链帮助学生展开深度阅读,从而提升其自主阅读的深度。

第三,针对阅读水平处在高阶水平的学生,教师无须给予阅读方面的过多指导,需要鼓励学生对自己不理解的内容大胆质疑。同时,鼓励他们通过思维图、表格等形式进行归纳总结,尝试做出复述,或提出开放性的问题和建议等,从而帮助他们提升思维深度和广度。

2. 分级阅读教学策略

教学策略是教师在课堂教学中为达到教学目标所采取的方法和技巧。阅读策略是衡量学生阅读质量的标尺,是决定阅读的效果的关键之一,对于英语分级阅读也有着重要的作用。针对学生的个体差异,在进行英语分级阅读活动设计时,教师应根据学生的语言学习规律,开展循序渐进的阅读活动。在问题的引导下,启发学生不断思考,同时利用任务和支架,帮助学生进行自主合作和探究性学习。

(1)利用有效预测,启发学生思维。

在阅读中,有效预测是一种非常重要的学习策略和阅读技能。学生对文章的内容和结构进行主动的、有效的预测,既可以激发他们对阅读的兴趣,也可以帮助他们提高阅读的效率和效果,同时能够帮助学生提升思维的深度和广度。

①读前预测,就封面提问,激发阅读期待。封面是读者与作者之间产生共鸣的开篇之作,尤其对于英语阅读来说,封面更是阅读材料的灵魂,是学生理解文本的窗口。我们开展分级阅读教学的首要环节,就是通过提问引导学生观察封面的图片、作者等信息,判断和推测文章标题及文本内容,唤醒学生的阅

读意识,激发学生对阅读的期待。

例如,教师会用 5W 提问法,引导学生进行思考,5W 即"Who,What,When,What 和 How"。就封面内容的提问大致是:"What do you see on the cover?"(封面图片);"What is title of the book?"(标题);"Who is in the story?"(封面人物信息);"Who is the author?"(作者);"Who drew the pictures?"(插画作者)。

②读中预测,借助任务单,促进深度学习。在阅读活动过程中,教师鼓励学生主动思考、提出问题,根据故事的前后情节,预测和推断故事进展和走向,这也是阅读的重要策略之一。可是,在教学中我们发现,大多数学生在自主阅读中,不知道在哪里可以预测、怎么预测。于是教师利用一些任务单,帮助学生根据文本内容和自身经验、知识等作出相应的推断,以达到全面了解文章的目的,实现深度的学习。任务单根据学生的年龄和文本特点及难易程度等,设计为通过画图、选择和写作等形式进行预测。

③读后交流,总结反馈,提升综合能力。在阅读活动后,教师带领学生进行总结反馈。阅读是享受的时刻,让学生沉浸其中和主人公共同经历,而阅读后的总结和沉淀,是阅读综合能力提升的关键。教师提出的相关思考问题有:"Who are the main characters in the story? What is the setting? What are the major events?"这三个问题涉及故事的重要成分:人物、环境和主要事件。还可以问一问感受性的问题:"Do you like the story? Why do you like it?"引导学生对阅读的文本产生共鸣。

(2)搭建各种支架,发展学生语言能力。

在小学英语课堂教学中,支架式教学可以为学生提供一种便于同化和吸收新知识的概念框架,该框架能促使他们不断接近并最终成功穿越一个又一个最近发展区。❶可以让学生有抓手,可操作,并且降低阅读的难度,提高阅读的兴趣,进而发展学生的语言能力和思维品质。

---

❶ 王丽春. 小学英语支架式教学设计中多模态资源的选择和优化 [J]. 南京晓庄学院学报, 2017, 33(4): 35-40, 124.

①通过范例式支架，增强学生的阅读能力。范例式支架，简单来说就是举例子、做示范。例如，在学习新的阅读文本时，我们先带领学生回顾上一次学习的相关内容，梳理并填写表格。之后学习小组合作学习新内容，并尝试用同样的方法完成新的表格。教师再引导学生通过讨论、归纳和总结等方式，校对和分析表格内容，以达到理解和掌握课文内容的目的。利用表格作为范例，能更好地帮助学生捕捉到文本的关键信息，让教学目标变得更加具体，重难点也一目了然。学生通过这种范例式的支架，学习举一反三，锻炼了学生思维的条理性，也增强了学生的阅读能力。

②通过思维导图式支架，培养学生的思维能力。教师在课堂教学活动中借助思维导图，可以快速、准确地帮学生厘清所学内容及知识点，并且能够激活学生大脑中的原有认知，打开思维的宽度。因此，思维导图既可以直观了解学习内容，提高学生的学习效率，也可以在梳理过程中，提升学生的思维能力。

在课堂教学活动中，借助思维导图支架，首先，有助于教师调动学生的英语学习兴趣，提高英语学习注意力。其次，通过思维导图支架建构知识结构，能够提取篇幅很长的阅读文本中的关键信息，有利于学生提升记忆水平，提高学习成效。最后，思维导图式支架的运用还便于教师在课堂上营造学习氛围，促进学生小组合作探究。这一教学模式让学生摆脱了听教师讲、死记硬背的学习模式，充分发挥了学生的主观能动性，进而促进学生英语思维与思维品质的发展，为全方面的发展奠定基础。

③以留白为支架，培养学生的思维品质。为了培养学生的核心素养，教师在教学时应以学生为主体，从学生出发设计教学活动，在课堂教学中逐步引导学生进行自主探究，通过自主探究培养学生的学习能力和思维能力，从而培养学生的英语学科核心素养。因此，这就需要教师思考课堂中创设什么样的教学活动来引导学生主动探究学习。通过学习和研究，笔者发现在教学中创设留白支架，能够帮助学生更好地内化所学语言，并在巩固所学后引发学生思考，给予学生充分的想象空间和创造空间，让学生的思维展翅高飞。

例如，在大猫分级阅读三级 1 "*Sam the Big Bad Cat*" 绘本教学课中，教师带领学生学完小故事后，学生了解了故事发生的情节，也清楚了 Sam 这只猫在故事中的经历，于是，教师在课堂最后设计了留白对学生进行提问，即 "What do you think of Sam? Do you think Sam is a bad cat?" 借助留白式的问题，帮助学生设置学习支架，引发学生学完小故事后对故事进行更有深度的思考，提高学生的思辨能力，提升思维的深度。看似简单的一个小问题，可以帮助学生回顾整个故事情节，对故事中的主人公 Sam 这只猫的所作所为重新进行思考，从而引发学生对 Sam 这个角色更深层次的思考，促使学生批判性思维的发展。

在留白支架的辅助下，学生主动参与，积极建构，在深度思考后尝试将所思所想用语言表达出来，既锻炼了学生的口语表达能力，又能引发学生的独立思考，培养思维的敏捷性，促进学生高阶思维的发展，从而达到深度学习，最终达到培养学生核心素养的目的，真正帮助学生学习与成长。

④以问题为支架，引导学生深度学习。在对语篇赏析的教学中，我们采用问题链的方式帮助学生比较和探究文化的内涵。借助开放性问题，教师鼓励学生运用所学语言创造性地表达个人的观点和态度，思考的过程中，深入挖掘文本内容，发展学生的阅读能力及思维品质。例如，在学习"中外名人"这一主题时，学生在小组合作学习的过程中，以教师提供的课外名人语篇为载体，激活学生所具备的思维导图相关技能。学生通过自主阅读文章，在同伴互帮、教师指导下，理解文章，运用阅读策略和语言技能，组内共同分析问题、解决问题；运用思维导图支架，梳理、分析文章内容及结构，选择自己喜欢的思维导图，完成对文本的概述，发展自主学习的能力。在此过程中，促进他们自身语言知识的学习与发展，提升他们的多元思维能力。通过导图，对文本中的人物进行分析、评价，从而达到深度学习，进而形成正确的人生观、价值观，落实核心素养目标。

（3）巧用阅读评价，促进阅读习惯养成。

课程标准中提出，教师要准确地把握"教""学""评"在育人过程中的不同功能，树立"教—学—评"一体化的育人理念。英语分级阅读对于非英语母语国家的学生来说，不容易产生持续的兴趣，学生会产生畏难情绪或者出现兴趣不高的情况。怎样才能帮助学生产生自觉自愿阅读的习惯，让学生从心底喜欢英语阅读呢？

首先，需要教师降低期待，同时采用多元评价的方式来激励和保护学生的阅读兴趣。其次，教师引导学生多样化地输出来提高阅读质量。依托校园英语节和各级各类英语阅读大赛，举办英语情景剧表演、电影配音、英语立体翻翻书、阅读思维导图、小小英语书籍推介官、英文漫画小说创编等活动，鼓励学生用自己喜欢的方式大胆地展示和分享自己的阅读成果。这些社会性的阅读活动不仅能提升学生对于阅读的积极性，也能更好地引导学生进行深度阅读。最后，学生通过"阅读清单""阅读存折"的方式记录自己的阅读过程和阅读数量，促使学生关注阅读的质和量，发展学生听、说、读、写、演等综合性技能，带动学生能力的多元发展。

学生在持续的英语分级阅读活动中，提升了英语阅读兴趣和阅读能力，促进全方面的发展。教师也通过不断的学习和研究，在教学中摸索和实践，增强了专业水平，学校英语教学也因此有了可喜的变化。学校将继续丰富分级阅读资源库，探索不同形式的分级阅读课型，更多地将阅读从课内引向课外，建构英语分级阅读的新生态。

三、时事新闻（道德与法治）

时事新闻是指当前在社会上引起广泛讨论和关注的一系列议题，这些议题通常涉及政治、经济、文化、教育、环境等多个领域。中共中央宣传部办公厅、教育部办公厅强调，时事教育对社会主义核心价值体系融入小学教育全过程，促进小学生健康成长有重要作用，也强调加强小学时事教育的重要性和紧迫性，并提出提高小学时事教育的吸引力和感染力的要求。关注、观看、评论时事新闻也是全学科阅读的一种方式，在当今信息爆炸的时代，时事问题层出不穷，从环境保护到科技发展，从教育改革到国际政治，这些话题不仅影响着成年人的生活和思考，也逐渐进入了小学生的视野。我校提倡小学生要从阅读的视角实时关注时事新闻，不仅有助于拓宽他们阅读的视野，更能培养他们的社会责任感，为成为未来有担当的公民打下基础。

（一）小学生也应该关注时事新闻

作为一名中国人，作为一名小学生，应该从小就了解国家的当下政策，更好地认识国家，才能在不远的将来报效祖国。小学阶段，学生的思维和认知都开始不断地提高，思维方面也有了新的突破，学生逐渐有关心社会和国内外的一些大事的能力，他们对书本上的知识也越来越不满足。因此，在教学中适当地渗透、融入一些社会热点，既能够吸引、激发学生的学习兴趣，同时也可以帮助他们形成良好的世界观、人生观和价值观，对于教师而言不仅能丰富教学内容，优化教学效果，还能拉近教育与生活的距离、学生与社会的距离。[1]因此，把时事新闻融入教学中对于小学生来说具有重要意义。

第一，知识获取与拓宽视野：新闻时事事件涉及很多个领域，如科技、环保、文化等，关注这些事件可以帮助小学生获取更广泛的知识，拓宽他们的知识视野。

第二，培养社会责任感：关注时事新闻可以让小学生更加深入地了解社会问题，认识到自己作为社会成员的责任和使命，从而培养他们的社会责任感。

第三，提高思辨能力：关注时事新闻可以激发小学生的思考，让他们学会从不同方面去分析问题，提高学生的思辨能力，培养他们的批判性思维。

小学生的时事新闻教育，不论是对未成年人的思想道德建设，还是推进学生素质教育的核心内容都起着重要作用。作为教师我们要顺从社会的发展，遵循学生的成长规律，不断地创新我们的教学，帮助学生更好地认识世界。

---

[1] 张银花.社会热点在初中语文教学中的有效应用策略[J].新课程，2022（27）：54-55.

（二）引导小学生关注时事新闻也要讲究方法

1. 选择适合的时事新闻

在选择适合小学生时事新闻的内容上要考虑几个方面。首先，在内容的选择上我们要考虑与小学生的日常生活紧密相连的，如我们的校园生活、学生的家庭动态和一些社会事件等，这些内容更容易引发学生的共鸣，能使他们对所学的知识有更深的理解和感知。根据小学生的年龄特点和需求，所选择的内容不仅要简短易懂还要有趣，容易让他们理解内容的含义，还要避免过多的专业术语，以免造成学生的困惑或畏难情绪。在教学前要确保提供的信息是安全且适宜的，不包含任何可能对学生造成伤害的内容。家长和教师选择适合小学生年龄和认知能力的时事内容，还要确保他们在关注时事的同时，不会受到负面信息的影响。当然，在内容的选择上更重要的是要具有一定的教育意义，通过不同的有教育价值的内容能够真正地帮助学生增长一些知识、拓宽他们的视野。其次，家长和学校通过提供多样的阅读材料，包括非虚构类的书籍，满足不同年龄段学生的学习需求，并且家长和教师在学生的阅读过程中要给予必要的指导和支持，如设立阅读区、举办读书活动等，以促进学生的阅读热情和习惯。最后，还要鼓励学生参与讨论，通过提问等方式激发他们的思考能力和表达欲望，这不仅有助于提高他们的沟通技巧，还能加深对新闻内容的理解。总之，在内容选择上要本着以学生为本的原则。

2. 利用多种渠道获取信息

在网络盛行的时代，利用网络资源、电脑、电视，以及校园直通车等资源平台给学生播放一些有意义和教育价值的内容。另外，学校每周都会把校刊和报纸发放到每个班级供给学生阅读，阅读校刊和报纸对学生直观地了解和感受身边的现实问题起到了很好的作用。我校在每日午休阅读前都会有小广播员为大家分享10分钟的时事新闻，学生可以通过听新闻来获得科学、文化、历史等方面的认识。有时候教师也会根据内容需要，把相关学习任务布置给学生在家完成，让学生在家里也能通过互联网来了解和获得一些时事新闻，或者搜索和课本文化知识相关的内容等，再把搜集和获得的信息和知识在课上与同学们一起交流讨论。通过同学间的分享和交流，不仅锻炼了他们的表达能力，还丰富了他们对社会的认识和了解。在日常生活中学生可以通过与家长和教师的交流来获取新闻资讯。利用课堂上的讨论时间，或者与家人一起看新闻节目，进行及时有效的交流和讨论，这样也可以帮助他们理解不同的观点和信息，培养学生的思辨能力和判断能力。

小学生收集新闻的方法有很多种，家长和教师应该根据学生的年龄和兴趣来选择合适的方式。不论是通过电视、报纸还是互联网，都要注重引导学生获取有价值的信息，培养他们的阅读和思考的能力。

3. 培养信息获取能力和阅读理解能力

小学生了解社会时事问题的第一步是培养他们的信息获取能力和阅读理解能力。在培养学生的信息获取能力和阅读理解能力前先要给学生介绍新闻报道的结构、语言特点、报道原则等，帮助学生更好地理解新闻。根据学生年级、年龄及学生的理解能力的不同，选择难易程度不同的内容。对于中高年级的学生，教师通过提供适当难度的资讯文章、新闻报道等材料，引导学生了解各类社会热点问题。对于低年级的学生，教师会选择一些简单易懂的新闻，让学生积极参与讨论，也可以提高他们对社会问题的敏感度和观察力。阅读是提高学生新闻素养的有效途径，它也可以提高学生的阅读理解能力，学校每天会利用午休时间给学生提供专门的阅读时间来培养他们的阅读兴趣，并鼓励学生多阅读不同观点和立场的文章来丰富他们的认知。

4. 开展小组讨论和辩论活动

在小学生了解社会时事与新闻的过程中，开展小组讨论和辩论活动是十分有效的方式。教师会根据学生的年龄和能力，将小组分为不同的角色，如提问者、辩手、评委等。每个小组可以选择一个热点问题进行有序的辩论，鼓励学生从不同的角度出发，提出不同的观点和看法，培养他们的批判性思维和表达能力。

组织学生开展辩论不仅能充分锻炼学生的语言技巧、表达能力和组织能力，同时，也能丰富他们的认知，辩论的内容领域更广泛，如身边的社会经济、文化政治、教育艺术等，每一次辩论对于学生而言都是一次新的尝试，这需要教师和学生都有大量的阅读储备，使得每一次思考都是一次知识和心灵的深造。

5. 开展主题班会和社团活动

主题班会和社团活动也是让小学生了解社会热点问题的好机会。这是在一堂班会课上以"环保问题"为主题的案例。近年来，环境问题逐渐成为全球关注的核心问题，如何让小学生了解环保知识，培养他们的环保意识，是一个值得探讨的问题。

首先，从基础知识的角度，向小学生介绍环保的基本概念和意义。例如，什么是环境污染，如何分类；什么是可持续发展，为何重要。通过这些基础知识的学习，小学生对环保有了一个初步的认识。

其次，选取了一些当前的社会热点环保问题，如气候变化、塑料污染等，结合实际情况进行分析。通过讲解这些问题的严重性，以及我们每个人在日常生活中的应对方法，使小学生能够把一些理论方面的知识与现实生活相结合起来，更好地去理解和掌握环保的重要性。

最后，在教学方法上，我们采用了多种形式相结合的方式。除了传统的讲授式教学外，还引入了小组讨论、角色扮演等方式。例如，组织学生进行环保主题的角色扮演游戏，让他们在实际操作中体验和理解环保的重要性；或者安排实地考察，参观当地的生态保护区或污水处理厂，直观地了解环保设施的运行和作用。

通过这次社会热点案例分析，学生不仅掌握了环保的基础知识，更重要的是，他们有了环保和节约资源的意识，愿意为建设我们美好的家园贡献出自己的一份力量。

6. 加强社会热点问题教育的跨学科融合

为了更好地让小学生了解社会热点问题，可以加强社会热点问题教育的跨学科融合。在道德与法治课上，课程内容与时事新闻有很多密不可分的联系，为了激发学生的学习兴趣，以及丰富他们对社会的认识及发表自己的一些观点，教师可以在教学中根据学生的认知水平有针对性地选择一些时事新闻，与道德与法治课有效地结合起来，给学生创设良好的学习情境，激发他们对课堂的学习兴趣，活跃课堂氛围。例如，在数学课上，学习路程问题，涉及我们国家铁路速度等知识。在课上教师是这样导课的："同学们，你们知道我们国家的铁路发展历程吗？你们知道在世界上中国投入运营的高速铁路营运里程是多少吗？如果不了解，大家可通过网络等方式去查查。"这样就把时事政治与我们的课程有机地联系在了一起。在语文课上，可以选用与社会热点问题相关的文章进行阅读和讨论；在科学课上，可以探讨与环境、能源等有关的问题，这样有助于培养学生的综合素养和跨学科思维等能力。

社会时事与新闻通常涉及多个学科领域，如环境问题、经济问题、社会问题等。解决这些问题需要不同领域的专业知识，因此，跨学科研究是不可或缺的。通过将不同学科的知识和方法结合起来，学生可以更全面、深入地理解问题，并提出有效的解决方案。

7. 鼓励学生表达个人观点

在小学生了解社会热点问题的过程中，鼓励他们发表个人观点是非常重要的。教师可以通过布置作文、演讲等形式，让学生有机会表达自己的思考和见解。同时，教师还可以组织一些集体讨论或展示活动让学生在团体中交流观点，从中学会倾听和尊重他人的不同意见。

通过以上措施，我们可以让小学生了解社会热点问题，并鼓励他们发表个人观点。这不仅能够提高小学生的思考能力，还能培养他们的社会责任感。同时，教师在引导学生了解社会热点问题时也要注意尊重学生的身心发展特点，适度引导他们关注社会问题，不给他们带来过多的压力。让小学生了解社会热点问题并发表观点，可以为他们的成长和未来的社会参与打下坚实的基础。

小学生关注社会时事与新闻不仅有助于他们的个人成长，也是培养他们成为有责任感、有担当的公民的重要途径。家长和教师应该给予积极的引导和支持，让小学生更好地了解社会、关注社会，并为社会的进步和发展作出自己的贡献。

第三节　数学与科学的阅读策略

阅读，一度被狭隘地认为只需从语文和英语学科开展，很少将其与其他学科关联。然而，在当下强调核心素养的教育理念下，我们意识到，遵循学科认知规律的全学科阅读已成为提升学生综合素质的关键所在。其中，数学阅读和科学阅读更是全学科阅读体系中至关重要的组成部分。作为教育工作者，我们应积极推广数学阅读和科学阅读，教导学生掌握有效的阅读技巧和方法，将我们的班级打造为学生阅读的起点站、交流站、充电站及成果展示站，通过数学和科学阅读的力量，助力学生的核心素养得以全面发展与提升。

一、数学文化阅读策略

文化是一个国家、一个民族的灵魂。国家对传统文化的重视是多方面的、全方位的。在教育领域，国家注重将传统文化融入国民教育体系。通过设计一系列富有针对性的课程，并举办丰富多彩的文化活动，引导学生深入了解和学习传统文化的精髓。这样不仅可以增加他们对传统文化的认识和理解，更能激发他们的兴趣和热爱，让他们真正感受到传统文化的魅力和价值。此外，国家还鼓励高校和研究机构开展传统文化研究，推动传统文化的创新发展。自党的十八大以来，习近平总书记对文化建设倾注了极大的关注和重视。习近平总书记明确指出，只有全面深入了解中华文明的历史，才能更有效地推动中华优秀传统文化创造性转化、创新性发展，更有力地推进中国特色社会主义文化建设，建设中华民族现代文明。

数学，作为人类文化的一个不可或缺的部分，是在特定的文化背景下孕育而生的。数学文化，以其深邃而丰富的内涵，成了人类文化宝库中的一颗璀璨明珠。它不仅体现了人类思维的深度和广度，还揭示了自然界的奥秘和规律，对推动人类文明的发展起到了不可或缺的作用。《义务教育数学课程标准（2022年版）》明确提出："数学课程内容的选择，要体现数学学科特征，关注数学学科发展前沿与数学文化，继承和弘扬中华优秀传统文化。"❶数学文化在文化传承、创新和发展中具有不可替代的重要作用。通过学习和研究数学文化，我们可以更好地理解数学的本质和价值，也可以更好地将数学应用于实际生活和工作中。作为小学生数学的阅读素材，数学文化由少到多地渗透到教材中，越来越多地进入了小学课堂。

学习数学文化可以拓宽学生的数学学习视野，激发学生的学习兴趣，能够培养学生的技能，包括逻辑思维能力、分析能力和解决问题的能力。此外，数学文化能够培养学生的创新能力，通过了解数学文化，学生可以激发自己的求知欲和创造力，探索未知领域，发现新的规律和方法，从而成长为具有创新精神的优秀人才。

关于数学文化，学术界有多种界定方法，我校采用广义的数学文化概念，

---

❶ 中华人民共和国教育部. 义务教育数学课程标准（2022年版）[M]. 北京：北京师范大学出版社，2022.

即数学文化包括数学家、数学史、数学教育、数学发展中的人文成分及数学与各种文化的关系等。❶

（一）数学教材中数学文化的阅读策略

各个版本的教材中都将数学文化作为其中的重要内容，并用不同的形式表达出来，如北师大版小学《数学》教材中设计了许多介绍数学文化知识的内容，以"数学阅读""你知道吗""数学游戏""数学好玩"等栏目形式呈现❷，人教版小学《数学》教材设计了"你知道吗""生活中的数学""数学游戏""数学广角"等栏目传递数学文化，苏教版小学《数学》教材中数学文化内容主要以"你知道吗"栏目形式呈现。目的是拓展学生的知识面，让学生通过阅读数学文化知识，了解数学知识的发展历程，领略数学家们治学的严谨态度，体会他们追求真理、不懈探索的精神，引导学生欣赏数学的优美之处，感受数学公式、定理和图形所展现出的简洁、和谐与统一之美，增进数学知识的应用观念，进而激发学生的数学探究欲望，发展学生的数学学科思维。

北师大版小学《数学》教材"数学阅读"栏目包括结绳计数、乘法口诀的历史、圆周率的历史等内容，"你知道吗"栏目包括少年高斯的故事、乘法的计算方法、解方程的历程等内容，"数学游戏"栏目包括填数游戏、有趣的华容道、凑24点等内容，"数学好玩"栏目包括分扣子、校园中的测量、神奇的莫比乌斯带等内容。

1."数学阅读"和"你知道吗"栏目阅读指导策略

"数学阅读"和"你知道吗"栏目的内容以文字叙述为主，介绍数学文化，

---

❶ 顾沛.南开大学的数学文化课程十年来的探索与实践——兼谈科学教育与人文教育的融合[J].中国高教研究，2011（9）：92-94.

❷ 叶习琪.小学数学教材数学文化内容的分析[D].深圳：深圳大学，2020.

包括数学史、数学家的故事、数学知识背景及生活中的数学等。这些内容既是数学知识的拓展延伸，也是发展数学核心素养的重要途径。我们将这两个栏目分为下面的三种类型。

（1）引导阅读型。

有些阅读内容从学生的生活基础出发，通过科普知识的形式呈现，侧重于数学的应用和文化背景，以学生能够了解为目的，教师只需要引导学生阅读即可。对于篇幅短小的，如北师大版教材二年级上册第28页的"华容道游戏"、四年级上册第35页的"计算工具的演变"，这些内容只要读一读就可以了，无须大费周章去讲解。

（2）知识技能型。

有些阅读内容，是作为解决问题的不同方法的补充。这样的阅读内容，教师必须引领学生认真阅读，并在阅读的基础上掌握解题方法，如北师大版三年级下册第37页的"乘法的计算方法"、五年级上册第43页的"寻找质数的方法"。学生从这样的阅读中能形成一定的知识技能，从而提升数学解题能力。

（3）深入探究型。

这一类内容主要是引导学生在学习例题的基础上，再从另外的角度去探究知识的形成过程，教师可以借助书上的内容，适当地开发利用，进行知识的迁移，如五年级下册第47页的"阿基米德测皇冠"、六年级下册第43页的"泰勒斯测量埃及金字塔的方法"。借助这样的数学阅读，教师可以将教材视作一个整体，引导学生对数学的学习产生新的认知，激发学生的学习兴趣。

教学时，将这两个栏目的数学阅读内容进行横向拓展（拓展知识的广度、宽度）和纵向拓展（拓展知识的高度、深度）。[1] 例如，教材中"两位数乘两位数"学习后，最后安排了"你知道吗"——计算乘法的三种方法的教学。首

---

[1] 孙红娟.基于核心素养下的小学数学阅读分类指导策略[J].西藏教育，2023（12）：48-52.

先，教师鼓励学生自主阅读这部分内容，初步理解视窗法、高位算起法及画线法的基本步骤和原理。其次，教师引导学生参与小组内的深入交流，并鼓励他们将所得体会与全班共同分享，通过讨论和互动，帮助他们深入理解和掌握这三种方法的算理。最后，组织拓展阅读，纵向拓展让学生了解这三种计算方法的由来，横向拓展则是了解铺地锦等其他的乘法计算方法及其步骤，以及乘法计算工具和方法的历史演变。这一学习过程使学生深刻体会到，随着时代的变迁，计算工具日益更新换代，计算方法也愈发简便高效。我们希望学生能积极投身于探索与发现新计算方法和工具的旅程中，不断培养他们的创新精神与实践能力，以适应这个日新月异的时代。

　　了解了知识的历史发展后，学生才能体会教材方法的简洁性，能理解每个公式或者每个字符的由来，这样不仅能够充分激发学生对数学学习的热情与积极性，还能促进他们对知识的深入理解和长期记忆，从而更好地掌握数学学科的精髓。在教学过程中，教师可以灵活运用不同的阅读材料，根据阶段性教学内容进行巧妙的组合与调整。对于与当前教学主题紧密相关的内容，教师可以考虑进行整合，并以小组分工的形式，为每个小组分配不同的研究任务，以某一单元或某一数学领域为主题，研究其历史起源及发展过程，如"加、减、乘、除符号演变史"这些内容在三年级教材中与计算教学紧密相连，是学生深入理解数学符号与运算规则的重要素材。为了帮助学生更系统地掌握这些知识，教师指导学生编辑数学小报，主题为"符号的演变史"。在这个过程中，鼓励学生利用多种渠道，如图书馆、网络等，收集相关资料，整合信息，形成完整的知识体系。[1]教师引导学生掌握知识发展史的同时，激发学生对新知识的探索，充分发挥其思维能力，寻求知识点之间的关联。[2]

---

[1] 戚利萍.小学数学教材中阅读材料的数学文化价值[J].宁波教育学院学报，2010，12（5）：121-123.
[2] 周付华.数学文化融入小学数学课堂的路径探析[J].中国多媒体与网络教学学报（下旬），2023（10）：103-105.

2. "数学游戏"和"数学好玩"栏目阅读指导策略

"数学游戏"与"数学好玩"这两个栏目，将数学文化巧妙地融入数学问题和游戏规则之中，让学生在参与探究性的数学活动和游戏时，不仅能熟练掌握数学知识，更能深刻体会数学思想的深邃与精妙之处。教师应该充分利用这两个栏目的内容设计，引导学生深入阅读相关材料，开展更加丰富多彩、富有成效的数学活动。这些活动不仅渗透了丰富的数学文化内容，对于激发学生的数学兴趣、锻炼他们的数学思维也具有极其重要的意义。通过这样的教学方式，学生的数学素养将得到显著提升，他们的数学之旅也将变得更加有趣而富有成效。❶

（1）完整设计，自主体验。

对于低年级的数学游戏，我们主要侧重于"好玩"这一特点，设计了数形结合、动手操作、直观演示等多种类型的游戏课程，让学生在愉悦而放松的氛围中自然而然地沉浸于数学学习的海洋，探索其无尽的奥秘与魅力。而对于高年级的学生，我们则更注重培养他们的"会玩"能力，设计了逻辑推理、决策类等更具挑战性的游戏。这些游戏课程并非仅仅作为课堂教学的点缀或引入环节，而是设计一堂充实而富有创意的游戏课，让学生在游戏中学习数学，体验乐趣，发掘潜力。我们给予学生充足的时间和空间，让他们从了解游戏规则开始，逐步熟悉并掌握游戏技巧，最终形成自己独特的策略和见解。在三年级的"生活中的推理"一课中，我们设定了合情推理作为课时目标，引导学生深入探索并建立优化思想。以"沏茶问题"和"烙饼问题"为例，我们从学生熟悉的生活场景入手，引导他们通过合情推理，找出最优解决方案。在解决"每次最多只能烙两张饼，两面都要烙，每面三分钟，如何快速烙好三张饼"这一问题时，我们巧妙地运用游戏和实验的教学方式，鼓励学生动手实践、动脑思考。通过不断的实验和细致的观察，学生能够亲自发现其中蕴藏的数学知识，

---

❶ 魏伟标.试论如何在小学数学课堂教学中渗透教学文化[J].考试周刊，2014（9）：73-74.

从而加深对优化思想的理解和应用。这样的教学方式不仅促进了学生知识的内化，还培养了他们的创新思维和实践能力。❶

（2）问题引领，自主探究和实践。

在"数学好玩"教学中，让学生处于主体地位，赋予他们充裕的时间和空间，以便他们可以自主观察、大胆猜测并验证自己的想法。同时，我们要积极引导学生主动探索，鼓励他们发挥自己的主观能动性，在解决问题的过程中培养学生的数学核心素养。例如，在学习"数学好玩——滴水实验"中，让学生就自己生活周边的用水情况进行调查，如每个家庭的日常用水量、家中一个未拧紧的水龙头的滴水量等，这些与生活紧密相关的调查，不仅增强了生活中数学知识的认知，而且借助精准的数据培养了学生的节俭意识。通过这类实践活动，学生收集到了大量的实验数据，进行科学分析，提出了合理化的建议，真正达到了知行合一的教育目标，把理论和实践很好地结合在一起，不但体验到了数学学习的乐趣，更重要的是接受了数学文化的熏陶，提高了学生思想认知能力。❷

（二）数学读物中数学文化的阅读策略

我校每个年级都会有相对应的数学读物，这些读物充分考虑到小学生的认知特点，精选了众多既能引发学生兴趣、满足他们阅读需求，又能启发他们思考、开阔他们视野的阅读资料。这些读物旨在点燃学生的求知欲望，激发他们的学习热情，让他们在阅读的海洋中畅游，尽享知识的甘甜，并在这一过程中不断积累成长的力量。

对于低年级的学生，我们往往紧扣教材的核心知识点，引入数学绘本作为辅助阅读，注重内容的直观性和丰富性。这些绘本以生动有趣的形式将数学知识巧妙地融入学生的日常学习中，使得数学学习过程变得充满乐趣，从而有效

---

❶ 谢林. 基于数学核心素养的小学数学游戏课教学设计研究[D]. 成都：四川师范大学，2020.
❷ 李熙全. 借助数学阅读材料挖掘数学文化内涵[J]. 小学生（中旬），2023（10）：85-87.

激发学生对数学的兴趣与热爱。例如，在测量单元教学时，选取绘本《小熊的鱼娃娃》，让学生边看边思考，看到了什么，想到了什么，让学生通过身体尺子感受到测量单位的多样性，切实体会到统一度量单位的必要性。对于中年级学生，我们结合绘本和文本阅读，除了渗透数学概念等基础知识外，还特别关注数学文化的阅读，倾向于引导他们探索数学游戏、百科中的数学奥秘。高年级学生则主要以文本阅读为主导，深入探索数学文化的内涵与外延，旨在拓宽他们的数学视野，增进对数学学科的深度理解。教师根据基本课型结构，灵活调整教学方式，实施相应的阅读策略，以更好地满足学生的阅读需求和学习发展需要。

1. 预习阅读单，培养习惯

依据读物内容，精心设计简单的预习阅读单，旨在引导学生有效阅读。我们鼓励学生指读，逐字逐句默读，教会学生使用标注符号标记重要内容，如用圆圈圈出关键信息，用问号标出有疑问的地方，用三角形标出要注意的地方等。为了深化学生的阅读理解，我们引导他们进行批注式阅读。学生可以在书上直接做批注，写下自己的随感。同时，我们还建议他们准备数学阅读本，用于记录阅读过程中的所思所感，进行计算和绘图。批注的内容可以包括阅读中的难点、独特的思考、情感共鸣之处、阅读空白处的补充，以及困惑不解的问题等。

借助预习单，我们鼓励学生在课前进行深入的阅读。学生在阅读过程中所做的勾画和标注，不仅能够帮助他们更好地理解和记忆阅读的内容，同时也能为教师提供宝贵的反馈。通过查看学生的勾画和标注，教师可以相对全面地了解学生对阅读内容的理解程度，以及他们在阅读过程中遇到的困惑和难点。这有助于为接下来的阅读教学指引方向，从而实现教学的双向奔赴。❶

---

❶ 徐志敏.小学数学阅读素养培养策略[J].湖南教育（B版），2023（7）：42-43.

2. 问题引领阅读，读思结合

我们在阅读材料的恰当位置巧妙地设置了一系列问题，旨在通过这些问题引导学生深入阅读，激发他们的思考与探索，使阅读过程更加富有启发性和互动性。例如，在阅读绘本《小熊的鱼娃娃》时，可以设计"怎么三座彩虹桥每座都是五步长呢""为什么两拃长的小鱼会变短呢""为什么妈妈做的鱼娃娃那么大呢"的问题，在这些问题的引导下，学生的阅读过程将更加精准且思路清晰，能够独立思考并深入理解材料内容。在交流环节，教师应敏锐捕捉时机，适时提供数学阅读的指导。例如，在解决问题时，教师应强调阅读题目的重要性，指导学生圈出关键字词和关键知识点。这样的阅读方式有助于学生在阅读中深化对数学知识的理解，掌握解题方法，进而提升数学素养。通过教师的指导与学生的积极参与，学生的数学阅读能力将得到显著提升。

3. 体验式阅读，融会贯通

通过图文转换、动手操作和合作交流等多种方式，我们为学生提供了丰富多样的阅读体验，旨在全面提升他们的数学阅读能力。在实践环节，我们鼓励学生通过多样化的活动，如计算、操作、折叠、填写、绘图、表达、测试及竞赛等，对阅读材料进行深入的数学探究与表达。此外，我们还积极引导学生就阅读过程中遇到的疑惑展开小组讨论，集思广益，共同总结数学思路与解题方法，并鼓励他们绘制知识结构图或思维导图，以形成数学知识体系与技能框架。这样的实践过程不仅使学生的思维更加清晰有条理，还能有序提升他们的数学阅读能力。

4. 巩固拓展，反思提升

学生完成相关练习后，运用数学语言对解题过程进行深入分析，从而加强数学语言的转译与应用能力。通过交流、创编、展示等多种形式的互动，学生的数学思维得以进一步拓展。数学阅读的核心在于引导学生进行自我认识和反思内化，在阅读之后，我们鼓励学生自我反思并提出问题，如我能否顺利回忆起与此篇阅读材料相关的数学知识？这篇文章的核心主题是什么？在这篇材料中，哪些信息是与数学问题紧密交织的？我该如何运用符号语言来精确表达这些问题？我是否能够顺利解答这些数学问题？若进一步深入思考，这篇文章还有可能引发哪些新的数学问题？通过这样的自我反思与提问，学生能够更深入地理解阅读材料，提升数学阅读能力和问题解决能力。

5. 设计创意作业，提升素养

教师可以巧妙设计富有创意的作业，以激发学生的数学思维。如续写故事、创编绘本、绘制连环画、录制视频、分享故事等。初期阶段，学生可以通过模仿的方式，逐步尝试改编故事内容，如将加法问题转化为减法问题，或将乘法问题转变为除法问题。随着能力的不断提升，学生可以进一步发挥创造力，将数学书上的练习题巧妙地融入故事情境之中，创作出独特的数学故事。这样的作业形式不仅有助于巩固学生的数学知识，更能培养他们的高阶思维能力，让学生在愉快的创作过程中深化对数学的理解与运用。❶

（三）数学试题中数学文化阅读策略

随着教育评价方式的改革，数学试题的呈现形式也发生了很大的改变，从过去的重视对学生知识掌握的考查转向对数学素养的考查。针对这种导向，教师采用分模块指导学生阅读的方法，以达到正确、快速解题的目的。

1. 文字题板块的阅读策略

（1）"圈"。圈，就是圈出题目中的关键词。

（2）"缩"。缩，就是从大量的文字信息中删繁就简，留下主干信息。

（3）"索"。索，就是执果索因，即从所需要解决的问题出发，从所给条件中探寻所需要的各种隐含条件。

---

❶ 刘燕. 浅谈小学低学段落实数学阅读的策略 [J]. 河南教育教师教育，2023（9）：58-59.

2. 解决问题板块的阅读策略

数学阅读题强调的不是计算的繁难，而是激发学生的思维活力，促进对数学的思考和理解。针对这样的问题，我们从以下三个方面入手来指导阅读。

（1）"读"。读，就是仔细阅读题目，从整体上理解题意，养成边读边做标记的读题习惯，养成通过阅读理解题意的习惯。同时，在读文字较长的数学题时，应该要求学生综合运用各种阅读方法，可以删繁就简，可以画出关键词，可以执果索因。

（2）"敲"。敲，即对字、词、句的深入推敲，旨在精确把握题意，确保理解的准确无误。这一步骤至关重要，它要求学生在阅读时细心揣摩每一个细节，从而确保对题目意图的精准把握。通过这样的推敲过程，学生能够更加准确地理解问题，为后续的数学思考和解题奠定坚实的基础。

（3）"找"。找，就是找到题中的数量关系。通过阅读，根据数量关系，选择有关联的条件，鼓励学生运用"分析法"和"综合法"这两种策略来解决问题，促进他们的深度思考。

此外，为了提升对数学文字题的阅读和理解能力，建议学生平时多读一些与数学文化相关的书籍、文章或网站内容，了解数学的发展历史、数学家的故事及数学在各个领域的应用等。这样不仅可以拓宽学生的视野，还可以增强对数学文化的兴趣和热爱，提高解题的准确性和效率。

小学《数学》新课标明确提出在课堂教学中重视渗透文化的教育功能，培养学生的核心素养。在教学中要深入开发数学文化资源，通过应用数学知识、创设审美情境、设计教学游戏、开展实践活动等路径，多角度地渗透数学文化，让数学与文化同行。对小学生数学阅读能力的培养是非常重要的，通过掌握阅读策略，学生可以更深刻地理解数学概念，掌握数学方法，提高解决数学问题的能力，提升数学核心素养，实现教学与育人的双重目标。

二、科学学科阅读的方法与探索

在基础教育的早期阶段,科学学科的阅读在青少年的智力发展和知识积累过程中扮演着枢纽角色。此类阅读不仅能够点燃学生对于宇宙奥秘的求知欲,还能够培养其精准观察、深度思考及解决问题的能力。科学学科的阅读远非简单的记忆堆砌,它通过引导学生阅读引人入胜的科学故事、探究自然现象,使他们亲身感受科学的无限魅力。此外,科学学科的阅读能够帮助学生揭示日常生活中的科学道理,如天空之蓝、植物对阳光的需求等自然现象背后的科学解释。更为重要的是,科学学科的阅读能够培育学生的科学思维和研究方法,诱导他们学习如何提出疑问、构建实验、收集数据及分析实验结果。这种科学的思维,会为他们今后的学术探索、人生实践打下扎实的根基。

(一)科学实验与观察的阅读教学方式

1. 选择合适的阅读材料

科学阅读教学的基础是选择适合学生阅读的材料。在选择阅读材料时,注重内容的科学性、趣味性和可读性。同时,在教育实践中,准确把握学生对科学知识的热衷程度、他们在科学文献阅读上的基础水平及是否已养成优良的阅读习惯,对于策划未来的教学方案具有不可或缺的指导意义。这些要素的明晰化,能够为教师提供宝贵的信息,以便设计更具针对性和有效性的教学活动,从而促进学生科学素养的全面提升。[1]

在选择阅读材料时可以分成以下两类。

①实验操作类:科学实验的阅读资料,需提供详细的实验步骤、原理解释和安全指导,适合进行实操学习,包括实验目的、实验原理、实验步骤、数

---

[1] 钱秉阳,曾焕,王欣昀. 小学科学课堂高阶思维培养存在的问题及对策分析[J]. 读写算,2022(19):25-27.

据处理和分析等方面的内容。通过阅读资料，可以了解实验的基本概念、方法和技巧，掌握科学知识和科学思维，为进行科学实验提供理论支持和实践指导。

②科普类：在构建科学教育内容时，我们细致考量层次、认知发展阶段及个人兴趣点，精选能够唤起学生探索热情并促进阅读动机的科学刊物。例如，《国家地理》《科学美国人》等，它们囊括了最新科学成就与探索，足以激发学生的求知欲与探究精神。

2. 提供合适的阅读环境

合适的阅读环境是开展科学阅读教学的必要条件。在科学学科中，教师可以集成资源建立一个多元化的资源库，包含书籍、电子资源、视频教程、在线课程和科学杂志的资源库，覆盖科学、工程、艺术等多个学科领域，确保学生可以轻松获得跨学科的学习材料。实施项目式学习（PBL），鼓励学生围绕一个主题或问题，整合使用多个学科的综合知识来寻找解决方案，营造出生动、有趣的阅读氛围，让学生感受到科学的魅力。同时，教师还可以通过组织小组讨论、角色扮演等形式，引导学生积极参与阅读活动，提高他们的阅读兴趣和阅读能力。

3. 教授阅读方法

科学的阅读方法是提高科学阅读教学有效性的关键。在融入 STEAM（科学、技术、工程、艺术、数学）跨学科的教育模式中，选择与 STEAM 相关的阅读材料，如科学实验指导书、科技创新故事、工程挑战案例、艺术理论书籍和数学解题策略等，将阅读材料与学科内容紧密结合。在学生开始实验之前，安排相关的背景材料阅读，帮助学生建立知识框架，理解项目的科学原理和技术背景。让学生阅读实验指导书或操作手册，理解实验目的、原理和步骤，然后再实际操作，将阅读与实践相结合。

在科学教育的课堂上，教师需致力于传授学生多种阅读技巧，如略读、细读、跳读等，并指导学生依据各自的阅读目标挑选最适宜的方法。同时，教师应重视提升学生的阅读思维及批判性思维，促使他们在阅读过程中进行深层次的思考与分析，激发学生对文本作者观点、实验设计、数据可信度等方面的思考，从而培养其信息分析与评估的能力。

（二）科学实验与观察的阅读教学思考

1. 关注学生个体差异与跨学科兴趣

在科学课中，教师应深入了解每个学生的学习特点和兴趣爱好，尤其是在技术、工程、艺术和数学等STEAM领域的潜在兴趣。为此，教师可以利用问卷调查、个人访谈或学生作品分析等方法，识别学生的个性化需求。然后，根据这些信息提供跨学科的阅读材料和实验活动，为不同能力和兴趣的学生定制个性化的学习路径。例如，对艺术感兴趣的学生，可以引入科学与艺术结合的项目，如使用数学原理来创造艺术作品，或者探索颜色的科学原理，以此激发他们对科学的兴趣。

2. 强化评价反馈与跨学科应用

教学评价应全面覆盖学生的阅读理解能力、阅读思维能力、跨学科整合能力和实操科学实验能力等方面。评价方式应多样化，除了传统的测试和作业，还应包括学生的项目作品、实验报告和口头报告等。这些多样化的评估策略不仅能够帮助教育工作者全面掌握学生的学业进展，还能激励学生将所获得的知识跨学科地运用。例如，学生在艺术课程中应用科学知识创作作品时，教师可以通过项目评价来考查学生的跨学科整合能力。

3. 鼓励学生自主学习

教师应引导学生学会如何将科学知识运用到其他领域的实践，鼓励学生主动发现问题并解决问题。通过涉及STEAM的综合性项目和实操实验，学生不仅能够深入理解科学原理，还能激发他们的创新思维和实践能力。例如，通过构建一个简单的机械装置来解决实际问题，学生可以在实践中学习物理原理，同时发展工程设计和技术应用的能力。

4. 增强体验性和探究性的实践科学实验

教育工作者宜构思与现实世界议题紧密相连的实践科学实验，让学生通过直接参与和深入探索，全面领会科学定律及其技术运用。例如，可以设计一个关于可持续发展的实验项目，让学生探索如何利用太阳能或风能。这些实验不仅应覆盖基础的科学概念，也应包含技术、工程和数学的应用，甚至艺术的融合。通过这样的跨学科实验活动，学生可以在实践中学习协作、解决问题和创新设计，为他们未来在复杂的跨学科领域的学习和工作奠定基础。

（三）科学实验与观察的阅读教学实践

1. 科学实验与观察的阅读之探究性学习

小学阶段的科学探究性阅读，是教育过程中的关键环节，其宗旨在于熏陶学生的科学修养与探索技能。通过对科学文献的深入研读，学生得以吸纳科学理论、掌握研究方法，并培育科学思维，从而锻炼其观察、实验、逻辑推演及问题解决的能力。探究性学习阅读的过程如下。

（1）确定跨学科的探究主题：教师根据课程内容和学生的兴趣确定探究主题，如可再生能源、生态平衡等。

（2）多元化探究材料的准备：除了传统的实验器材，如实验器材、观察工具等，还可以让学生接触如编程软件、3D打印机和艺术材料，促进创意和技术的结合。

（3）引导学生跨学科阅读：教师可以助力学生研读科学领域的相关文献，涵盖教材、普及型读物及学术论文等。在阅读过程中，教师需施以指导，帮助学生准确捕捉核心要义，洞悉理念与知识精髓。

（4）开展综合性探究实验：在阅读的基础上，学生可以进行一些探究实验。实验过程需要严格按照科学方法进行，确保安全和准确性。

（5）交叉学科的结果总结与分享：学生需要通过口头报告、作品展示、视频制作等多种形式，对实验结果和观察所得进行整理、分析和归纳，展示他们的探究成果，促进知识和经验的交流。

（6）评估反思：在探究活动的收尾阶段，学生应深入分析整个研究过程，进行自我反省，汲取经验教训，以此作为提升未来探究技能的基石。

2. 探究式学习中的延伸阅读

以"观察树叶"为例，教师可以引入科学、艺术和文学等的材料，如昆虫学、植物学的科学文章，树叶在不同文化、艺术中的象征意义，以及与树叶相关的文学作品。通过对比分析，学生不仅可以学习科学知识，还能欣赏树叶在艺术和文学中的美，培养跨学科的思维方式。

【案例】教师提问：通过屏幕上的图片，请大家告诉我，你们都看到了什么？

学生A：我看到了细细的枝干，枝干上长着翠绿的叶子，还有红色的果子。

学生B：我和这位同学看到的一样，我还看到了蚂蚁在枝干上面爬行。

学生C：我看到了树叶边缘有微微卷起的痕迹。

教师：对于你们看到的画面，大家可以踊跃发言提问。

学生A：蚂蚁为什么会在枝干上？

学生B：图片中表现的是春夏秋冬哪个季节？

教师：有没有其他同学愿意尝试解答上述问题？

学生D：我认为蚂蚁在枝干上觅食。

学生 E：我认为对应的季节是秋天，秋天的时候树上才会结果子。

教师：刚才，很多同学对于上述疑问作出了阐释，这在科学上称作解释。为了得出合理的解释，我们需要收集更多的事实，并且要结合现有知识进行深思。不知各位是否阅读过法布尔的《昆虫记》？请观看投影屏幕上的文字。这些文字是昆虫学家法布尔对之前所见画面的描述。在这段描述中，哪些内容是他亲眼所见的事实，哪些内容是基于他的观察所做的解释呢？

在案例中，教师精心筛选与课程密切相关的教学资料，将内容或结构上相互关联的科学阅读材料进行对照分析，以此激发学生思维的火花，促使他们在认知的旅途中不断探索、比较、扩展和积累，确保所学知识的牢固掌握。这种深度的科学阅读过程，不仅增强了学生思维的灵活性和深度，还提升了学生的科学思维能力和自主学习的技巧。

在探究性学习阅读中，特别需要注意以下几点。

（1）强化科学与技术工具的运用：在实验和探究过程中，引导学生有效使用科学和技术工具，如数字显微镜、编程软件等，提高实验的精确度和探究的深度。

（2）安全与伦理问题：在进行实验和技术操作时，强调安全意识和科学伦理，确保学生的人身安全和数据的真实性。

透过此类跨领域的探索性学习与阅读实践，学生不仅在科学思维与自主学习方面得以提升，亦能够培育其创新意识与跨学科问题解决的技巧，为其全方位成长奠定坚实之基石。

3. 科学实验与观察的阅读之实验报告

科学实验报告的阅读是小学科学教育中的重要环节。通过阅读实验报告，学生可以更好地理解科学原理，培养他们的实验技能和科学思维。

（1）实验报告阅读的教学策略。

激发学生兴趣：由于实验报告通常比较枯燥，因此激发学生的兴趣尤为重要。教师可以采用多媒体、虚拟实验、艺术创作等形式，展示科学实验的魅力，以提高学生的综合兴趣和参与度。

选择与生活紧密相关的实验主题：优选涉及科学、技术、工程、艺术和数学综合应用的实验报告，如探讨音乐频率与物理振动的关系，将抽象科学概念与学生日常生活连接起来。

引导多角度阅读与分析：教导学生从科学原理、技术应用、工程设计、艺术美学和数学逻辑等多方面理解和分析实验报告，培养学生综合思维能力。

促进互动交流与反思：教师可策划学生间的互动性辩论，在此过程中，须密切关注学生思维的多样性，按照思维能力的层次差异将学生分层，并依据各层次学生思维发展的具体情况调整小组构成，以此建立一个系统化的高级思维能力培育框架。❶

实践与体验：除了阅读实验报告外，教师还可以设计与实验报告相关的跨学科项目，鼓励学生动手进行科学实验、技术制作、工程设计等，通过实际操作加深理解。

重视反馈和评价：教育工作者应及时向学生提供反馈与评估，肯定其成就与优势，同时明确指出其不足并提出改进建议。此举将促进学生对实验报告的深刻理解，并显著增强其科学探索技能。

（2）实验报告阅读与撰写方法的整合。

明确实验目的：在开始阅读实验报告之前，强调实验目的的多维度意义，如科学探索、技术创新、工程应用、艺术表达和数学建模等。这将有助于学生理解整个实验的背景和意义。

深入分析实验方法：实验方法是实验报告的核心部分，阅读时应重点关注。

---

❶ 李春梅，杨妙霞，肖少苹.科学教科书"声音的产生"问题解决编排比较——以中国"教科版"和美国"麦克米伦版"为例[J].内蒙古师范大学学报（教育科学版），2022（6）：138-145.

了解实验如何进行，以及使用了哪些材料和设备，有助于学生理解实验的可靠性。

综合评估实验结果：鼓励学生综合利用科学知识和数学工具，对实验数据进行分析，评估结果的科学性和技术可行性，探索艺术表现和工程改进的可能性。

思考实验结论：在理解实验结果的基础上，思考实验结论是否合理，以及该结论对理论或实际应用的可能影响。

批判性思维与资料查阅：对实验报告进行批判性阅读，评估其实验设计、方法、结果的合理性，以及是否存在可以改进的地方。如果对实验报告中的某些内容有疑问或想深入了解，可以通过查阅资料来获取更多信息。

4. 科学实验与观察的阅读之隐性阅读

隐性阅读不仅包括传统的文本阅读，还包含通过观察、实验和探究等非直接方式获取知识的过程。科学课程是一门涵盖自然、物理等多学科的综合性课程❶，与STEAM教育模式强调多学科整合的理念相辅相成，将科学实验与观察的阅读转化为一个更具实操性和科学实验性的过程，不仅强调理论知识的传授，而且注重实践技能的培养和创新能力的激发，旨在通过跨学科的方式提高学生的综合素养和发现问题并解决问题的能力。而隐性阅读恰恰能帮助学生通过非直接的途径获取这些知识和能力，提高他们的科学素养。

（1）跨学科实践与隐性阅读的整合。

跨学科课程设计：在设计小学科学课程时，融入技术（Technology）、工程（Engineering）、艺术（Art）和数学（Mathematics）的元素，形成一个跨学科的学习体验。例如，在生物学单元中，结合艺术（生物插画）和数学（统计生物多样性），促使学生从不同角度探索和理解生物科学。

---

❶ 谢莹，宋红兵. 依托小学科学教材设计STEM项目式学习的有效策略——基于"制作小乐器"的个例分析[J]. 教育观察，2021，10（11）：79-82.

实践科学实验：让学生亲自动手实验，观察实验现象，分析实验结果。在实验的探索旅程中，学生透过观测、思辨、剖析等一连串过程，深入洞察科学的理念与定律。此过程不仅体现了隐性阅读的实质，还映射了 STEAM 教育的精神，如通过构建基础机械装置来掌握物理学原理，进而孕育工程学的思维模式。

（2）提升隐性阅读的科学实验性。

科学观察日志：在科学教育的过程中，激励学生在进行科学实验与观测时详细记录所见所得，此类记录实质上构成了一种隐性的阅读体验。透过对实验数据的细致分析与观测记录的反复审视，学生得以更加深刻地领会科学理论，并显著提升科学论文撰写与报告构思的能力。这不仅加深了他们对科学知识的理解，也锻炼了他们的科学表达能力。

多媒体资源的利用：在科学教育传道授业的过程中，教师可以广泛运用视频、动画及互动软件等多媒体教学工具，来为学生献上知识的盛宴。此举不仅能提升学生的学习热情与主动性，也使他们得以在轻松愉悦的学习环境中，借助视听感官进行科学知识的隐性吸收。例如，在阐述"水循环"这一科学概念时，教师可借助多媒体技术展现云霓、降雨、河川等自然景象的图像或影片，引导学生进行观察与思辨，从而点燃其求知之欲。

（3）隐性阅读的实践策略优化。

创设情境学习。透过模拟现实世界的情境或构建问题导向型的学习计划，能有效激发学生的阅读热情与学习动力。例如，在探讨"水循环"的课题时，安排学生开展田野调查或模拟实验，以此加深对水循环科学原理的洞察与理解。

强化课堂互动，提高学生的阅读参与度。课堂互动是提升隐性阅读成效的关键途径。教师应该重视此互动过程，激励学生踊跃投身于课堂辩论、探讨之中。举例来说，在阐释"生态平衡"这一概念时，教师得以引领学生深入讨论生态平衡的重要性、影响要素及其保持之策略，促使学生在交流互动中，深化对生态平衡深远意义与价值的认知。

拓宽阅读视野，增加学生的阅读量。扩展学生的阅读领域及增进其阅读量，是提升隐性阅读成效的关键路径。除了推介科学文献，更应融入跨学科阅读素材，如科学史、科技伦理学与科学哲学等，以协助学生构筑更为宽广的知识视野，并促进其批判性思维的发展。教师亦可借助举办科学知识竞赛等多元化活动，进一步提升学生的阅读量与兴趣。

科学实验与观察的阅读活动，能够锻炼学生的实践技能与观察能力，提升其科学素质。通过探究性学习的实验与观察、实验报告的阅读与编撰，以及隐性阅读的影响，学生得以直观感知科学现象，探求自然法则，从而深化对科学知识的理解与掌握。

第四节 其他领域的阅读策略

一、美术的阅读策略

对于学生而言，艺术欣赏意味着借助视觉感知进行广泛探索，以适应未来社会对多元文化和复杂情感世界的需求。这是艺术学习的延伸，也是提高艺术素养的基础。阅读则注重通过心灵的诠释展现完美形象，触动人心，激发学生的精神力量，使他们在卓越的美术技巧中领略美的真谛。而在美术领域，阅读同样具有重要意义。我校通过引入美术阅读，让学生在欣赏艺术作品的同时，也能深入了解艺术背后的历史、文化和哲学思考。这种跨学科的学习方式，不仅有助于提高学生的综合素质，还能培养他们在艺术领域的创新能力和批判性思维。美术阅读肩负着提升审美水平的使命。通过阅读经典的艺术作品，学生可以逐渐培养出对美的敏感度和鉴赏力。他们会在欣赏画作的过程中，学会发现美、理解美、评价美，从而提升自己的审美品位。这种审美水平的提升，不仅有助于学生在艺术领域取得更好的成绩，还能让他们在日常生活中更加善于发现和欣赏美好。

（一）美育润心，向美而行

1. 在美术阅读中深入思考

教师应该尽力为学生推荐最优秀的美术阅读材料。这些材料分别来自不同的视角，由不同画家用独特的语言与学生进行最朴实的对话。教师可以推荐学生一些阅读的书籍，尽管部分书籍可能并非专注于艺术领域，但它们同样提供了思考与观察世界的方法。学生领会这些作品所承载的价值与内涵，不仅有助于提升艺术修养，同时也为我们带来教育和启示。例如，《美的历程》揭示了我国艺术的精微之处；《艺术哲学》教导我们在鉴赏作品时需了解历史背景，因为作品难以抹去时代印记……而阅读的意义就在于此。在一次美术欣赏课上，教师给学生提出了一个挑战：完全自由地表达他们对作品的想法，鼓励那些敢于说出真实想法的学生。学生纷纷表达了自己的看法后，教师指出他们的独立见解非常宝贵，但也提醒他们应该进一步深入了解作品，看看作者的意图是否与自己的想法一致。教师建议学生去博物馆、图书馆、网络查找资料，亲自去欣赏原作，欣赏艺术不仅需要直觉审美感受能力，还需要具备一定的鉴赏能力。

2. 在美术阅读中激发想象

想象是一种将已有的概念重新组合、加工的过程，然后创造出一个全新的形象。在德国纽伦堡的丢勒中学，学生得以在绘画之际，佩戴耳机，沉浸于个人钟爱的音乐之中。此举极大地开阔了他们的思维，音乐为他们赋予了无尽的艺术想象空间。例如，让学生阅读著名画家几米的绘本漫画，必然会发现他的画风是如此的独特，这幅画作中的人物和物品几乎都不是写实的，有些甚至是纯粹想象出来的。然而，通过那梦幻的背景和简洁的线条勾勒，却能感受到一种温馨的氛围。总而言之，这幅作品充满了梦幻色彩。这一系列漫画推荐给学生阅读后，能够激发他们的思维创造力。

【案例】"大人国与小人国"。本节美术课由名著《格列佛游记》引入。在这个故事中,格列佛来到了小人国,成了一个大巨人。他为小人国的居民们做了很多善事,引出了本课的主题——大人国小人国。这种引入方式激发了学生对学习的兴趣,经由魔术手法,使小鸟体积扩增至超越老虎,此般神奇转变令学生深感震撼。随后,引导学生思考如何将一个小女孩化身巨人。经过一番思索,学生认识到,对比手法能使人物形象更为高大。在篇章落幕之际,延伸主题,让学生领悟到美术作品中固有巨人形象,现实生活中亦不乏其身影,如抗洪抢险的英勇军人、救死扶伤的医生等。其体貌或许并不魁梧,然而在我们心中,他们无疑是真正的巨人。

在每个学生的日常生活中,故事和绘本都扮演着重要角色。当我们培养了学生广阔的美术视野,就能够将美的元素融入教学中,在学生心中种下一颗创作的种子。这颗种子可以随时汲取灵感,激发学生的创造力,成为一个巨大的创意源泉。

(二)美术课外阅读的延伸

1. 建立欣赏阅读库

生活中到处都充满了艺术的气息,只要我们用心去感受,就能发现它的存在。例如,有一部电影,女主角不小心把心爱的衣服弄脏了,她很是伤心,但是她的室友是一位裁缝,室友拿起了那件衣服,在污渍的位置绣上了一朵玫瑰花,顿时让原本不起眼的衣服变得美丽动人。其实这就是艺术的积累和沉淀,有的事物可能一开始让我们无法接受,但只要稍加改造和添加创意,就能成为人人喜爱的宝物。为此,学生可以建立自己的欣赏阅读库,教师鼓励他们参与到课外的美术阅读活动中,可以通过引入画册、观看相关影视作品和阅读著名艺术家的传记作为教学辅助材料,以图文并茂的方式有效提高学生的基础艺术素养。每堂课之前让学生向全班进行分享介绍,教师也可以提供与当堂课内容有关的阅读链接和推荐相关内容的微信公众号，向学生推送艺术欣赏的资料。

2. 走进艺术馆，与大师对话

美术教育的对象是所有的学生，而这些学生在长大成人后，可能只有极少数的人会从事与美术相关的行业，而大多数人只是美术作品的欣赏者。如何培养学生的艺术审美，提高其素质呢？参观美术馆和各种高质量的博物馆是一个好方法，这些地方展示的艺术大师的原作让人着迷，真正的艺术欣赏需要亲眼看到原作才能深刻体会其魅力。此外，美术馆特有的艺术氛围可以悄无声息地影响和感染学生。参观美术馆可以让学生深入了解不同艺术作品的特点和风格，领略作品背后的意义，学习到不同的创作技巧，从而扩宽学生的视野。美术阅读教育让学生从小就接触到经典作品，帮助他们开阔眼界，提高起点，对美感和选择也更加敏感。

观赏《开国大典》这幅作品时，通过查找资料，笔者找到了当时天安门主席台上的照片，发现画中的人物行走自如，与现实中熙熙攘攘的场面截然不同。在当日，首都的天气并不似画作中所描绘的那般晴朗，反而细雨纷纷，然而，画家在创作过程中对这一细节的巧妙处理，却使得国家的壮丽景象得以彰显。这使得我们更加深刻地理解到，艺术源于生活，却又超越生活。此次经历使笔者深刻领悟到艺术、生活与历史之间的紧密联系。此外，笔者热衷于推荐大家深入研究画家董希文的相关资料，通过这些资料，可以感受到画家在创作这幅作品时所满怀的炽热爱国之情。

在这些阅读材料中，诸多难以言表的美学语言得以展现，那些无声的画面深处，蕴藏着深沉的情感，足以触动学生内心。

（三）小结

通过美术阅读，我们旨在引导学生深入庞大复杂的艺术领域，探索一种独特的观赏艺术的视角，这将助力学生解锁审美感知的宝贵入口，为他们打开一道领略美学魅力的黄金大门。

二、音乐的阅读策略

阅读是终身学习的重要途径，而在音乐教学中，学科阅读所展现的独特魅力与效果不容忽视。阅读不仅能有效激发学生的学习兴趣，更能丰富课内外教学形式，使音乐教学更趋丰富与饱满。

（一）立足学科特点，丰富阅读方式

我校音乐学科在立足学科特点和学生认知水平的基础上开展项目阅读，为学生提供丰富的阅读资源，建立健全音乐学科阅读资源库，鼓励学生身临其境感受音乐，为学生搭建展示平台，通过多形式阅读，促进学生审美能力的提升。

1. 以音乐好书为友，与阅读经典为伴

音乐不仅是听觉艺术，也可以用文字形式展现，在音乐学科读物中，小学阶段有诸多阅读书目，如《古典音乐故事绘本》《给孩子们的音乐课》等作品，用童话故事诠释古典音乐的独特魅力，用大师的励志故事和音乐人生，激发学生阅读兴趣；《我们的戏曲》《戏开始了——京剧经典美绘系列》《京剧脸谱》等戏曲绘本，通过精美别致的手绘插图、活泼可爱的人物形象、简单明了的对白文字，介绍中国戏曲剧种，讲述经典故事，并对剧种行当、服饰、唱腔、脸谱等戏曲知识进行详细介绍，带给学生精彩震撼的视觉盛宴。

按照不同音乐类型、音乐时期、作曲家，建立音乐阅读资源库，收集音乐作品的音频、视频、解说和分析等内容，进行分类整理，有助于更好地阅读。

2. 身临其境体验，阅观音乐之美

聆听和欣赏也是一种阅读，鼓励学生走进音乐厅聆听音乐会，如交响乐、管弦乐、合唱音乐会等，可以学习音乐会礼仪、增长见识；走进剧场欣赏中外经典歌舞剧，提高个人欣赏水平和艺术审美，增进理解艺术蕴含的历史和文化信息；走进场馆观看演唱会，体验流行音乐、爵士、民谣等不同形式歌曲类型，享受音乐与表演的沉浸式体验。

在建议学生进入音乐厅感受音乐的同时，我校将观看维也纳新年音乐会作为师生共同观看的一场音乐会，音乐教师提前制作宣传美篇，介绍维也纳新年音乐会的起源和发展、约翰·施特劳斯家族和他们的音乐、举办地点和每年的指挥等，并附上当年的音乐会节目单。最后设置简单的问题，如音乐会是由哪个乐团演奏的？你记住了哪些音乐体裁？你最喜欢哪一首乐曲？学生根据观看情况自主选择完成。

3. 音乐让阅读插上翅膀，梦想在舞台绽放

音乐源于生活，是人类不可缺少的精神食粮。学校为学生搭建了艺术交流展示平台，通过定期组织音乐读书会，交流分享阅读心得，增强对音乐的理解，感受音乐阅读的魅力；学生将阅读掌握的知识（音乐家生平、乐器结构、乐曲创作背景等）做成课件或自己演奏乐曲，在音乐课前五分钟分享给班级同学，做到"一带多"的阅读模式；定期举办"小舞台大梦想"主题鲜明的演出活动，为学生提供近距离感受音乐、戏剧、舞蹈等优秀艺术作品的机会，丰富学生的艺术审美。

（二）学科阅读贯穿课内外

根据音乐学科的阅读特点和不同的阅读场景，分为教室内的阅读活动、校园里的阅读活动和校园外的阅读活动。

1. 教室内的阅读活动

为了有效激励学生在音乐阅读方面的积极参与，我们特别设立了"阅动小达人"奖励机制。该机制结合学术奖励与行为奖励，旨在全面激发学生的音乐阅读兴趣，同时着力培养他们的音乐素养和表演能力，以推动他们在音乐领域的全面发展。学术奖励主要鼓励每个学生积极进行音乐阅读，并将音乐阅读通过行为表现出来，如我们会定期组织音乐读书会，提供一个展示平台，让学生在讲台上展现其阅读成果，并与同学们共同探讨和分享对音乐的独到见解和感悟。行为奖励则侧重于学生的表演和展示能力。在音乐课前五分钟展示时间，我们为学生搭建了一个展示自己才艺的舞台。学生可以在这个舞台上展示自己的音乐才华，如演奏乐器、演唱歌曲等。同时，他们还可以向同学们介绍自己演奏曲目的作者和创作背景，讲解乐器的构造和发声原理等。这样的活动不仅锻炼了学生的表演和语言能力，也提高了其他同学的艺术知识素养和欣赏水平。例如，五年级两位同学合奏二胡曲《敖包相会》，在演奏前先向同学们介绍了乐曲的作者和创作背景，演奏结束又讲解二胡的构造和发声原理，并设有提问环节，最后让其他同学进行尝试演奏，这样的活动不仅锻炼了小学生的表演和语言能力，也提升了其他同学的艺术知识素养和欣赏水平。

2. 校园里的阅读活动

在艺术长廊开展丰富多彩的阅读活动，如音乐读书会、乐曲品鉴会、中西乐器认知会等，使学生面对面交流，分享阅读感悟，极大地激发和调动了学生的阅读兴趣。四年级共读书目是京剧绘本《群英会》《借东风》《华容道》，学生对绘本的故事情节、幽默的语言、精美的卡通人物形象兴趣浓厚，阅读后进行共读书目分享会，主持人提出关于故事人物、京剧知识、服饰特点及个人收获等问题，同学之间交流分享，不仅提升了阅读效率和理解力，更增强了学生对传统文化的喜爱。

3. 校园外的阅读活动

音乐，作为一种跨越国界、沟通心灵的艺术形式，对于培养学生的文化素养和审美能力有着不可替代的作用。为了让学生更好地理解和欣赏音乐，我校开展"行进中的音乐赏析"活动，倡导"走出去"阅读。

例如，参加艺术节系列展演活动，这些活动通常汇集了各类音乐表演，包括独奏、合唱、舞蹈等，为学生提供了一个直观感受音乐魅力的平台。在这里，他们可以目睹音乐家的精湛技艺，感受不同音乐风格的魅力，从而加深对音乐的理解和喜爱；走进音乐厅聆听音乐会也是一种高雅的艺术享受。音乐会上，演奏家们用精湛的技艺诠释着音乐作品的内涵，观众可以在音乐的海洋中沉浸，感受音乐带来的愉悦和震撼。同时，音乐会还是一个学习音乐知识的好机会，学生可以通过聆听演奏家的演奏，了解不同乐器的特点、音乐作品的背景等。除了观看表演，欣赏歌舞剧也是一种提升音乐素养的有效途径，歌舞剧是一种集音乐、舞蹈、戏剧于一体的艺术形式，通过观赏歌舞剧，学生可以更加全面地了解音乐与舞蹈、戏剧的结合，从而加深对音乐艺术的认识和理解。此外，到图书馆阅读音乐类书籍也是提升学生音乐素养的重要途径，音乐类书籍包括音乐理论、音乐史、音乐家传记等，通过阅读这些书籍，学生可以系统地了解音乐的发展历程、音乐理论的基础知识及音乐家的生平和创作历程。这些知识不仅有助于提升学生的音乐鉴赏能力，还能为他们的音乐创作和表演提供有力的支持。

为了更好地推广音乐艺术，培养学生的音乐感知能力和欣赏能力，教师和学生互相推荐近期举办的音乐会和歌舞剧，相约观看并讨论感受。这种互动式的学习方式能让学生在欣赏音乐、感受音乐之美的同时，还能巩固同学友情，与同学分享自己的见解和感受，从而加深对音乐艺术的理解和热爱。

此外，积极组织参加合唱、舞蹈、戏曲、乐团等各项展演活动也是提升学生音乐素养的有效手段。这些活动可以让学生亲身参与音乐的创作和表演，体验演出带给他们的成长和快乐。通过参与这些活动，学生可以锻炼自己的音乐技能和表演能力，培养团队协作精神和自信心，为未来的音乐之路打下坚实的基础。

总之，丰富的阅读形式与音乐欣赏的有机结合，有效促进了学生对音乐的兴趣和素养的提升，在今后实践中我校将继续探究音乐阅读的有效策略。

三、运动与健康的阅读策略

体育学科是一门具有特殊性的教育学科，开展体育阅读既要立足于学生的实际情况，又要符合学科的特点。

体育教师面临着一项重要任务，即如何在室内体育课程中有效利用阅读来提升学生的体育综合素养。这是一项具有挑战性的任务，需要教育者审慎思考并创新教学方法。众所周知，人们通过阅读的方式获得文化知识，学生的体育文化思想的匮乏是阻碍学生学习体育知识的主要原因。❶

我校高度重视学生体育文化素养的培养。在进行体育室内教学时，我们特别注重并将培养学生的体育阅读素养作为重要教学内容来推进。通过这一举措，我们期望能够有效提升学生的体育文化素养，为其全面发展奠定坚实基础。

学生通过阅读体育文学著作、观看体育电影等形式学习体育知识、体育运动、体育精神等相关的信息，有助于强化分析能力、阅读能力，拓宽知识面，不断开阔眼界。

（一）以教学目标为导向，开展阅读学习活动

体育阅读是小学体育教学非常重要的组成部分，其不仅包括文字阅读，还包括体育赛事的阅读。将学生的室外体育活动与室内阅读活动紧密结合，发挥

---

❶ 程斌.文学阅读对体育综合能力与体育素养提升的作用研究[J].芒种，2013（5）：247-248.

教师的主观能动性，有促进学生拓宽体育视野、丰富体育运动知识、培养学生综合体育素养能力等方面的积极作用。❶

1. 拓宽学生体育视野

在学生的整个教育生涯中，小学阶段的学生对于体育的理解有限、知识面较为狭窄，对于体育常识的认知不够深刻。通过培养学生进行自主的体育阅读并长期坚持，能够有效地提高学生体育知识量。在室内体育课上，当教师讲解体育教材时，提前预留家庭作业，让学生利用各种途径回家预习并收集答案，提炼出相关的知识要点；然后在班级中，利用课前5分钟微课堂的形式，以"小老师"的身份与其他同学进行分享交流，这样的方式可以最大限度地锻炼学生收集、解读、总结阅读文字的能力。例如，讲解"体育活动后，什么样的饮食方式才是正确的"时，在课前先布置给学生一个家庭作业，回家利用多种途径预习运动后如何饮食才是正确的，第二天上课，由教师为学生讲述一个真实案例："小明同学在上完体育课后，认为体力消耗太多，于是来到食堂，大吃特吃了一顿。"然后向学生进行提问："小明同学的行为是正确的吗？"教师通过情境化教学帮助学生分析并理解，在班级中随机挑选一名学生，由他扮演小明同学，然后让这名学生模拟教师讲述的案例。学生表演完后，结合前一天查询到的体育安全知识并通过小组的形式进行自由讨论，最后通过小组推荐的形式选出一名代表进行班内交流，最后由教师利用PPT、视频等多媒体设备，向学生展示当人们在剧烈运动后如果立即吃饭，肠胃、血液会产生什么样的不良反应。对于小学阶段的学生而言，室内体育课是枯燥的，通过采用情境化教学方式，让学生参与进课堂，既突出了学生是学习的主体，又最大限度地抓住了学生的注意力，使体育课堂更加有意思，提高了学生的学习热情，同时将索然无味的文字阅读通过情境化教学的方式，将知识具体化，最大限度地提高了小学生对体育知识的理解能力。

---

❶ 曹建峰.体育室内课教学要与体育阅读紧密结合[J].文理导航（中旬），2018，(6)：82.

2. 营造浓厚的体育课堂氛围

在传统的室内体育教学模式中，教师通常在讲台上进行理论知识的讲解，而学生则坐在座位上听讲。然而，这种单向的教学方式往往导致学生学习热情不高，教师讲解效果也不尽如人意。长此以往，学生可能会对室内的体育教学产生抵触情绪，从而影响其体育文化素养的提升。因此，我们需要探索更加有效的教学方式，以激发学生的学习兴趣，提高教学效果，从而更好地培养学生的体育文化素养。对于新时代的体育教师而言，寻找新颖的室内体育教学方式迫在眉睫，不仅要让学生喜欢上体育阅读，还要让学生通过阅读自主地学习到体育知识。通过以学生为主体的课堂可以解决目前的困难：学生当老师，老师进行辅助。例如，在课前，布置学生对本节课的教学课程进行体育解读。在课前，学生对于本节课有了初步理解，特别是有针对性地阅读本节课教学的内容，有助于学生积极地策应教师的启发与引导，营造更加热烈的学习氛围，学习得更加深刻。例如，在体育课程中球类项目的室内教学中，体育教师通过讲述球类运动的概论对学生进行针对性的指导。以足球为例，首先利用课前 5 分钟的时间请部分学生讲述他们眼中的足球是什么样的，再将足球场地以画图的形式为学生呈现，使学生更加直观清晰地了解足球场地的分布与要求，以及足球比赛的规则，逐渐地引导学生了解足球运动中的理论概念；教师还应当了解学生的身心发展特点和教学的实际情况，充分地发挥教师的能动性及学生的创造力与想象力；创新或改造教学用具，通过培养学生的动手能力，提高课堂氛围，帮助学生更好地进行室内阅读。例如，利用废旧报纸做成足球进行练习，提高学生的想象力与环保意识，以器材的一物多用为兴趣切入点，促使学生了解体育运动的特点与作用，以此培养学生对体育阅读的学习兴趣。因此，充分地调动课堂氛围，合理地运用室内教学方式可以帮助学生更好地学习运动项目理论知识。

3. 以游戏为途径，培养学生的阅读能力

无论是社会、学校还是家庭，我们对学生进行体育教育的目的只有一个，就是培养他们具有终身体育的思想，让体育运动融入生活当中。对于学生而言，他们在上体育课时，不仅要学习各种体育知识，还要带有目的性地去进行体育阅读。当学生进行体育阅读时会面临着许多困惑，这需要通过多种途径收集相关的体育知识进行解答。

对于小学阶段的学生而言，他们厌烦书本上枯燥的理论知识，教师要最大限度地发挥想象创造力，一切以培养国家栋梁为主，创新教学思想、方法，改变传统教学方式，改变传统填鸭式的教学模式。充分地了解学情，运用游戏教学和情境教学的方法培养学生的阅读文字的能力。同时，以兴趣为起点的阅读教学方式，可以有效地提高小学生阅读时的专心度。

室内课程中，由于低学龄段的学生的特殊性，对于文字的阅读理解能力是有限的，面对此类情况的出现，可选择情境化教学，让学生参与进课堂，以表演的形式，让学生展示出来。

情境化教学的形式吸引了低学龄段学生的注意力，同时将难理解的体育安全知识具体化，提高了低学龄段学生对体育知识的解读能力。

游戏化的教学方法意在提高学生的主体地位，调动学生学习的积极性。对于高学龄段学生而言，区别于低学龄段，可以采用文字、"视频+情景教学"的形式，以"剧烈运动后是否应该蹲坐休息"为例，大部分的学生只是明白剧烈运动后不应蹲坐休息的要求，但是不明白为什么剧烈运动后不能立即蹲坐。首先，教师可以通过文字、视频的形式讲述人体在剧烈运动时，血液是如何进行循环的。其次，让学生以游戏的方式，表演蹲坐时身体的状态，通过配合视频上的讲解，讲述人体蹲坐时，下肢的血液是如何流动的。最后，让学生自主地讨论发言并且由教师进行总结，当人体剧烈运动后，全身的血液流动速度非常快，而运动后快速蹲坐的状态，会影响人体下肢的血液流动，造成下肢血液流通不畅，从而造成更大的危害。

教师通过结合情境教学与多媒体的应用，将学生疑惑的安全知识讲解出来，通过游戏的方式，提高学生的学习热情，促进学生对于体育知识的理解，从而进一步提高学生对于体育知识的阅读理解能力。

通过设计阅读体育的策略，使学生在达到目标要求的同时实现体育精神和体育品质的发展，提高学生的体育阅读的能力。

（二）以体育文化为途径，培养学生体育精神

体育阅读不单单是阅读文字，也可以通过视频、电影、纪录片的形式去感受体育精神。例如，2019年中国女排再次问鼎世界冠军，充分地表达了祖国至上、团结协作、顽强拼搏、永不言败等伟大精神。通过在体育室内课安排学生观看中国女排、中国乒乓、中国田径的比赛、电影，唤醒了学生的民族精神[1]，营造一种积极向上、昂扬健康的社会发展氛围，能够更大限度地激发广大青年学生为中国特色社会主义现代化建设积聚能量、绽放青春的激情。

（三）结语

学生在日常体育教学过程中通过阅读体育文化，不仅要欣赏作品内容，还应学习体育文学作品中所蕴含的文化特征。学生在学习不同的体育文学作品时，要仔细地甄别其作品中所蕴含的不同文化特色、不同的民族特色，要有针对性地去选择不同的阅读技巧，并灵活处理，在保证有效阅读的同时不断提高学生的体育综合阅读能力与体育素养。

---

[1] 冯泽凯，张凯，周树民.内涵与嬗变：女排精神的诠释——基于1981—2019年《人民日报》的内容分析[J].四川体育科学，2024，43（1）：15-20.

第五章　跨学科阅读实践活动探索

跨学科学习是一种深度且综合的学习方式，它不仅仅是对知识的简单叠加或混合，更是一种意识和认识的全面培养。《义务教育课程方案（2022年版）》明确指出：各课程标准以核心素养为纲呈现课程目标，以主题、项目或活动组织课程内容，强化学科实践和跨学科实践，驱动教学内容与方式的深层变革。❶多年前，我校积极倡导将阅读融入各学科教学中，以阅读作为推进学科理解与应用的有效手段，指导学生在各个学科中开展有针对性的阅读活动，旨在提升学生的综合素养。时至今日，全学科阅读已成为我校深植人心的核心教育理念，为广大师生广泛接受并深入实践。

第一节　语文与其他学科的融合活动

语文学科作为基础学科，综合性学习是其教学的重要内容。语文与其他学科的"整合"是为了辩证融合不同学科的知识，以达到更为全面的认知。

语文学科从古诗文闯关活动与《呦呦鹿鸣》原创作品发表两个项目着手开展阅读推进工作。在活动中，学生将语文与美术、音乐、书法等相融合，制作古诗手账、文学绘本，编唱歌曲，用书法书写经典名篇名句等，除此之外，学生还将校园内外丰富多彩的实践活动、体育健身、生活趣闻写进了自己的日常

---

❶ 教育部. 义务教育课程方案（2022年版）[S]. 北京：北京师范大学出版社，2022：4.

创作中，投稿到校刊平台，记录自己成长的点滴。通过学校搭建的各类平台，学生在潜移默化中，将语文学科与其他学科逐渐融合，让语文学科扎根于生活，发芽生长。

一、古诗闯关活动

（一）读经典、诵经典，书香满溢校园

中华民族传统文化，历经千年沉淀，犹如一颗璀璨的明珠，熠熠生辉。它不仅仅是一种历史的积淀，更是一种精神的传承和文化的创新。党的十八大以来，以习近平同志为核心的党中央深刻认识到中华优秀传统文化的独特价值和深远影响，将其视为中华民族的基因、民族文化血脉和精神命脉。

古诗文，作为中华优秀传统文化的瑰宝，历经千年仍熠熠生辉，其深厚内涵与艺术魅力为世人所叹服。古诗文既包含了古人的智慧与哲思，又展现了中华民族的精神风貌，它们以丰富的内涵、高深的审美价值、强烈的艺术感染力及优美的韵律节奏，成为我们民族文化的重要载体和精神象征。

中小学教育重视古诗文学习，正是希望以此继承和弘扬中华优秀传统文化。如何弘扬中华优秀传统文化，首要就是要读经典、诵经典，让书香满溢校园，让学生在传统文化中浸染，在耳濡目染之间感悟经典的力量。统编教材的使用和《义务教育语文课程标准（2022年版）》的发布加大了对古诗词内容学习的重视，而古诗词的学习又是达成语文学科核心素养的重要载体。

我校也非常重视中华优秀传统文化的继承与发展，近几年基于学生的兴趣和教学现状，提出了"诗词古韵伴成长　乐诵经典蕴书香"的活动，并将其命名为"古诗闯关"活动。该活动的展开不仅是为顺应时代需求，更着力于让学生从小就与古诗词"亲密接触"，培养学生对传统文化的兴趣，提高审美情趣，增强文化自信力，享受诗词带来的快乐，并为将来传承发展中华文化打下基础。经过多年的深耕，学生多方受益，已显现出良好的活动成果，古诗词诵读闯关活动正成为我校一项特色活动。

古诗闯关活动是一场持续性活动，在发展的过程中经历了以下几个不同阶段。

1. 第一阶段：开端

活动第一阶段，学生通过校内展板、教师宣传，初步了解活动方式，即根据学校提供的诗库，结合学生自身兴趣，设计并制作自己的诗词手账，在诗词手账中积累自己喜欢的诗词，有能力的学生还可以在手账中设计诗配画。每积累20首诗为一级，闯关时，从学生自己的个性化手账中每20首抽选3首背诵，熟练背诵即为闯关成功。

在这一阶段活动中，我们把重点放在激发学生对古诗词诵读的兴趣上，通过制作手账的形式，引起喜欢绘画、书法的学生的关注，给学生施展才华的平台；以诵读闯关为主线，推动学生读起来、赛起来，相互促进。学生在教师的带领下学古诗背古诗；在小组合作中共读互背交流竞赛；在诗配画手抄报中挥毫泼墨，在古诗词个性手账中激发创意……（图5-1）

图 5-1 古诗闯关活动现场

古诗词诵读活动第一阶段开展以来得到了学生、家长的广泛好评。学生积极参与，跃跃欲试，我们不仅能在校园里听到孩子们的琅琅书声，还发现学生将古诗词诵读带回了家庭、带进了山水之间（图5-2）。

图5-2 读古诗手账

学校通过做古诗手账、诗词闯关活动，不仅丰富了孩子们的校园文化生活，增加了亲子时光，更加深了孩子对古诗寓意的理解，体验古诗词的美妙词韵和无上意境。校长常说"把有意义的事做得有意思"，正所谓"寓教于乐"，这是一种非常有效且富有智慧的教育理念，它巧妙地将教育与娱乐相结合，使孩子在享受乐趣的同时，不知不觉地吸收知识、提升能力。这种教育方式不仅符合孩子的天性，更能激发他们的学习兴趣和积极性，让他们在轻松愉快的氛围中健康成长。感谢学校给予孩子一个轻松活泼的学习环境。

——家长感言

2. 第二阶段：成长

在活动第二阶段，学生已经熟悉了闯关模式，为了激发学生兴趣，闯关模式进阶为学生成为小考官，学生互查。这样一个小小的变化，对于学生来说确实意义非凡，古诗词诵读活动从教师主导，慢慢转向学生主导，让这一实践活动真正成为学生乐在其中、自主自发的校园乐事（图5-3）。

图 5-3　闯关进阶——学生互查

在成长阶段，古诗词闯关成为一条线索，各年级各班充分发挥主观能动性，根据学生不同年龄段的特点，举办了许多精彩的特色活动，这些活动如同一颗颗闪亮的珍珠，共同串联起这条美丽的项链。例如，三年级1班在明媚的春天里将校园春景与诗词诵读相结合，组织了"四季花常开，诗意满校园"的主题活动，学生在飞花令中与诗词游戏，在书法绘画中与诗词为友，更在春意的感召下推开创作的大门，自己也成了小诗人。

例如，二年级3班在第一次闯关活动中表现突出，纪雪静老师从班主任的角度向我们分享了活动的组织经验，而二年级3班的小诗人孙畅谣和她的家长更是分享了宝贵的经验与成长的故事。再如南北两校的国旗下展示，从五年级7班的"经典咏流传　少年绘诗卷"到三年级3班的"浓浓端午情　拳拳爱国心"，古诗词萦绕在实验三小的每一个角落，如同一粒粒种子，扎根在每一位学子的心中（图 5-4）。

图 5-4 "经典咏流传 少年绘诗卷"活动现场

3. 第三阶段：发展

有了前两个阶段的经验，活动的第三阶段我们也在不断进步。进入第三阶段，为了持续激发学生诵读的热情，同时也让诵读活动与生活联系起来、与语文学科联系起来，我们在原有的闯关机制中增添了一项星级挑战题。题目来源也是学生自主创编，根据本学期本册语文书中出现的古诗词，设计题目情景，在生活的语境中背诵相应的诗句，了解诗中真意的同时也培养学生逐步发现生活中诗意的能力。

我们筹备举办了一次内容丰富、覆盖面广的诗词大会，在诗词大会中学生可以根据自己的优势选择展示自己诗词储备量的"飞花令挑战赛"或表现自己对古诗词深入理解的"我把诗词故事讲给你听——讲故事比赛"（图 5-5）。

该次诗词大会的筹备与展开，为学生搭建平台，让学生在活动中充分展示自我并树立信心，同时，我们力求将诗词大会打造成一项品牌活动并传承下去（图 5-6）。

图 5-5 活动现场（1）

图 5-6 活动现场（2）

4. 第四阶段：深潜

在新学期我们的古诗词诵读将继续深耕，不断升级。在原有常规活动的基础上改变诗词诵读积累的模式，由原来的漫而不羁式的积累背诵，转为有目的、有规划、专题式的积累模式。学生根据自己的兴趣点，可选择不同的专题主线，如以某位诗人为主线进行积累，以诗词题材为主线进行积累，以历史事件或时间轴为主线进行积累……一方面充分尊重学生的主观能动性，另一方面引导学生通过专题积累深入思考，不仅铺开诗词诵读的广度，而且要挖掘诗词文化的深度。

在专题积累的基础之上，新学期古诗诵读项目将召开第一次古诗词专题研究性学习活动。在该次活动中学生可以根据自己的专题积累，自由组队成立研学团队，确定研学题目，制订研学方案，在研究的过程中充分发挥学生的主体意识，在提出问题解决问题的过程中不断与诗作对话、与诗人对话、与历史对话；在提高学生思维水平与学习能力的同时，触摸中华诗词灵魂；在团队合作与创新发展中，传承优秀传统文化。

5. 第五阶段：再出发

古诗诵读项目已经开展一年半了，在新学期我们在原有的经验与基础上，不断增强项目活动的深度与广度，让我们的古诗诵读项目永远新鲜、永远充满活力，成为学生真正有兴趣、真正喜欢的学科活动。古诗诵读活动始终在不断迭代升级，学生现在是背古诗、画古诗，将来还要唱古诗、演古诗、创作古诗。未来我们会将古诗词诵读与中华传统文化深度结合起来，从历史事件、历史人物、传统节日等多角度设计更多主题活动。从兴趣出发，以生活为锚点，不断前进，让学生在活动中收获诗与远方。

我们在开展古诗活动的同时，也要注重将活动系统化，从理论与实践相结合的角度梳理我们的古诗诵读活动。接下来我们也会进行深入的学情调研，吸纳学生加入古诗项目组，成立小小智囊团，鼓励学生自己设计感兴趣的活动内容与形式。未来有希望将古诗诵读活动逐步转化成为学生社团，由高年级学生主导策划，开展全校的古诗诵读活动。

（二）追风赶月莫停留，平芜尽处是春山

学校一直倡导将有意义的事情变得有意思，将有意思的事情变得有意义。学习积累古诗文、学习传承传统文化是有意义的事情，我们通过开展丰富的诵读活动，使学习变得有意思，同时充分调动学生的积极性，变被动为主动、变齐步走为尽情跑。

经过多年的努力，我校已经涌现出一批能吟善背、乐在其中的诗词小达人了。有二年级勇闯13级的诗词达人孙畅谣和张明硕，也有还没毕业就已经掌握初中全部诵读内容的六年级小诗人吴明雅……古诗词诵读活动不仅是文学素养的培养，更从多元的角度提升了学生的综合审美能力。自古诗画不分家，在活动的不断开展下，学校不仅诞生了不少小诗人，而且多了不少才情横溢的小画家。三年级1班的李宇涵用清新的画风描绘出自己心中的诗意，六年级3班的何昊颖则用明艳的色彩和独到的想象挥洒出自己心中的诗情。尽管她们的绘画风格迥异，但相信她们对古诗词的喜爱是一样的。

在最近一次诗词闯关活动中，全校参与率接近百分之百，且全部闯关成功，其中更有半数学生跨级成功。设置闯关定级游戏，通过挑战升级，学生相互激励，互学共进，增强了学习的趣味性，让有意义的事做得有意思，学生越来越喜欢古诗词诵读了。

通过古诗词诵读闯关活动，学生有了大量接触古诗的机会，学生通过学校提供的诗库，结合自己的兴趣点，制作个性化诗词手账；通过学生自主选择喜欢的诗词、设计绘制诗配画，大大提高了学生诵读古诗的兴趣。我校优秀的手账作品、诗配画作品被人民美术出版社旗下的《书法教育》杂志选中并刊载。我校的小诗人、小画家正在一步步走出校园，走向更大的舞台。

学生在制作手账、绘制诗配画、参与飞花令、讲诗词背后故事的过程中，逐渐深入地了解古诗。在自主设计闯关挑战题目的过程中，也让古诗词诵读联系生活、落到实处，语文学习素养在不断提升。学生在一系列的诵读活动

中，由兴趣转为热爱，继而凭借这份热爱，潜移默化地继承和发展中华传统文化。

（三）千川汇海阔，风正好扬帆

在活动过程中，我们积累了许多宝贵的经验，创造性地设计并开发了众多独具特色、融合传统文化精髓、满足学生多样化发展的活动方案，为今后学校的校本课程开发作出了一定的贡献，为学校的课程设计宝库增添了新的、充满活力的内容。"努力建设开放而有活力的语文课程"无疑是语文课程改革的重要目标。这一目标旨在打破传统语文教学的封闭性，引入更多元化、更富有活力的元素，使语文教学更加符合新时代的要求。本校语文教师在实现这一目标的过程中，进行了大量的、积极的、有意义的探索。

在课程开发方面，教师们不再满足于现有的教材和教学模式，而是开始尝试开发具有本校特色的语文课程。随着古诗词诵读闯关活动的开发、诗词大会等活动的推进，语文课程资源的开发与建设，无疑是推动语文课程改革、实现课程目标的重要途径。通过深入挖掘和整合各类课程资源，语文课程的基础性及其与生活的联系将体现得更为明显，语文课程的活力也将明显增强。

活动的开展不仅体现了学校不忘初心，以创新方式传承和传播中华优秀传统文化的坚定信念，还为学生提供了丰富的精神食粮，引导他们诵读经典，让他们在经典的熏陶下茁壮成长。用经典为学生的人生打好底色，这种情感上的支持和慰藉，将使学生的心灵更加丰盈温暖，帮助他们筑牢文化自信的底蕴。

腹有诗书气自华，学生在诗词的海洋里畅游，汲取了诗歌的滋养，在感受中华传统文化的无穷魅力的同时，也激发了对古诗词创作的兴趣和对祖国传统文化的热爱之情。

二、《呦呦鹿鸣》原创作品发表活动

我校一向重视学生各项能力的发展，校报校刊则成为学校跨学科阅读项目的阵地。因此，我校成立了以学校吉祥物"呦呦鹿"命名的原创作品发表阵地，以读促写，为学生搭建展示平台。原创散文、诗歌、故事、纪实、古诗手账、绘画作品、劳动作品、歌舞作品等，皆可投稿。编辑部老师择优刊登，这些优秀作品将会引导人、鼓舞人、激励人，进而影响师生，使他们得到真、善、美的熏陶。而成功登载的小作者将成为学生学习的榜样，成为学校跨学科阅读项目的排头兵，用自己的星星之火，点燃全校师生的阅读热情。

《呦呦鹿鸣》原创作品发表平台作为校级发表平台会持续对全校学生开放投稿，每月发布主题，编辑部老师将筛选优秀作品进行刊登。小作者们不仅能获得《呦呦鹿鸣》编辑部颁发的发表证明，更有可能登上校园广播进行作品宣传。未能成功发表的作品，编辑部老师将进行二次筛选，优秀作品会集结成册，印刷在纸质校刊《呦呦鹿鸣——成长有记》中。

《呦呦鹿鸣》的征稿主题广泛，涵盖语文、音乐、美术、体育等领域，形式多样，童趣盎然，真正做到全学科阅读覆盖。项目的展开离不开学生主体，充分调动学生积极性是活动设计的重点，所有平台与活动都对全校学生开放，既有挑战性，又有丰富活动的趣味性，同时配合足够的精神奖励，旨在让学生将征稿活动当作一场大型文化游戏，一种日常生活，在玩中学，在乐中悟。

目前，电子校刊《呦呦鹿鸣》公众号已发布三十多期，部分主题与登载形式，见表5-1。

《呦呦鹿鸣》征稿主题由长期主题与当月主题两线并行，长期主题主要征集原创小说、长篇童话、戏剧剧本等长篇作品，当月主题则结合学校活动与当月特色设定。表5-2为2023—2024学年度第二学期部分征稿主题。

表 5-1 《呦呦鹿鸣》电子校刊部分发表主题及展示形式

期刊数	主题	内容形式
第 1 期	呦呦鹿鸣，我们来了	原创诗歌、书法作品
第 8 期	酣畅淋漓足球赛，妙笔生花绎精彩	原创诗歌、体育现场纪实、绘画作品、手工作品
第 14 期	沁书香，阅生活	读后感
第 17 期	奔跑吧！少年	体育比赛现场报道
第 21 期	走进小动物园	劳动感想
第 22 期	开学日记请查收	日记
第 26 期	妙笔拾秋，留印秋色	散文、手工、绘画、书法
第 30 期	遨游在神话世界	原创故事
第 33 期	邂逅冬雪，童心盎然	原创诗歌、童话、摄影作品

表 5-2 2023—2024 学年度第二学期部分征稿主题

时间	主题	征稿形式	长期主题
3 月	春来到	儿童诗、散文、创意绘画等	原创小说、长篇童话、戏剧剧本等
4 月	精彩的足球比赛	文章、有声故事、绘画等	
5 月	红色的五月	歌曲、舞蹈、文章、戏剧等	
6 月	夏的气息	儿童诗、散文、创意绘画、原创童话等	

（一）活动实践孕育写作灵感

创作来源于真实生活，为了培养学生的创作能力，我校各学科与《呦呦鹿鸣》电子校刊联手，将学科实践活动与写作结合。为了激发学生的写作热情，每次活动之后，我们都鼓励学生围绕活动过程和活动感想进行写作，我们也会对学生进行不同主题的写作指导，以保证学生的写作质量。

例如，《呦呦鹿鸣》第 8 期、第 17 期的作品登载依托学校足球赛与体育运动会的召开。学生在体育课上学会踢足球、学习球赛相关知识，课后班级足球队进行练习，之后在赛场上比拼。学生通过真听、真看、真感受，把过程或感想记录下来，可以是文字，也可以是绘画、手工、摄影等形式，学生有了活动的体验，展现出的成果真实而有趣。同时，依托公众号宣传班级成绩，在展示个人风采的同时，弘扬学生拼搏的精神、合作的意识和对运动的热爱，为同学们树立榜样，激发他们不断进取的动力，真正达成跨学科五育并举的目标。

《呦呦鹿鸣》平台的使用除了连接学科活动，学生的校园生活更是学生发表作品的重要内容。例如，第21期，小作者们记录的内容正是学校的小动物园，学生通过与小兔子、小鸟的接触，更加了解动物的习性，亲近大自然，让学生的创作热情高涨，原创诗歌、童话、手工等作品数不胜数。

2023年12月11日，冬季第一场雪降临京城，一夜之间，雪花开遍整个校园，于是，学校组织了"邂逅初冬第一场雪"活动。教师带领学生走出教室，触摸冰雪世界，学生赏雪景、打雪仗、堆雪人、扫雪……雪国世界给了学生无限的创作热情，学生用笔写、用水彩绘、用纸折、用相机拍，各学科教师带领学生真正进行了一场全校性的跨学科活动，活动成果精彩纷呈。《呦呦鹿鸣》对这次活动进行了连续三期的登载，得到了学生与家长的一致好评。

（二）文学交流磨砺写作技艺

为帮助喜欢习作的学生提升写作水平，学校还设立了创意写作坊，丰富多彩的社团活动如文学采风、征文大赛、诵读比赛和文学讲座等，不仅拓宽了学生的视野，更激发了他们对写作的热爱与追求。学校还特别聘请了北京师范大学出版社的多位作家作为校外导师，这些作家在小说、诗歌、散文、影视文学、儿童文学等领域有着深厚的造诣和广泛的影响力。他们不仅教授学生文学创作的知识和技巧，更引导他们突破传统思维的束缚，实现思维创新和知识重建的融合共生。作家以其生动的创作经验推动学生从被动写作走向主动创作，作家的阅读与写作文本也成为学生学习的最佳文本。

例如，风趣幽默的田源老师深受学生喜爱，他用发生在身边的例子，让学生通过角色扮演来感受阅读的意义，启发大家换位思考。苏秦刺股、程夫人教子、苏轼日课、宋濂中有足乐、凡尔纳读书冒险……一个个故事被生动演绎，仿佛隔着时空与古人相约，领略读书的励志精神，大家听得津津有味。一场"阅读，一辈子最有趣的事"讲座，让学生无比兴奋，纷纷列好书单，畅游在阅读的海洋中。

儿童文学作家保东妮老师像朋友一样与学生畅聊，共读《世界为谁存在》，领略诗歌之美，感悟人生真谛，探究世界到底为谁存在。保东妮老师把同学们吸引到书里，然后一页页地带着同学们去感受、去领悟、去发现……通过熊宝宝、狮子宝宝、猫头鹰宝宝等动物和爸爸妈妈的对话，我们发现原来世界就是为熊宝宝和熊妈妈的黑洞而存在的，是为狮子宝宝和狮子爸爸的广阔草原而存在的，是为雪兔宝宝和雪兔爸爸在冰层下秘密的地洞里打盹儿而存在的……也同样为了我们每一个人而存在，正如最后小男孩的爸爸说，世界为了这所有的一切而存在，同学们在这发人深省的思考中也领略到了诗歌之美。讲座结束后，学生意犹未尽，纷纷动起笔写起了自己的儿童诗，《呦呦鹿鸣》第三十四期、第三十五期连续两期登载了学生的诗歌作品，更加激发了学生的创作热情，他们得以通过文字表达内心的声音，描绘生活的色彩，展现真实的自我。

（三）校刊平台展现写作风采

《呦呦鹿鸣》自开创以来，收到投稿一千余篇，其中三分之二的稿件内容涉及学校跨学科活动。编辑部老师筛选优秀作品进行登载，小作者们不仅能在电子校刊中通过照片亮相，还能在校园广播中诵读作品，成功登上电子校刊的小作者，将会获得编辑部颁发的发表证明，或文创纪念品。

而未能在电子校刊上发表的作品，编辑部老师会进行二次筛选，优秀作品会印刷在纸质版校刊中，发表成功的小作者将获得纪念校刊一本。2023年11月，学校举办了《呦呦鹿鸣——成长有记》首发仪式，校长宣布仪式开始并讲话，小作者代表和特约编辑、家长代表分别发言，表达自己激动的心情，畅谈了自己的感受。

我校的《呦呦鹿鸣》致力于为学生提供一个展现自我、激发潜能的广阔舞台。这一平台不仅让学生有机会发表自己的作品，更通过展示他们的才智与创意，点燃了学生对读书与写作的无限激情。在公众号运营过程中，我们观察到学生参与的热情高涨，每一篇作品的诞生都凝聚了他们的心血与汗水。当作品在公众号上发布后，学生的兴奋与自豪溢于言表，有的学生会在班级中欢呼"我的作文上校刊啦！"这足以证明此项活动深受学生的喜爱与认可。

这一活动不仅激发了学生热爱生活的激情，更在潜移默化中提升了他们的学科核心素养。学生在参与过程中，不仅锻炼了阅读、写作、设计与制作等能力，更在自主发展、社会参与等方面取得了长足进步。这些能力的提升与素养的强化，为学生的全面发展奠定了坚实基础。

第二节 问题解决导向的融合活动

新课程标准提出义务教育阶段，培养学生的核心素养；提出要重视培养学生的创新意识、创新精神、科学态度、科学思维方法；要重视学生思维发展、问题解决能力的培养。教师要引导学生独立思考，经历问题发现、问题解决的过程。如果我们要培养的是未来具有解决问题能力的学生，那么我们一定要培养学生对知识的综合运用。

学校提出"像办大学一样办小学"的教育理念，制定了"明雅"课程体系，明确了"志向坚实，身心茁实，素养丰实"的"三实"少年培养目标。学校倡导为学生搭建平台，让每个学生充分发挥潜能，化齐步走为尽情跑。为此，研究性学习和五分钟微课两项活动应运而生，旨在培养学生对不同领域知识的兴趣和好奇心，提升学生的探究意识和创新能力。

一、研究性学习

走进校园,你会看到这样一群学生,他们三个一群,五个一伙,围坐在一起,讨论得热火朝天。自从学校开展了研究性学习活动,同学们之间的学习和交流活动又增添了一些新的色彩,他们对课堂之外感兴趣的话题展开了有意思的研究。

所谓研究性学习,一般可以有这两种解释:一是指一种学习方式,强调自主探究、主动学习、发现和解决问题的过程,可运用于校内外的各种教育活动;二是指一种学习活动,它要求学生在教师指导下,在学习与社会中选择研究课题,在开放的情境下多渠道地获取信息,并综合应用知识,解决实际问题,是一种围绕感兴趣话题所开展的探究活动。

(一)没有研究,就没有创新

"研究性学习"作为一种学习活动,目标是让学生获取更多的知识和技能。人们习惯性认为,"研究"是科学家的事,与普通人没有关系,尤其是和心智发展并不成熟的小学生更是关系不大,但事实并非如此。孩子从出生开始,就对这个世界充满了无限的好奇,他们在对未知不断地探索的过程中成长着,这份可贵的好奇心就是探索的动力。我们要保护学生的好奇心,鼓励学生对未知进行探索,培养学生的创新能力。

然而,没有研究,就不可能有创新,研究是创新的前提和基础。目前,面对国家高新技术被"卡脖子"的困境,我们必须坚持科技是第一生产力、创新是第一动力,下大力气培养学生的创新思维。所以,在全学科阅读的背景下,我们从"全人"的角度培养学生,充分利用校内校外、课上课下的时间,通过研究性学习活动鼓励学生去发现问题、提出问题,并通过探索和研究来解决问题。学生在"研究性学习"过程中,学会与人合作、研究攻关、解决问题,并获得了参与研究活动的实际体验,有利于提高学生的科学素养和实践能力。

（二）模仿探索，小小研究开起来

带领同学们开展一项新型的研究性活动是具有挑战性的，虽然早在2002年1月上海市教育科学研究院普教所课题组发表的特稿中就提出研究性学习的理论和实践，在这样的理论支撑下，各中小学校也开始逐步尝试去实践，但是这样的活动在我校从来没有开展过，对于教师和学生来说都是比较新鲜的事物。所以，整个活动的开展需要教师不断地摸索，并根据学校的实际情况开展（图5-7）。

学校负责人 → 年级负责人 → 一线教师 → 学生校外资源

图5-7 研究性学习组织架构

首先，研究性学习项目的学校负责人会组织各年级负责的教师一起学习现有的研究成果，查阅开展研究性学习活动的案例及其他学校开展此类活动的经验，多次开会商讨活动的方案和流程，实行项目制负责，对活动的开展及时地跟进和指导。

其次，各年级负责活动的教师要组织一线教师，在年级中对学生和家长做动员，宣布小课题研究的活动，并介绍该活动的目的和要求（自愿参与、自主选题、自由组队、克服困难、坚持到底）。在这个过程中，中高年级的学生研究热情和主动性更强一些，负责五年级研究性学习的郭老师为了选出更加符合学生兴趣的课题，对全年级的学生进行了宣讲和调研，根据学生所感兴趣的点，拓宽课题的思路；在这个过程中打破班级限制，在年级中找到志同道合的课题小组，把他们组织在一起进行讨论，根据每个学生的兴趣点进行分工合作，共同研究。

最后，一线教师还要动员年级中有研究能力、有意愿带领和支持学生做研究的家长，聘请他们成立家长专家团，通过家长大讲堂、录制微课等方式教授学生做小课题研究的基本知识、方法和技巧，如怎么选题、怎么查阅文献资料、怎么设计调查问卷、怎么调查分析得出结论等。教师和家长形成合力，带着学生做研究。

当然，导师既可以是学校的教师，也可以是家长，还可以是校外的学长、专家等，如"石头的故事"研究小组就邀请到了中国地质大学的研究生，这位研究生正好是学习宝石专业的，她在课余时间对学生所感兴趣的课题给出了专业的指导意见。最终，研究小组对所研究的成果进行了汇报，并发表在了学校的公众号上，给其他同学做了一个很好的示范，带动更多的学生参与到研究性学习的活动中来。

我校地处学院路学区，附近高校林立，我们有幸邀请到很多在高校任职的讲师和教授，他们能够在学生研究的过程中给予指导和帮助。一个有意思且有意义的选题是开展研究性学习活动的基础，我们要鼓励同学们思考身边的问题，观察生活中的现象，根据自己的兴趣和关心的事情来确定选题方向。为了让学生找到适合研究的课题，教师和家长在课内外都会对学生进行有目的的引导，有效地帮助学生进行研究性学习。例如，学生都特别喜欢养小宠物，"猫咪的故事"小组就对全年级的养猫咪的同学进行了调研，从做调查表到收集信息、分析信息、得出结论，学生经历这样一个闭环的研究过程，最后从多个方面对自己的研究成果进行汇报。

有了组织架构，每个小组的课题就能开展起来了，研究开展流程如图5-8所示。

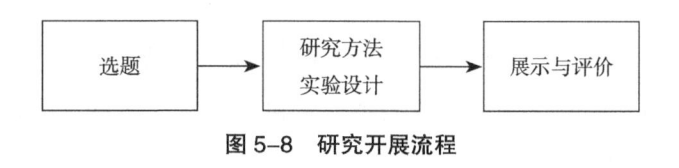

选题 → 研究方法 实验设计 → 展示与评价

图5-8 研究开展流程

导师要与学生一起明确研究的目标和范围，帮助他们缩小研究的方向。遵循"小、近、实"的原则，引导学生研究贴近真实生活中的小事。如果学生在选题的过程中把内容定在了宇宙、地球、海洋这样比较大的内容上，我们就要引导他们把研究的内容进行缩小：宇宙如此浩瀚，你对哪部分内容最感兴趣？

海洋里的奥秘那么多，你觉得哪种现象最吸引人？地球那么大，你最想了解什么？等等。用这样的问题去引导学生把研究的内容集中到某一点上，再对细分内容进行分工研究。

根据选题的特点和要求，导师可以介绍适合的研究方法和实验设计。例如，研究影子的课题时，就涉及数学中的测量，数学老师就可以引导学生如何精准的测量数据并记录和分析结果。

导师可以向学生传授查阅文献的技巧，如如何选择关键词、如何使用搜索引擎进行高效检索、如何筛选和评估文献的质量和可靠性等，这样能帮助学生更快地找到相关信息。

如果学生选择通过问卷调查来收集数据，导师可以提供问卷设计的指导，以此帮助学生确定调查主题、编写明确的问题、选择适当的问卷类型（开放性或闭合式问题）、制定答题方式等。

最后，任何一项活动的开展都要对学生的表现进行评价。导师、家长和同伴在活动的过程中要及时地给予学生鼓励和肯定，在阶段性展示中给表现突出的学生颁发"优秀小讲师""探究小学者"的奖状进行表彰；同时，一个学期或学年活动结束后对学生的成果进行编辑整理，在年级或者班级中进行成果汇报。这样就能激发学生参与活动的积极性，让他们有看得见的收获。

（三）全情投入，收获满满

开展"研究性学习"活动以来，学生从自己感兴趣的问题入手，从天文到地理，从自然到科学，从体育到数学，包含了多个学科。例如，"石头的故事""宇宙的奥秘""海洋探索""榫卯的魅力""影子的变化""豆苗的生长""走进湿地""'汪星队'的奥秘""苗族银饰""运动与解压"等多个小课题，学生自主结队，自主选题，大大激发了他们的学习的兴趣。他们可以不拘泥于课堂的内容和形式，对自己感兴趣的小课题进行深入的学习和探究。在小组合作的过程中，学生之间互相学习，形成了比学赶超的氛围。

家长们报名家长导师团，通过大讲堂的方式，走进校园；通过课下小组会议的方式，家长们了解更多校园的动态，也熟悉更多的同学。活动把学校、家长、学生紧紧地拉到了一起，为学校更好地开展教育工作奠定了基础。六年级5班的家长导师付紫含妈妈在辅导"苗族银饰"的研究性学习小组后，感慨颇多，作为家长导师，她不仅见证了孩子们的成长与进步，也在与他们的互动中不断提升自己的教育理念和能力，更理解到了学校和教师的良苦用心，更加肯定教师们的辛勤付出，积极主动地与学校老师一起承担起教育孩子的重任。

研究性学习活动在我校开展后，取得了良好的实践效果。全学校掀起了探究的热潮，各个年级都加入研究性学习的活动中，更多的同学都参与了进来。

附：海淀区第三实验小学小课题研究报告案例

研究者：付紫含　范欣可　王艺雯　姚佳妮

班级：六年级5班

导师：许秋玲　郭晓霞

【课题名称】苗族银饰之美——穿在身上的文化遗产

【研究背景】

1. 研究课题的界定

苗银作为苗族文化的重要组成部分，不仅体现了苗族人民的审美追求和手工技艺，更是苗族历史文化传承的重要载体。

本课题旨在探讨苗银的文化内涵、艺术价值及其在现代社会中的传承与发展，并通过课题培养学生的观察力、思考力、实践能力；通过对民族文化的深入了解和体验，培养学生的文化自信和跨文化交流能力；增强学生的民族自豪感，培养学生对民族文化的热爱和保护意识。

（1）研究对象：本课题的研究对象主要包括苗族的历史、苗银的制作工艺、图案寓意、佩戴习俗及在不同地域、不同族群中的差异，苗银作为非物质文化遗产的守护重点、现状和面临的危机，探讨传承和发展途径。

（2）研究问题：①什么是苗族银饰？②苗族距今有多长时间的历史？③苗族银饰的穿戴有什么讲究？④苗银的图案寓意和文化内涵是什么？⑤苗银在苗族社会中的地位和作用是什么？⑥苗族每个人都会制作银饰吗？有多少苗银的传承人？

2. 研究的意义与价值

对学生而言，进行"苗族银饰之美——穿在身上的文化遗产"这样的课题研究，具有深远的意义与价值。

（1）培养文化遗产保护意识：通过课题研究，学生可以了解苗银作为文化遗产的重要性和独特性，从而培养起对文化遗产的尊重和保护意识。这种意识将伴随他们成长，并影响他们未来对文化遗产的态度和行为。

（2）拓宽知识视野：研究苗银将使学生接触到丰富的民族文化知识，了解不同民族的文化特色和传统习俗，拓宽他们的知识视野，增强文化素养。

（3）培养探究精神：课题研究需要学生进行资料收集、实地考察、访谈调查等活动，这将培养他们的探究精神和实践能力，提高他们解决问题的能力。

（4）促进民族团结：通过了解苗银，学生可以更加深入地了解苗族文化，增进对少数民族的了解和认同，促进民族团结和文化交流。

（5）教育价值：课题研究可以作为小学生综合素质教育的一部分，通过实践活动培养他们的观察力、思考力、分析力和表达力，提高他们的综合素质。

（6）文化传承价值：小学生作为文化传承的重要力量，通过课题研究可以深入了解苗银这一文化遗产，为其传承和弘扬贡献自己的力量。同时，他们也可以将所学知识传递给周围的人，扩大文化传承的范围和影响力。

（7）社会价值：学生的课题研究不仅具有教育意义，还具有社会价值。他们的宣传和推广，可以让更多的人了解和关注苗银这一文化遗产，提高社会对文化遗产保护的认识和重视程度。

（8）个人成长价值：对于学生而言，参与课题研究是一次难得的成长机会。通过实践活动，他们可以锻炼自己的意志品质、团队协作能力和创新思维能力，为未来的成长打下坚实的基础。

综上所述，学生进行"苗族银饰之美——穿在身上的文化遗产"课题研究具有深远的意义与价值，不仅有利于培养他们的文化遗产保护意识、拓宽知识视野、培养探究精神、促进民族团结，还有助于提高他们的综合素质、传承和弘扬民族文化、提高社会对文化遗产保护的认识和重视程度，以及促进他们的个人成长。

【研究方法】

本课题将采用文献研究法、田野调查法、案例分析法和比较研究法等多种研究方法。通过收集和分析相关文献资料，了解苗银的历史演变和文化内涵；通过实地调查，深入了解苗银的制作工艺和佩戴习俗；通过案例分析和比较研究，探讨苗银在不同地域、不同族群中的差异和变化。

1. 文献研究法

（1）历史文献收集：广泛收集关于苗银的历史文献，包括古籍、地方志、民族志、民俗志等，以了解苗银的历史演变、制作工艺、文化内涵等方面的信息。

（2）文献分析：对收集到的历史文献进行深入的阅读和分析，提取与苗银相关的关键信息，包括图案寓意、制作技术、社会功能等，为后续的实地调查和研究提供理论支持。

（3）文献综述：对已有的研究成果进行综述，了解当前苗银研究的现状、热点和趋势，明确本课题的研究方向和研究重点。

2. 田野调查法

（1）选定调查地点：选择苗银制作技艺保存较为完整、具有代表性的地区作为调查地点，如贵州省的黔东南地区。

（2）参与观察：深入苗族社区，参与苗银的制作过程，观察银匠的技艺和工具使用，了解苗银的制作工艺和流程。

（3）实地拍照和录像：对苗银的实物、制作现场等进行拍照和录像，以直观的方式记录苗银的形态和特征。

3.案例分析法

（1）典型案例选择：选择具有代表性的苗银作品或制作技艺作为典型案例，进行深入的分析和研究。

（2）案例描述：对典型案例进行详细的描述，包括作品的形态、材质、图案寓意、制作工艺等方面。

（3）案例分析：对典型案例进行深入的分析，探讨其艺术价值、文化内涵和社会功能等方面的特点，以及其在苗族社会中的地位和作用。

4.比较研究法

（1）地域比较：对不同地区的苗银进行比较研究，探讨其在制作工艺、图案寓意、佩戴习俗等方面的差异和变化，以及这些差异和变化背后的文化和社会原因。

（2）族群比较：对不同族群的苗银进行比较研究，了解不同族群在苗银制作和佩戴方面的差异和特色，以及这些差异和特色背后的族群认同和文化传统。

通过以上研究方法的综合运用，可以全面、深入地了解苗银的艺术价值、文化内涵和社会功能等方面的信息，为苗银的保护和传承提供有力的理论支持和实践指导。

【研究结论】

本课题的研究分为以下几个阶段：首先，进行文献综述和理论梳理，明确研究问题和研究目标；其次，进行田野调查，收集第一手资料和数据；再次，对收集到的资料和数据进行分析和比较，揭示苗银的艺术特色和文化内涵；最后，提出保护和传承苗银面临的问题与建议。

本课题的预期成果将包括一篇完整的课题研究报告、展示报告PPT。这些成果将为我们更好地理解和欣赏苗银提供丰富的资料和深入的见解，同时也将为苗银的保护和传承提供有益的参考和启示。通过本课题的研究，我们希望能够为苗族文化的传承和发展作出一定的贡献，为中华民族的文化多样性贡献一份力量。

【提出建议】

通过本次课题研究，学生对苗银的历史起源、文化有更深的认识，对银饰的制作工艺和苗银特色进行了研究；学生还可以在此基础上进一步学习少数民族的文化、语言，实现会唱一首歌、会跳一段舞；实现文化再创新，如基于苗银的图案设计宣传载体；进一步探讨保护与传承苗银的方法，如加强宣传和教育、制定保护政策、加强传承与培训、建立数据库和档案、促进文化交流和合作、采用现代科技手段等。

【参考文献】

陈园玲.穿在身上的符号：施洞苗族银饰文化研究[M].北京：社会科学文献出版社，2022.

二、课前五分钟微课程

翻到学生五分钟微课成果册的最后，能看到一位家长写道："很开心能在这个过程中看到儿子的成长。我看到，孩子们通过这个活动学会了怎样去思考问题，怎样从多角度去探索世界，甚至学会了用自己的方式去解释和表述复杂的概念。他们用五分钟的时间，让我们看到了一个主题背后无限的可能性。每一堂微课都是一次知识的传播，每一张PPT都是一本小小的教科书。"

五分钟微课程内容涉及范围较广，包括天文、地理、历史、科学、文学等丰富的题材。小学课程种类较少，学生学习的知识有限，很多主题都是学生自己通过平时大量的阅读学习到的。通过阅读不同类型的书籍，来丰富自己的知识储备和思维能力，选择自己感兴趣的主题，通过查阅相关资料文献等方式，将自己阅读的成果以微课的形式在班级同学们的面前展示，一些内容除了学生讲解，还通过文字的形式呈现给大家，大家在阅读文字的同时，学会新的内容，获得新的认知。阅读是一种重要的学习方式，通过阅读，学生可以获取大量的知识、开阔视野、增强思维能力、提高语言表达能力，为学生能更好地呈现自己微课程提供有力的支持。

（一）微课不微，学问无穷

五分钟微课程通常在正式上课之前进行，为了提高学生的表达能力，锻炼演讲技巧，培养自信心，并从他人的演讲中汲取知识和启发，我校打破传统教育模式，让学校成为学生的讲堂，学生作为讲师，成为课堂的主人。这种活动可以帮助学生更好地准备和参与到课堂学习中，同时也能为课堂营造一个积极、互动的氛围。

五分钟微课程不仅是一种新颖的学习方式，也是学生成长过程中的重要经历。在准备阶段，每个学生都选择了自己感兴趣的主题，如数学类的"不只有圆周率的祖冲之"，文学艺术类的"影戏人间——走进皮影"，生活百科类的"冰雹的形成与危害"等，他们也投入了大量的时间和精力去查找相关资料，制作PPT，最后在全班同学面前做出讲解。每一节微课演讲的背后都需要学生付出努力和坚持，在选题和备课过程中会遇到许许多多前所未有的问题：忘词怎么办？怎么能吸引同学的兴趣？怎么与同学们互动？……在导师的帮助下，他们会经历困难完成挑战。同学们用热烈的掌声表达对小讲师的钦佩和认可，学生会感到自豪和满足，增强他们的自信心和成就感。这是一个集独立思考、自主学习、公开演讲等多种技能于一身的实践过程，更是一个锻炼自信、增进共识、挖掘潜能的过程。

（二）台上五分钟，台下练苦功

为了让学生都明白五分钟微课程的目的和意义，发现自己的潜力，在不同的领域都能积极地展现自己。活动伊始，教师在班级里向学生们介绍五分钟微课程的活动，在班级中动员学生积极参加，鼓励学生勇于展示自己。让学生明确活动目标，不仅仅是让学生去前面讲，而是让学生通过这次经历，有更多元的成长和进步，让五分钟微课程实现更多的目标，实现信、达、雅（信，即能把事情说明白，能够表达出自己的思想；达，即能让同学们听明白；雅，则是让同学们爱听，产生欣赏、共鸣、有收获）。

课程内容的设定可以是学生自己喜欢的主题类型或者教师命题。一开始许多学生不知道选择什么主题，没有头绪，教师给班级的学生提供统一的命题。例如，假期见闻；人物传记介绍，通过经典事迹传递人物精神，以榜样的力量激励大家的学习和生活。

有了第一次的经验，学生在第二次的时候就会有一些想法，会选择自己感兴趣的主题。自主选题更有开放性，低学龄段的学生多数选择学科类，如数学、语文、音乐等；中学龄段的学生更多选择历史、实践类；高学龄段的学生更多倾向于科学类、文学类、生物类等需要深度思考和理解的内容。从心理发展的角度来看，高年级的学生更愿意通过挑战这些"高难度"内容来展现自己，演讲的内容难度越深奥，他们的信心就会越足，同时也能获得其他同学的"崇拜"。

有的学生会选择书本上的内容，这时教师鼓励学生能否将这个知识点进行升华和拓展。例如，一位学生的五分钟微课程是"认识更大的数"，这部分的内容其实学生在书本上已经学习过了。在教师的指导下，他向大家介绍了古代的结绳计数，让学生学习到了书本以外的知识。

教师鼓励学生选择多角度、多领域的主题，这样贴近生活和实际，能够引发学生的思考和探索；也可以根据自身兴趣和特长进行个性化选题，如与学科所学内容相关、符合学生兴趣、有挑战性的主题。

(三)学生当导演,教师做剧务

作为"新手讲师"的学生可以根据自己的选题涉及的学科,以主观意愿选择一名教师作为导师,除了学校的教师,还可以选择家长及校外学长、专家做自己的导师,帮助自己完成微课展示前的一系列准备。

低年级的学生第一次能顺利完整地将自己的微课展示是有困难的。学生站在讲台前会紧张、语言表达不清楚,所以在准备阶段,教师会手把手地指导学生,和他们一起确定讲稿的内容和肢体动作,如何在演讲前进行自我介绍、引出主题,怎么和同学们互动,最后如何进行总结,结束语怎么说才精彩,甚至演讲的面部表情应该是什么样的。除了学校的导师之外,家长也是主力军,一些家长帮助学生制作PPT、思维导图等。课程呈现形式主要以自述为主,可以站在讲台上和大家分享自己的内容,也可以通过图画作品的形式展示,还可以通过表演的形式展示,如唱一首歌,跳一支舞。

高年级的学生有自己独特的想法和见解,并且具备一定的计算机应用能力,对于他们的指导,教师先让学生自己选择并设计演讲的内容,给他们一定的时间自主思考和准备,随后与导师沟通想法,导师在学生原有内容的基础上提出修改建议,推荐相关文献或图书,通过查阅资料完善内容;学生尝试自己制作PPT,在准备的环节,导师引导他们明确演讲目标,如听众从演讲中能得到哪些收获;通过你的演讲,希望听众有怎么样的改变;演讲时的面部表情如何会给听众留下极其深刻的印象。指出这些细节问题,增加学生演讲的生动性。而且他们有能力自主完成一些准备工作,如制作精美的PPT、剪辑视频等,所以高年级的微课程展示更像是一个个小老师的课堂实录,他们会根据自己的内容,设计学习目标及学习活动,甚至有课后练习。有的同学没有合适的主题,也会将自己的阅读成果通过微课程和大家分享,如读书笔记、阅读感悟、思维导图等,听众们也听得津津有味。

（四）自评他评，促进进步

每学期每个班平均会进行两次微课程展示活动，对于学生的每一次展示，有三层评价机制：学生自评、生生互评、教师评价反馈。在展示结束后，"小讲师"会针对整个微课展示的过程，包括主题选择和一系列的准备环节进行自我评级，一些好的地方值得大家借鉴，一些欠缺的地方需要改进，争取下一次展示得更好。班级里的小听众们也会对小讲师进行肯定和鼓励，并提出中肯的建议，如我觉得你这个环节用表格的形式呈现会更清楚，我觉得你这个问题找同学回答会更好一些……学生在互评的同时，也是在学习和积累经验。教师则对学生的演讲进行评价和给予建议，对于学生表现突出的地方积极表扬。这样的评价机制，不仅可以帮助学生养成反思的好习惯，还能激发学生的兴趣和动力，同时促进学生之间的学习交流，共同提升。设立"优秀小讲师"奖，阶段性地对演讲出色的学生进行表彰，提高学生参与度和积极性。

（五）互相分享，展示自我

活动实施开展后，五分钟微课程覆盖率和落实率逐步提高。现在越来越多的学生积极地参与五分钟微课程的演讲，内容质量越来越高，形式越来越新颖，学生越来越落落大方，留下了一节节令人深刻的微课。为了更好地记录学生成长，学校通过文字的形式，以年级或班级为单位，在家长朋友的合力帮助下，将每位学生的每一节微课成果集结成册。一方面是对学生的研究给予认可和肯定；另一方面百科全书式的成果集涉猎领域宽泛，内容丰富，可以促进学生间的查漏补缺，让其互相交流借鉴，帮助学生进步。

一位学生在他的微课中写道："我特别喜欢五分钟微课，在我准备过程中，学习到了怎么上网查资料、怎样制作PPT，我也从其他同学的微课中得到了很多启示和收获，每一位同学都充分地展现了自己的才华和独特见解，我看到了同学们五彩缤纷的爱好和生活体验。"

第三节　多领域交叉融合的实践活动

一、艺术小舞台

(一) 舞台展艺迎晨曦　认知实践创新局

清晨，迎着缕缕明媚的阳光，伴着阵阵沁人的花香，我校"艺术小舞台"才艺展示活动在优美的舞姿、悠扬的琴声、动听的歌声中拉开了序幕……

为激发学生在艺术领域的天赋和潜力，塑造学生阳光自信的性格，学校搭建了多元化的才艺展示平台，艺术小舞台表演活动应运而生。具身认知强调跨学科的整合与应用，艺术小舞台表演活动与跨学科阅读在具身认知理论的框架下建立了密切的联系，这种联系不仅体现在学生通过身体参与表演活动来深化对阅读内容的理解和体验，也体现在阅读为表演提供素材和灵感的同时，促进学生认知能力和表达能力的发展。因此，我们可以说，在具身认知理论的指导下，艺术小舞台这种交叉融合的实践活动与阅读之间是相互促进的，共同为我校"明雅少年"的认知发展和全面发展发挥着积极的作用。

艺术小舞台，是一个充满活力和创造力的空间，为学生提供了一个具体的、实践的认知环境。在这个环境中，学生通过身体的动作、表情、声音等方式，将阅读中所获得的故事情节、人物特点、情感变化等内容，用戏剧、舞蹈、音乐和绘画等艺术表现形式进行直观、生动的呈现，将他们的想法和情感表达出来。

(二) 生活多姿彩　艺术伴成长

艺术小舞台活动不仅有助于学生更深入地理解和体验阅读内容，还能促进他们的想象力、创造力、表达能力和合作能力的培养。同时，学生观看艺术小舞台也可以被视为一种跨学科的阅读体验，这种体验与阅读书籍在形式和感知上有所不同，但在认知过程上有相似之处。艺术表演和阅读一样，都能够激发观众的情感，引发共鸣。艺术小舞台为跨学科阅读提供了一个实践和展示的平台，让学生通过艺术的形式与他人分享这些情感体验，学生在观看过程中会体验到与表演内容相关的情感，这与阅读书籍时的情感体验相似，这种情感体验有助于学生更深入地理解表演的主题和内容。总的来说，艺术小舞台和跨学科阅读如同两颗璀璨的星辰，它们相互辉映，共同编织着充满创意和探索的宇宙。

艺术小舞台活动作为学校艺术教育的重要组成部分，在为学生提供展示平台、培养兴趣和爱好、锻炼实践能力、丰富校园文化生活及促进跨学科学习等方面具有重要意义。参与活动时，学生需要准备表演内容、排练节目，并在舞台上进行展示。这个过程不仅锻炼了他们的团队合作能力，还提升了他们的思维逻辑和舞台表现力。在表演时，学生需要通过艺术表现形式清晰地传达自己的情感和思想，与观众建立有效的沟通，这种经历让他们在日常生活中也变得更加自信、善于表达。不仅如此，艺术小舞台对观看的同学们来说更是一种宝贵的跨学科艺术阅读机会，通过欣赏和学习，同学们可以拓宽艺术视野，提升综合素养，为未来的全面发展奠定坚实基础；同时，还能激发同学们的创造力和想象力，通过观看同龄人的艺术作品和才艺展示，同学们可以受到启发，激发自己的艺术灵感和创作欲望。随着活动的不断发展和完善，相信它将在学生的艺术核心素养教育中发挥更加重要的作用。

（三）舞台星光熠熠　快乐绽放精彩

走进彩旗招展的展春校区，学生不由得发出惊叹："哇！小舞台布置得好漂亮！"鲜花环绕，大屏幕上"快乐舞台绽放精彩"几个大字映入眼帘。一年级"小豆包"们伴着清晨的第一缕秋阳，在踏进校园的瞬间就被热闹的艺术氛围吸引到舞台下，他们窃窃私语："啥时候开始展示啊？我好期待哦！"小演员们也早早身着演出服就位了。无论是展春校区，还是语言、地质校区，校园的清晨都会因学生的展示而变得更加美好精彩，他们个个精神饱满，激情绽放，舞蹈、合唱、中西不同乐器的精彩演绎迎来一阵阵热烈的掌声。艺术小舞台深受学生的喜爱，每次都吸引了大量学生自愿报名参与，为了确保活动的质量和效果，学校进行了精心策划和组织。

在活动开展的初期，在校领导的带领和大力支持下，学校艺术教师团队经过细致的策划和组织，鼓励学生积极参与。表演的场地最初就在学生步入校园后的必经之路——教学楼的一层大厅或各个年级廊道中文化墙的空间中，师生来到学校后都不约而同地驻足观看表演，这种新颖的艺术表现形式很快引起了学生的兴趣，艺术小舞台逐渐成形。随着活动的成功举办，通过校内宣传和学校公众号的推广，参与人数不断增加，表演形式也更加多样化。在这一阶段，学校不断完善活动流程和组织形式，确保活动的质量和效果，也加大了对艺术小舞台的支持力度，提供了更多的资源和场地，为学生创造更好的表演环境。学生的积极参与，不仅展示了自己的才艺和创造力，还赢得了全校师生和家长的热烈掌声和赞许，成了校园文化的重要组成部分。面对已经取得的成果，艺术小舞台并没有停止前进的脚步。相反，学校将继续探索和创新，尝试引入更多的艺术形式和元素，使得活动更加丰富多彩。

（四）精心策划　有序开展

经过多年的开展，现如今艺术小舞台已经形成了严谨的活动流程。每学期初，艺术团队都要商榷，确定本学期的艺术小舞台主题及活动时间。主题的选择需结合时事热点、传统文化、校园生活等，确保既有教育意义又能激发学生的参与热情，随后向全校学生发出节目征集通知，鼓励个人或团队报名参与，紧接着每个校区各自进行初步筛选，确保节目质量和多样性。同时，每个校区的艺术教师分工合作，撰写主持词、制作PPT，并指导小主持人及每个节目的学生进行排练。

活动当天，暖场的音乐要选择热情洋溢并符合主题的，为活动营造欢乐氛围。根据事先编排好的节目单，负责催场的老师依次引导小演员上台表演；根据当天的时间安排，可以设置互动环节，主持人与小演员或观众互动提问，增强活动的趣味性和互动性。为确保活动的成功开展，安全保障措施也必须重视起来。在活动开始前，要对参与活动的学生进行安全教育，强调舞台安全等注意事项；活动期间，每个节目安排专人负责现场监管和秩序维护，确保活动的顺利进行。

要成功地策划和组织一个融合了跨学科元素的艺术小舞台活动，活动宣传和推广也必不可少，可以利用学校微信公众号等渠道进行活动预告和实时报道，也可以邀请家长志愿者前来观看演出，不仅能增强家长的参与感，还能增强家长对学校的信任，建立起一个更加开放、互动和协作的家校沟通环境，从而更好地支持学生的教育和发展。

（五）阅读点亮未来 "艺"同放飞梦想

我校艺术小舞台实践活动是一项富有成效的校园文化活动，促进了校园文化的繁荣发展，营造了浓厚的艺术氛围。通过实践活动，学生的艺术素养得到了提升，团队合作精神和创新能力得到了锻炼。艺术小舞台对观看的同学来说，不仅是一场视觉和听觉的盛宴，更是一种跨学科的艺术阅读体验。其一，艺术小舞台涵盖了音乐、舞蹈、戏剧等多种艺术形式，观看演出的过程本身就是一种艺术欣赏和学习。其二，同学们可以通过观看小演员们的艺术才能、情感表达、舞美设计、服装道具等方面，深入了解各种艺术元素的应用和表现。

艺术小舞台自开展以来，取得了丰硕的成果，得到了学生和家长的一致好评，成了学校与家长沟通的桥梁，增强了家校合作的凝聚力。未来，艺术小舞台将继续发挥其在校园文化建设中的重要作用，继续秉持"有意义、有意思"的双意教育理念，为学生搭建多元化的才艺展示平台，共同把学生的潜能激发出来，助力他们的成长和发展，让学生真正成为学习、生活的主人。同时，学校还将积极探索艺术教育与科技、人文等领域的融合，推动艺术小舞台向更高层次、更广领域发展。

二、书画作品展

阅读是奇妙的、有趣的，如何在书画中有趣而奇妙地阅读，是学校举办个人书画展所追求和探索的，能在绘画中"悦读"，能在书法中"悦读"，个人书画展是其中的桥梁和纽带，最终成为一种新的阅读手段，让我们一起在学生的个人书画展中品味"悦读"吧！

一场场个人书画展不仅是视觉的体验，还可以通过触感（如纸张的质地、笔触的厚重）来增强小观众的认知体验。这种多感官的体验可以加深小观众对作品的理解和欣赏，小观众在观看书画展时，一声声惊叹，不是孤立地看待每一件作品，而是受到周围整体环境、氛围和其他观众的影响，这种情境感知会影响观众对作品的解读和评价。对于具有特定文化背景的书画作品，观众的文化知识和经验会影响他们的解读。例如，对于中国的书法，了解汉字和中国文化背景的观众可能会有更深的认知体验。书画作品往往能够引起观众的情感共鸣，具身认知认为，这种情感反应不仅仅是大脑的活动，还涉及身体的生理反应，如心跳加快、呼吸变深等。具身认知为我们提供了一个新的视角，帮助我们理解小观众、小作者如何在身体和环境的互动中体验和理解书画作品。

（一）多学科融合，书画入人生

我校开展的"个人书画展"，最初向学生推荐有关美育书籍，让学生从不同的方向和领域领略到美，感受到美，鼓励学生走出课堂，走入博物馆、美术馆观看画展，收看讲座；到考虑如何和与学科相融合，长期、有序、渐进式地开展一项校内活动。学校举办个人书画展，在各年级征集"小画家""小书法家"，不仅可以丰富学生的课外阅读内容，让学生在美术作品的海洋里遨游，"通过一幅作品看世界"，还能够有效增强学生的美术专业技能，让会画画的学生"画得更好"，让想画画的学生"敢于去画"，让不会画画的学生"试着去画"，使学校的整体艺术氛围更加浓郁。

开始的时候，学生充满了胆怯和踌躇不前，尤其是展春校区的一年级"小豆包"们。一年级的教师们也很头疼：能出作品吗？学生会画吗？一次的画展需要那么多的作品，我们怎么办？带着这些怀疑和担心，我们在平时课堂上多培养、多鼓励，教师先举办班级作品展、年级作品展或者是双班展，在一两场展览之后，最明显的是教师们底气更强、更有自信了，并且能够豪言壮语地说："我们随时能出展。"而学生也有了信心，天天围着我们说："老师老师，我什么时候能办自己的展览啊？我去了玲珑塔，我查了资料，我知道它是什么时候建造的，我画了它刚建成的样子。"这时候，展览已经是要求学生不仅要具备扎实的美术基础知识，还要掌握跨学科领域的相关知识和技能，通过作者的身份向大家介绍自己的作品和创作灵感，进而形成综合应用能力。这样的教育模式不仅可以帮助学生更好地深入理解艺术与科学、人文等多个领域的联系，还能激发他们对世界的好奇心和创造力。

（二）多学科融合，书画展人生

个人书画展通常包含丰富的文化元素。通过艺术作品的展示，观众（尤其是学生）可以学习到与书画相关的艺术技巧、历史背景、哲学思想和文化传统，从而加深对一个文化或时代的理解。在"千里共婵娟"这幅作品中，学生知道了"嫦娥奔月"的神话故事，他们积极寻找故事的出处，了解故事的性质，体现了艺术与文化的结合。同时，参与者会接触到各种历史时期的艺术作品，这能帮助他们了解艺术发展的历程，还能让他们对特定历史时期有更深刻的认识，增强历史意识。在小作者的展览中很多书画作品都与诗词、文学作品有着紧密的联系。通过展览，学生可以接触到这些文学作品，并在教师的引导下进行深入阅读和研究，同时提升文学素养。制作书画作品的材料和工具，如不同种类的纸张、墨水、颜料等，都有其科学属性，了解它们的制作工艺和应用原理，可以激发学生的科学兴趣；通过欣赏和分析高质量的艺术作品，学生可以提高自己的审美水平和艺术鉴赏力。

在准备和参观书画展的过程中，学生将涉及艺术、历史、文学、语言、科学等多个学科领域的内容，实现知识的交叉融合，最终体现了跨学科整合。参与书画展不仅是一个观看的过程，也可以是一个动手操作的过程。布展、组织等，学生可以通过实践学习书法和绘画技巧，提升自己的动手能力。在组织和参观画展的过程中，学生需要与他人交流分享自己的想法和作品，这有助于提升他们的社交能力和团队合作精神。个人书画展不仅为学生提供了欣赏艺术的机会，还为他们搭建了一个多维度、多角度学习和思考的平台，从而在多个层面上拓展他们的知识面。

（三）多学科融合，书画绘人生

1. 多方积累做铺垫

个人书画展开展之前，需要进行大量的准备工作，在发现并寻找"小书画家"的同时，还要整体强化对学生的鼓励。作为校方，我们根据学生的年龄特点和心理发展需要，通过开展丰富多彩的艺术活动来满足他们求知、求乐、求健的愿望。在美术课上，教师带领学生进行线条训练，引导学生用不同颜色绘制出各种优美的图案，激发学生对艺术的兴趣，让学生看到更多自己创作的作品，鼓励他们拿出来分享，和大家讲述自己创作的思路，并为后期自己的作品展做准备。在地质校区，教师还根据教学内容向学生介绍古今中外著名艺术家及其作品，更是在语文课中有意识地植入绘画作品，让同学们了解我国古代诗词中有许多描写大自然美景、抒发美好情感的名篇佳作。在欣赏一首诗词的同时，试着自己画一画，为喜欢的诗词配画，这样不仅能使同学们的知识面得到拓展，而且有助于提高他们感受美、鉴赏美和创造美等综合素质，形成校园内"诗配画"的"诵诗""画诗"的整体氛围。

2. 踌躇满志办展览

在前期的大量工作后，学校已经具备开展"个人书画展"的基础了。学校在提供布展必备的设备和空间后，接下来的布展就需要学生自己动手了，经过辅导教师的引导和帮助，同学们整理出一个画展需要的完整流程，此时，教师的角色就从"主办者"变成了"协助者"。

"小书画家"们充分发挥了自己的沟通能力，在六年级2班高雨萱同学的个人画展上，在班级里寻找自己展会的"小主持人"，在班主任帮助下撰写主持词，在家长的帮助或辅导下准备自己的创作感言，同时"审核"家长的发言，安排记者采访自己、教师、同学等事宜，真是煞费苦心。教师开始成为"指导者"和"观察员"，学生成为了自己的画展的"主办方"和真正的"布展者"。整个过程中，学生需要查找大量资料，阅读大量书籍，做到对自己的作品"言而有物"，对自己欣赏的画家、画作"侃侃而谈"，对其他同学的关注和欣赏致谢，对教师的指导帮助表达敬意。学校在为学生提供一个展示自我才艺平台的同时，也体现出学校的特色和底蕴，共同促进各项能力在实践中得到锻炼提高。学生提前主动阅读各方面的书籍，在展览中尽情展示自己，表达自己内心最真实、最纯真、最富有创造力与想象力的想法。这种互动交流，将极大地满足学生的成就感，培养集体荣誉感及团队精神，有利于构建和谐、团结向上的校园文化氛围。

学生经历"举步维艰""磕磕绊绊"到"驾轻就熟"的过程，最终能够独立完成一次"效果斐然"的展览，其收获和进步无疑是巨大的，展览能够让孩子们更加自信、更加阳光，在对自己擅长的领域彰显自信的同时，未来更关注于多方面知识的积累。孩子们不仅仅专注于"闷头画画",同时也更加注重对作品的背景、表现内容的思考。

(四)多学科融合,书画悦人生

个人书画展在开始之初,感觉困难重重,通过大量的前期准备和学生的踊跃参加,基本做到每周都有"小书画家"诞生,大家参与的积极性非常高,由于场地和空间的限制,只能排位进行。"小书画家"们在经历了活动后,绘画的兴趣空前高涨,他们的作品或被书画杂志刊登,或被校图书馆收藏,还有的在各大赛事中获奖,活动成果喜人。教师鼓励学生在书画的基础上尝试做一些手工、模型等,从平面到立体,从二维到三维,还可以考虑增加一些立体雕塑作品。"空间有限,创意无限",发挥自己的创意和想象力,不断激发学生的创新思维。今后学校将在提高学生阅读能力的基础上鼓励学生在绘画作品中寻找历史,在绘画作品中寻找故事,拓宽知识面,尝试在课堂教学中加入"把一幅画放大",在画中寻访当年的历史背景,让每一个学生都能在课堂上展现自己的"五分钟微课"。

我校通过开展个人书画展,有益于丰富学生校园文化生活,开阔其眼界,陶冶其情操,实现在阅读中"悦读",培养健康向上的思想品质,塑造高尚高雅的人格魅力,相信个人书画展将在这样的氛围下走得更高、更远。

三、体育与音乐、美术的融合

随着社会的快速发展和体育改革的深入推进,体育教育在基础教育中的地位日益凸显。为积极响应体育部门的号召,我校致力于为学生搭建多元化的运动展示平台,激发学生在体育领域的潜力,塑造学生健康活力的性格。新课程标准的落实需以具身认知理论为学理基础,突破和超越传统体育的运动技术中心观,构建与之契合的具身化体育课程,形塑出超越"离身",走向"具身"

的新体育课程。正是在这一背景下，我校开展了体育运动与音乐美术的融合教学活动。

活动开展初期，学校领导对此给予了大力支持和引导，认识到体育与音乐、美术的融合教学对学生全面发展的重要性。在教师团队的共同努力下，活动得以顺利筹备和推进。教师团队进行了深入的讨论和规划，确定了活动的主题、目标和具体方案。通过校内宣传和教师口口相传，吸引了大批学生积极报名参与，活动的举办场地选择在学校内广场或体育馆等开阔场地，以确保足够的活动空间和观赏人数。初期的活动形式主要包括空竹和舞龙、舞狮表演，以及跳绳和舞狮的艺术创作，这些活动旨在让学生通过体育运动和艺术表演相结合的方式，感受音乐和美术的魅力，提高他们的身体协调性和创造力。随着活动的顺利开展，学校逐渐加大了对活动的支持力度，提供了更多的资源和场地，并在学校公众号等平台上进行了广泛宣传，吸引了更多的学生和家长参与。活动的成功举办不仅展示了学生的才华和潜力，也为学校的多元化教育注入了新的活力。未来，学校将继续探索体育与音乐、美术融合教学的新模式，丰富活动形式，提高活动的影响力和可持续发展性。

（一）舞动的画面

音乐与体育美术的融合，不仅让学生在旋律的引领下展现出绚丽的画面，同时也培养了他们的团队合作能力和创造力。

当空竹在空中翩翩起舞时，音乐的节奏感激发出学生的活力和激情，他们追随音乐的律动，将空竹的技巧与舞蹈动作相融合，创造出一幅幅令人陶醉的艺术图景；学生不再只是单纯地学习空竹技巧，而是将其与音乐和舞蹈相结合，展现出独特的艺术表达。

在美术课上，学生为每个空竹进行彩绘，赋予其独特的艺术元素，他们运用丰富的想象力和绘画技巧，将自己的创意融入作品中，每个空竹都成为独一无二的艺术品，展现出学生的个性和才华。

通过音乐的陪伴,学生的创造力和表达能力得到了全面的培养。在舞动的画面中,他们学会了倾听音乐、感受音乐,并将其转化为自己的动作和表达,这种综合性的艺术训练不仅提高了学生的审美水平,还培养了他们的团队合作和协调能力。

每当学生展示他们的作品时,观众都会被他们舞动的画面所吸引。绚丽多彩的空竹和优美动感的舞蹈,与音乐相得益彰,创造出一种独特的视听盛宴,这些舞动的画面不仅给观众带来美的享受,也为世界增添了一抹绚丽的色彩。

(二)韵律的故事

音乐与舞龙、舞狮的融合,不仅让学生的表演充满了魅力和韵律,同时也传承和弘扬了中华优秀传统文化。

舞龙、舞狮在音乐的引领下,展现出中华优秀传统文化的独特魅力。学生在欢快的音乐中进行热身活动,为精彩的表演做好准备。他们跟随音乐的起伏,舞动着色彩斑斓的舞龙、舞狮,将音乐的律动转化为动感的舞蹈。舞龙、舞狮不仅是一种表演形式,更是中华民族精神和团结力量的象征。

在美术课上,学生为舞狮设计图案和颜色,让舞狮焕发出生机和活力。他们研究传统的舞狮图案,同时加入自己的创意和想象,使得每个舞狮都具有独特的视觉效果;通过美术的学习,学生对传统文化的理解和欣赏能力得到了提升,同时也培养了他们的艺术创造力和表达能力。

音乐与美术的共舞,让学生的表演成为一段动态的艺术故事。他们不仅展示了精湛的舞技和动感的舞蹈,还通过舞龙、舞狮传递了中华文化的内涵和情感。观众在音乐的伴奏下,欣赏了一幕幕生动的故事,仿佛穿越到了古老的传统节日和庆典中。

舞龙、舞狮的表演不仅仅是学生的个人展示,更是一种团队合作的体现。学生需要密切配合,协调动作和节奏,才能呈现出完美的舞龙、舞狮。

在这个过程中,他们学会了倾听、沟通和相互信任,意识到了团队合作的重要性。

通过音乐与舞龙、舞狮的融合,学生不仅在艺术上得到了提升,同时也加深了对中华优秀传统文化的理解和认同。他们学会了尊重和传承传统,将其融入现代的艺术表达中,这种跨文化的融合不仅丰富了学生的艺术体验,也为观众带来了一次文化的盛宴。

(三)节奏的奇迹

音乐与跳绳的融合,让学生的跳绳训练更具活力和趣味性,同时也培养了他们的节奏感和身体协调能力。

音乐的节奏感激发学生的活力,帮助他们更好地掌握跳绳技巧。学生在欢快的音乐中跳动,跟随节奏进行训练,不仅提高了耐力和协调性,还增加了训练的趣味性和效果。他们利用音乐的节奏和速度,展示出精准而有力的跳绳动作,令人叹为观止。

跳绳训练不再是枯燥的重复动作,而是与音乐相结合,成为一场身心的盛宴。学生的身体与音乐合为一体,舞动出一幅幅令人惊叹的画面,仿佛音符在空中飞舞。他们通过音乐的律动,掌握了节奏的变化,展现出跳绳的多样性和技巧性,创造出一场节奏的奇迹。

在音乐与跳绳的共同引领下,学生的表演不仅仅是简单的跳绳,更是一种艺术的表达。他们通过跳绳的动作和节奏,传递出自己的情感和个性,展示出独特的艺术风格;观众们在音乐的节拍中,欣赏到一场精彩而动感的表演,不禁为学生的才华和努力喝彩。

这种音乐与跳绳的融合让学生在艺术和运动之间找到了平衡,同时也激发了他们的创造力和表达欲望;他们不再局限于简单的技术,而是将其视为一种艺术的表达方式,学生通过音乐的节奏感和动感舞蹈的结合,创造出独特的跳绳风格和个人特色。

音乐与跳绳的融合不仅提升了学生的艺术水平，还培养了他们的自信心和团队合作精神。在训练和表演过程中，学生互相激励、互相支持，共同努力达到更高的艺术水平，他们学会了倾听和理解音乐，与队友们保持默契的协作，同时也培养了耐心和毅力。

这种音乐与跳绳的融合不仅在学校内部展示，还可以在各种演出和比赛中展示。学生可以以团队或个人的形式参加各类艺术表演和比赛，展示他们独特的创意和才华，这不仅是对学生们努力的肯定，也是对他们艺术成就的肯定。

通过音乐与跳绳的融合，学生在艺术和运动之间找到了平衡，获得了全面的发展。他们不仅掌握了跳绳的技术，还培养了艺术表达能力、团队合作精神和创造力。这种融合不仅让学生在校园内享受艺术的乐趣，也为他们未来的发展打下了坚实的基础。无论是追求艺术职业还是注重身心健康，音乐与跳绳的融合都将成为他们生活中的宝贵财富。

体育运动与音乐美术的融合教学活动不仅丰富了学生的课余生活，还有助于培养学生的运动技能和艺术素养。体育运动与音乐美术的融合教学活动作为学校体育教育的重要组成部分，每次开展都吸引了大量学生自愿报名参与。学校精心策划和组织活动，为学生提供了一个展示运动才华的舞台，在这个舞台上，学生不仅能够展示自己的运动技能和艺术表现，还能够感受到体育与其他学科的交融和相互促进。这种跨学科合作不仅丰富了学生的学习经验，还培养了他们的创造力、团队合作和综合素养。

经过不断地尝试，学生在体育与音乐、美术融合教学的过程中取得了显著的进步。他们通过参与空竹、舞龙、舞狮、跳绳等活动，不仅锻炼了身体，提高了体育技能，还学会了如何将音乐元素巧妙地融入其中，创造出动听的节奏和优美的动作。同时，在美术与体育的融合中，他们通过绘制空竹、舞龙、舞狮等形象，展现了自己对艺术的理解和表达能力。这些成果不仅体现在他们的表演中，更体现在他们的身心健康和全面发展上。活动的成功举办不仅让学生获得了成就感和自信心，也为学校营造了积极向上的学习氛围，为今后的教育工作奠定了坚实基础。

展望未来，学校将继续深化体育与音乐、美术的融合教学，不断丰富活动形式和内容。通过进一步挖掘中国传统特色体育运动，如太极拳、民族舞蹈等，与音乐、美术相结合，为学生提供更加丰富多样的学习体验。同时，学校还将加强师资培训，提高教师的跨学科教学能力，促进不同学科之间的深度融合，为学生的综合素养和创造力培养提供更好的支持和保障。

相信在全校师生的共同努力下，体育与音乐、美术融合教学将会取得更加丰硕的成果，为学校的发展注入新的活力与动力。通过持续不断的努力，学校相信体育与音乐、美术融合教学将为学生的综合素养和个性发展提供更加有力的支持。同时，学校也期待通过这些活动，为推动学校的综合发展注入新的活力与动力，为创建更加丰富多彩的校园文化氛围作出积极贡献。

第六章　全过程阅读评价的具体实践

在教育教学领域，评价是一个至关重要的环节。评价不仅仅是对学生学习成果的检验，更是对教学质量的反馈和改进的依据，尤其是在全学科阅读教学中，阅读评价更是扮演着举足轻重的角色。全学科阅读旨在通过整合各个学科的知识与资源，培养学生的综合素养和跨学科思维能力。在这一过程中，阅读评价不仅是对学生阅读能力的评估，更是对学生综合运用多学科知识的能力的评价。我校在全学科阅读的具体实施过程中，为了确保阅读活动的有效性和高效性，特别重视阅读评价工具的开发与实施。为此，学校团队精心设计了各种类型的阅读评价工具，这些工具旨在从多个维度、多个角度全面评价学生的阅读能力和阅读成果。学校追求评价的多元化，希望通过不同形式的评价，更真实、更全面地反映学生的阅读水平和进步情况。

第一节　实施多元、多角度的评价

一、全过程阅读评价的重要意义

评价是我校在全学科全过程阅读中的一个重要环节，它具有导向、激励和诊断等功能。❶ 我校的阅读评价是在学生的全过程阅读中基于学生真实的阅读

---

❶ 柯春娜.“双减”背景下整本书阅读评价之"三舍三求"[J].文科爱好者，2023（3）：195-197.

表现，为了学生更有效地阅读而进行的。

全过程阅读评价针对的是学生阅读的全过程的综合性评价。它包含了过程性评价、终结性（结果性）评价和增值性评价等，是学生整个阅读活动或阅读生涯都离不开的评价。

（一）过程性评价

全过程阅读是一个不间断的持续的过程，是一个长期的、缓慢的、渐进的过程。阅读的过程性评价贯穿阅读全过程，在实施过程中，我们的评价分阶段、分步骤有序推进，重点在于评价学生参与的过程和积极体验。过程性评价采取目标与过程并重的价值取向，评价重点是个体在过程中取得的进步和发展。[1]

例如，在阅读过程中，在尊重学生的阅读规律与阅读体验的前提下，指导教师按读前、读中、读后分阶段进行阅读指导。读前有导读任务，根据导读任务的完成情况作出评价，并据此确定教学起点与教学内容。在阅读过程中，尊重个体的阅读差异，对学生的阅读表现予以肯定或指导。在全过程阅读中，我们还建立阅读记录单，以此追踪和记录学生的阅读进度、阅读状态，了解每个学生的阅读兴趣和水平，而且还能根据学生的需求提供个性化的指导和支持。在阅读后，我们也采取不同的形式来帮助学生巩固阅读成果，形成阅读氛围。如每日在班级组内分享，每周定期在图书馆进行校内阅读分享与交流，每月组织校刊《呦呦鹿鸣》投稿等。我校学生在每个学期都会有一项固定活动：五分钟微课程。其中一项就是学生可以自选内容，通过阅读和研究，将它推荐给其他同学，做成课件并演讲5分钟。学生为了完成这5分钟的微课，精读书籍并深入研究，在表达的过程中将阅读的内容内化于心。

---

[1] 王姝. 整本书阅读的过程性评价策略 [J]. 广东教育（综合版），2019（8）：28-29.

（二）终结性评价

在全学科阅读中，终结性评价也是一种阶段性的评价。它更加关注某一阶段的学习成果，是对阅读阶段结果的一种判断，采取适当的评价手段和方法，对学生在阅读中的发展进行价值判断，是学生不断认识自我、发展自我、完善自我的过程。❶在全学科阅读教学过程中，我校教师经常将相关的阅读试题嵌入日常的学科测试中，以提升学生对全科阅读的重视；还设计一些评价量表，如关于"语言积累""提取信息"的评价，测评学生阅读后所达到的水平。同时，还在合适的时段进行全学科阅读的综合评估；学校组织不同规模、形式各异的读书分享活动，让学生能够有机会分享自己阅读过程中的疑问和收获。例如，我校每月定期开展"阅读初体验""好书推荐""讲中国好故事""诵读经典"等阅读分享交流活动；学校还设计了读书奖状来激励学生，根据读书量、读书质量、读书分享次数等来进行奖励。

（三）增值性评价

增值性评价是一种用于衡量学生在一段时间内成长和进步的评价方法。与传统的评价方法不同，增值性评价强调关注学生阅读兴趣、阅读能力等的发展轨迹，而不仅仅是他们在某一时间点的绝对表现，要从纵向方面评价个体的进步状态，如阅读兴趣提升、阅读量增加、思维品质发展……这一评价的核心理念是，每个学生都有不同的出发点和学习速度，应该根据他们的起点和增长幅度来评价他们的教育成果。例如，古诗文诵读课程中，学生每月都有古诗闯关日，通过阅读和积累，学生能够一级一级地闯关，得到"通关加星"的认定。这个过程调动并增强了学生诵读经典的积极性，更使他们了解中华优秀传统文化，热爱古诗文诵读，并从中增长知识，积淀文化底蕴。另外还通过"阅读银行"建立评级表，实现横向和纵向的增值性评价，促进学生不断进步。在数学

---

❶ 吴江梅. 研究生英语教学与研究 [M]. 北京：中国人民大学出版社，2006.

节的游戏中，通过查阅书籍，阅读相关文章和小组的实践研究，学生不仅锻炼了学习能力，还锻炼了他们的创造能力、理解能力、人际交往能力等。通过游戏，将数学道具和书本上的数学知识相结合，回归到日常的数学学习中，令学生更加喜欢数学，让数学课不再枯燥乏味，将数学课变成"好吃又有营养"的知识大餐。

当然，学校也注重全过程阅读评价主体的多元化，积极构建包含专家、教师、学生和家长的多元评价体系。教师是指导者，在阅读过程中激发学生阅读兴趣，在全学科阅读的过程中给出实质性建议；而学生是整个阅读活动的主人，可开展自评、同学间的互评来增强评价的内驱力。我校还邀请家长参与阅读评价，让家长在阅读任务单上选出相应内容或写上评语、建议，在阅读分享会上交流。引入专家评价，使评价更具有科学性。多元化的评价主体使得全员都参与进来，多样的评价激发了学生的阅读兴趣，也能够保证学生的阅读效果。❶

二、我校全过程阅读提倡的评价理念

我校在构建明雅课程体系中，摸索、建设全学科阅读课程，落实核心素养下对学生"学科素养"的培育，使得学段、学科边界得以淡化，满足了学生的多元化需求。

我校的全过程阅读评价以各学科丰富的阅读活动为支点，以多角度的过程性记录为载体，以学生的每一阶段的学业成绩为参考，构建了积极的、全面的、综合的阅读评价体系。❷其实施多元、多角度的评价，以适应不同学生的需求，从而更好地促进他们在全学科阅读领域的发展。

在全学科阅读中学校围绕三个点：一是"全员"，全校学生都参与其中；

---

❶ 李欣欣."教学评一体化"理念下的整本书阅读教学评价探究——以《朝花夕拾》为例[J].语文建设，2023（13）：77-80.

❷ 白杨.基于阅读素养提升的小学全学科阅读课程实践探究[J].广东教育（综合版），2021（4）：46-47.

二是"全过程",整体考查学生在各个阶段的阅读水平;三是"全学科",所有学科都推进阅读。

结合我校的育人目标和全学科阅读课程的"六个一"的培养目标(一个榜样、一项技能、一部作品、一方评论、一手好字和一副好口才),提出全学科阅读评价的理念:阅读丰底蕴,书香能致远。这一评价理念是围绕着培养学生终身阅读学习的品质展开的。

"阅读丰底蕴"。阅读是人类表达的底蕴,是一种通过文字、语言和符号传递思想和情感的方式。它不仅是获取知识和信息的途径,更是一种沟通和交流的方式。学生通过阅读,学习榜样人物,完成一部作品,作出一篇评论,掌握一项技能,写得一手好字。通过打通课内外和学科间的阅读壁垒,实现全科阅读深入校园,使每一个学生都"腹有诗书气自华"。

"书香能致远"。致远,即致力于远大理想,出自诸葛亮的《诫子书》:"夫君子之行,静以修身,俭以养德。非淡泊无以明志,非宁静无以致远。"后将"致远"的含义进一步引申为远大的理想、事业上的抱负、追求卓越等。[1]阅读打开了他们的格局,拓宽了他们的视野,提高他们的思考和表达的能力。我校强调每位学生都是独一无二的,拥有自己独特的阅读方式、阅读起点和阅读潜力,促使每一个学生都有梦想、敢担当、勇奋斗的"三实"明雅少年。

我们期望学生能在全学科阅读的过程中享受阅读带来的深厚幸福,共同走向广阔的未来。

第二节 阅读评价工具的开发

阅读评价工具的开发对于教育领域至关重要,因为它们可以帮助教师准确地了解学生的阅读水平和进步情况。评价工具能够提供一个标准化的评价体

---

[1] 黄建东.测绘文化理论与实践[M].北京:测绘出版社,2009.

系，减少主观判断的影响，使得评价结果更加公正和可靠。同时评价工具往往包括对学生理解力、词汇量、阅读速度、批判性思维等多个维度的评估，这有助于全面了解学生的阅读能力。利用评价工具，教师可以快速获得学生的阅读表现数据，及时调整教学策略，为学生提供针对性的辅导和支持，从而提高教学质量、促进学生全面发展。

一、阅读能力的内涵

构建阅读能力评价指标的前提是需要明确阅读能力的结构，这就不得不明确"结构"一词。所谓结构，就是构成体系的各个要素之间的内在关系及组合形式。能力是由诸多要素组成的多层次、多侧面的动态系统。❶ 研究小学生阅读能力的结构，就是要从整体上分析阅读能力的构成要素，综合其不同组织形式所产生的不同阅读功能，寻求科学的阅读能力训练项目、教学程序和测试标准。本书根据文字信息摄取的现代需要，运用系统科学地对阅读能力要素进行多层次、多角度的分析，梳理各学派的观点，挖掘其递进过程，揭示其内在联系，阐明其核心结构。

对阅读能力结构的研究历来受到心理学家、教育学家（包含语文学科专家）和语言学家的极大重视。学者们基于各自的理论背景和认识基础的不同，提出了种类繁多的阅读能力结构观。纵观阅读能力的研究文献，可以概述出国内外的研究主要从心理学家、教育学家和语言学家三个不同的角度来认识阅读能力的结构。

（一）心理学领域对阅读能力结构展开的研究

心理学领域所采用的研究方法主要有因素分析法和实验法。帕林克萨和布朗指出，阅读能力由推理、重要内容的关注、文章内在与外在一致性评价及阅

---

❶ 夏正江.试论中小学生语文阅读能力的层级结构及其培养[J].课程·教材·教法，2001（2）：8-13.

读监控能力构成。❶约翰逊提出，语文阅读能力包括译码、字义、表述、评价。❷金奇指出，阅读过程存在三种水平的信息加工活动，一是句子水平的词句解码活动，二是段落或宏观命题水平的组织活动，三是语篇水平上结构的分析综合活动。❸亨特的研究表明，阅读能力由解码速度和整体连贯能力组成。❹心理学家弗雷德认为，阅读能力应由了解所陈述的事实与细节的能力、掌握主要思想的能力、理解事件或步骤的顺序的能力、作出推论与得出结论的能力、组织思想与关系的能力、运用阅读所获得的知识解决问题与检验假设的能力、评价的能力所构成。❺参阅众多的国外心理学家对阅读能力的研究发现，对阅读能力的成分划分并不完全一致。

  国内关于语文阅读能力结构的研究始于20世纪初，至今为止形成了种类繁多的阅读能力结构观。莫雷指出，阅读能力呈现随年龄变化而变化的特点，阅读能力的主要构成因素是语言解码能力、组织连贯能力、概括能力和评价能力。❻罗照盛和张厚粲认为，阅读能力的成分包括语文知识、简单表达、知觉的广度、语词理解能力、归纳段意、整体概括能力、综合分析能力、推理能力和情感体验❼，而且指出不同年级的学生其阅读能力水平随着年级的提高，阅读理解能力水平的结构也趋于复杂。明卫红依据心理学相关理论提出，语文阅读

---

❶ PALINCSAR A S, BROWN A L. Reciprocal Teaching of Comprehension-fostering and Monitoring Activities [J]. Cognition and Instruction，1984（2）：117-175.

❷ JOHNSON T D, LOUIS D R. Literacy through Literature（Vol.3）[M]. Portsmouth, NH：Heinemann, 1987：134.

❸ KINTSCH W. Comprehension: A Paradigm for Cognition [M]. Cambridge, MA：Cambridge university press, 1998：322.

❹ HUNT A, BEGLAR D. A Framework for Developing EFL Reading Vocabulary [J]. Reading in a Foreign language, 2005（17）：23-59.

❺ FREED B. Second Language Learning in a Study Abroad Context [M]. New York：Springer US. 2008：1215-1227.

❻ 莫雷.小学六年级学生语文阅读能力结构的因素分析研究[J].心理科学通讯，1990（1）：19-24，54，66-67.

❼ 罗照盛，张厚粲.中小学生语文阅读理解能力结构及其发展特点研究[J].心理科学，2001（6）：654-656，764.

能力的构成要素有：知识因素、智力（思维）因素、阅读的方法与策略因素、非智力因素。小学阶段的侧重点是阅读的知识因素和非智力因素，非智力因素主要是激发阅读兴趣和培养良好的阅读习惯。❶

（二）教育学家主要采用的是哲学思辨的方法

现代阅读学的奠基人叶圣陶一向把阅读归纳为良好的阅读习惯，即属于基础训练的精读能力可分解为六项：需要翻查的，能够翻查；需要参考的，能够参考；应当条分缕析的，能够条分缕析；应当综观大意；言在意外的，能够辨得出它的言外之意；义有疏漏的，能够指得出它的疏漏之处。这"六能"包括认知性查读、扩展性参读、分析性解读、意会性整读、欣赏性品读、鉴定性评读，自成序列。❷

沿着老一辈语文教育学家开辟的路，学者们从不同视角对阅读结构继续进行多层面的分解和整合。张志公认为："所谓阅读能力包括三个方面的因素，即理解、记忆和速度。阅读首先是读懂，并且能够记得，进而还要读得快。这才算是有较高的阅读能力。""快速阅读的能力不是一个孤立的能力，理解、记忆、速度三个方面构成阅读能力的整体。"❸

钱梦龙认为，"阅读能力目标体系"包括四个方面：①阅读常规（使用工具书、圈点勾画、质疑问难）；②阅读方式，有音读（朗读、背读），视读（扫读、跳读、精读），抄读（提要式、摘录式、类书式）；③阅读步骤（认读、辨体、解题、提要、问答、述评、复习）；④阅读心理（内驱力、注意力、意志力、记忆力、思考力、想象力）。❹

陈良启指出，阅读过程包括理解、解释、评价和创造等心理活动过程。中学生阅读能力较差的属性有理解能力、概括能力、思维能力、迁移能力、想象

---

❶ 明卫红.阅读能力的要素、结构层次及其培养[D].南京：南京师范大学，2004.
❷ 陈良启.建构中小学语文阅读能力结构体系的设想[J].成都教育学院学报，2005（1）：71-72.
❸ 张志公.语文学科的现代化问题[J].课程·教材·教法，1981（3）：14-21，13.
❹ 钱梦龙.语文导读法的理论设计和结构模式（上）[J].课程·教材·教法，1989（11）：12-17.

力、评价能力。❶ 崔海峰提出，阅读由阅读感知力、阅读理解力、阅读鉴赏力、阅读迁移力和阅读创造力组成。❷ 娄阿利将阅读能力分为认读能力、理解能力、评赏能力、借鉴能力。❸

除此之外，有学者认为阅读能力包括认读能力、理解能力和吸收能力。其中理解能力又分为理解语言的能力和理解结构的能力；吸收能力包括鉴赏能力、探索能力和记忆能力。也有学者认为，从阅读过程来看，构成阅读能力的要素应当是认读、理解、鉴赏、评价和运用，而我国语文课程标准将阅读能力分为四个水平，即识记、理解、运用和评析。

（三）从语言学角度分析阅读能力

很多学者从语言学角度进行专项研究，将阅读能力划分为高、低两个层次。低层次能力包括：①理解各种语法概念，如原因、结果、目的、比较等；②理解主从句的句法结构；③理解句段的标志；④理解词汇和/或语法的连贯关系；⑤理解词汇的意义。高层次能力包括：①掌握所读材料的主旨和大意；②了解阐述主旨的事实和细节；③根据上下文判断某些词语和短语的意义；④理解上下文的逻辑关系；⑤根据所读材料进行一定的判断、推论；⑥领会作者的观点、意图和态度。

（四）国内外关于阅读能力结构的界定

国外关于语文阅读能力结构的研究比较成熟，也比较深入和系统。权威机构发布的评价工具——国际阅读能力发展研究（PIRLS）从三个方面对阅读素养进行评价：理解过程、阅读目的及阅读行为和态度；将阅读理解分为四个层次：获取信息、直接推断、综合并解释篇章、评价篇章。

---

❶ 陈良启.建构中小学语文阅读能力结构体系的设想[J].成都教育学院学报，2005（1）：71-72.
❷ 崔海峰.小学生语文阅读能力的要素、结构、层次及其培养研究[D].南京：南京师范大学，2007.
❸ 娄阿利.9~12岁小学生语文阅读能力的发展特点及培养研究[D].哈尔滨：沈阳师范大学，2011.

美国 NAEP 阅读能力评价体系有很强的结构性，其有四个典型的特点：一是采用多维方式来构建评价框架；二是注重理解文章及对其进行批判性思考；三是注重评价结果描述的具体性，它既有等级性的评价，也有对学生整体阅读水平的评价，还有对学生不同体裁文本阅读能力的评价；四是 NAEP 阅读能力评价的文章内容紧密结合了学生生活的实际。

国际学生评估项目（PISA）在 2000 年评价的重点是阅读能力，所以根据不同的知识与技能将阅读分数分为五个水平。这种方法的主要优势在于可以详细地通过不同层次来评价学生的能力。此外，这些结果又通过三个方面来考查：复述信息、阐述文章、反思并评论。PISA 中对阅读能力的定义并不仅是对学生读懂、了解信息等能力的简单评价，它还包括对资料的理解、运用及反思评价。

我国较早开发阅读能力测试的是心理学家陈鹤琴先生，他于 1922—1924 年间编制了《初小默读测验》《小学默读测验》和《中学默读测验》，以测评不同年龄段的学生的阅读能力。艾伟和杨清编制了以诊断阅读困难儿童为目的的《默读诊断测验》，朱作仁等编制的《中国小学毕业生默读量表》是一个标准化的量表。莫雷和司徒伟成等人编制的《语文阅读水平测量量表》的目的是为学生阅读成就的评定、诊断及学校教学工作的评价提供客观有效的工具。其中，对阅读能力结构研究最具影响力的是曾祥芹先生提出的阅读能力有纵向和横向两种结构，纵向结构包括阅读感受力、阅读理解力、阅读鉴赏力、阅读迁移力、阅读创造力；横向结构包括阅读选择力、阅读思考力、阅读想象力、阅读记忆力、阅读时效力。韦志成则提出阅读能力由阅读过程和阅读方式纵横组合而成，从横向上看，阅读方式包括诵读、默读、精读、略读、速读等；从纵向上看，阅读过程由浅入深包括感受能力、理解能力、筛选能力、鉴赏能力、记忆能力。[1] 王松泉认为，阅读能力主要由认读能力、理解能力、评赏能力、借鉴能力四项组成，它们体现了阅读能力发展的四个层级。[2]

---

[1] 韦志成.论阅读教学中的理解[J].武汉教育学院学报（哲学社会科学版），1990（1）：77-80.
[2] 王松泉.论阅读教学内容体系的要素[J].绍兴师范专科学校，1991（4）：51-58.

通过对阅读能力的梳理，可以看出尽管心理学家和教育学家及国际方面的研究在论证方法上存在差异性，但他们对阅读能力的结构本质还是存在共同的认识基础：阅读能力是一个多层级的能力结构体系，存在高级阅读能力与低级阅读能力之分，并且高级阅读能力以低级阅读能力的掌握为前提；以往研究基本认同阅读理解过程是一个从部分到整体、从局部到连贯、从低级到高级、从事实到情感、从表层理解到深层理解的过程；字词的认读和理解能力是最基础的阅读能力。大家的观点可归纳出一些共识性成分，如感知（认读）、识记、理解（联想）、筛选（选择）、评价、运用（迁移）、吸收、鉴赏等。

二、阅读能力要素

在本书中，阅读能力需与学生阅读能力评价结合起来，充分体现小学生阅读能力的形成过程和阅读能力的水平，所以，小学生阅读能力的结构要素主要包括阅读投入、阅读兴趣、阅读方法、认读能力、理解能力、记忆能力、评价能力和创造能力，前三个要素是影响学生形成阅读能力的情志系统，后五个要素是学生阅读能力的核心要素。曾祥芹先生在《阅读学新论》中指出，阅读能力的形成离不开三大系统，一是阅读智能系统，主要包括阅读的纵向层级结构的行为系统和横向贯串结构的智力系统两大核心，它是整个阅读能力的主系结构；二是阅读知识系统，也就是与读物的知识含量相应的各种背景知识，包括阅读原理知识、阅读技术知识、阅读教学知识、阅读主客体知识及阅读历史知识等；三是阅读情志系统，也就是说阅读能力除了智能系统和知识系统之外，还有非智力的情志系统，即动力系统。曾先生认为，阅读情志包括阅读动机、阅读兴趣、阅读情感、阅读意志及由此综合养成的阅读理想、阅读道德、阅读态度和阅读习惯等。对于阅读能力的培养，非智力因素在阅读中的作用要比阅读智力系统更显重要。浓厚的阅读兴趣、正确的阅读态度和良好的阅读习惯可以促使阅读低能变成阅读高能。小学阶段正是培养阅读兴趣、形成良好阅读习惯、掌握科学阅读方法的关键时期，注重阅读能力的情志系统的锻炼和培养，是提高阅读能力的关键步骤。

（一）阅读投入

PISA 的研究者认为，与阅读成绩有最大相关的学生特征包含行为、情感和认知三个方面。除了认知策略外，学生的阅读投入、阅读兴趣这些个体特征也是影响学生阅读素养的重要因素。❶ PISA 对阅读投入的构建中，使用了阅读时间、阅读量、阅读多样性三个行为指标。研究表明，每天阅读时间大于 30 分钟的学生阅读成绩显著高于"不会为了乐趣而阅读"的学生，阅读多样性对学生阅读成绩有显著的正向预测作用，阅读量对学生的阅读成绩也有显著的影响。学生在阅读上投入的精力越多，就会认为自己对阅读是感兴趣的，出于兴趣的阅读又会使学生更多地投入阅读中去。根据注意与资源分配假设，学者提出了兴趣影响学习效果的内在机制，认为兴趣会导致对目标对象的长时间注意和投入，从而影响学习效果。更有学者提出，当学生表现为高情感投入时，更有可能认知到学习活动的价值，最终落实到实际的学习活动中，从而取得学业成功。❷

（二）阅读兴趣

阅读兴趣作为学生的个体特征，在阅读能力中有重要的作用。其一，阅读兴趣对阅读能力有直接的影响，学生为了兴趣在阅读上花的时间越多，阅读态度越积极，就越容易成为一个好的阅读者。其二，大量研究表明，学习兴趣与学习投入度呈正相关。有部分学者提出，学生的学习投入会影响学生的学习兴趣。学生接触更多的阅读材料、进行广泛的阅读活动等，都有助于其阅读兴趣

---

❶ 温红博，梁凯丽，刘先伟.家庭环境对中学生阅读能力的影响：阅读投入、阅读兴趣的中介作用 [J].心理学报，2016，48（3）：248-257.

❷ 文超，张卫，李董平，等.初中生感恩与学业成就的关系：学习投入的中介作用 [J].心理发展与教育，2010，26（6）：598-605.

的提高。阅读投入对阅读兴趣产生影响，甚至于阅读材料的连贯性、关联性及生动性都能提高学生的阅读兴趣。根据自我觉知理论，个体必须通过观察自己的行为去推测内心的态度和情感，只要某种行为是个体自愿作出的，他就会以此来判断自己对事物、对人的态度。学生主动在学习中投入时间和精力，会让其感受到自主选择感。根据自我决定理论，人们先天具有能力、归属和自主的心理需要。自由选择由于能满足个体对自主性的需要而能提高自我决定感。反过来，提高的自我决定感能导致更高的兴趣。❶ 2001 年度 PISA 测试研究报告显示，在各个国家，阅读兴趣高的学生在阅读测验中的表现都明显高于不爱阅读的学生。PISA 在 2009 年上海的数据研究也发现，喜爱阅读的程度对学生的阅读成绩影响最大。❷

（三）阅读方法

阅读方法属于程序性知识，学生掌握基本的阅读技巧（阅读方法）能促使学生根据文本及其篇章组织建构起自己的理解模式。❸ 阅读方法主要包括精读、略读和速读三种，要想成为一位合格的读者，必须掌握精读、略读、快读相结合的阅读方法。

（四）认读能力

认读是整个阅读活动开始的第一步，从心理学来看，认读是通过视觉转向大脑获得书面信息符号的过程。❹ 对于小学生的阅读活动而言，认读是小学生对阅读文本中的字、词、句等的识别能力，属于最基础的阅读能力。具体而言，

---

❶ 梁凯丽, 田伟. 教师支持对中学生阅读素养的影响：阅读投入、阅读兴趣的中介作用 [J]. 中国特殊教育, 2021（2）：90-96.

❷ 陆璟. 阅读参与度和学习策略对阅读成绩的影响——基于上海 PISA 2009 数据的实证研究 [J]. 教育发展研究, 2012, 32（18）：17-24.

❸ 卡伦·坦珂斯莉. 教会学生阅读：策略篇 [M]. 王琼常, 古永辉, 译. 北京：教育科学出版社, 2008：108.

❹ 陶红梅. 语文学习中的阅读心理过程分析 [J]. 淮南师范学院学报, 2009, 11（2）：114-115.

它包括词汇量的积累与记忆、对阅读文本中词语含义的推断能力及对文本中语言形式的辨析能力三点。对小学生而言，词汇量的积累主要是对拼音的认读、对汉字的认读、对汉语词汇的掌握。由拼音到汉字，再到词，这是阅读的基本前提。小学生在阅读过程中，不可能对所有词汇都了解，有一些关键词语的含义是通过上下文和语素来推断语义的。因此，在认读阶段，小学生要能结合语境推断特定词语的含义。对文本中语言形式的辨析能力体现在对印刷符号的辨析和对文本中长句的复杂结构进行辨析及对整个文本，如文章与文学这种文本类型的识别，辨析出记叙文、散文、诗歌、童话、寓言、文言文等文本类。

（五）理解能力

理解是读者将文本内化为自身知识和观念的过程。在没有理解时，即使读者已经识别了文本中的字、词、句，但阅读活动并未对读者本身产生任何实际的影响作用，作者以文本为载体所要表达的原意与读者已有的知识经验是毫无联系的两种意义。小学生通过不断地选择、推论、分析等，将文本内容转化为自身的知识和观念的能力。阅读理解的范围，至少包括辨识文体、理清思路、把握结构、抓住质料、归纳主旨、体会文情、揣摩写法、辨析修辞、贯通文气、体察文风十项。❶ 具体而言，要依据逻辑推断的内容概括全文的主要内容，体会文章表达的思想感情，根据需要提取文本中的基本要素、重要细节和部门隐含信息，抓住时间、地点、人物和事情发展的顺序等要素，把握叙事性作品的大意；根据文本信息，对事件、现象、因果关系等作出解释，针对课文的内容、写作手法和文本与生活实际的联系提出有价值的问题。

（六）记忆能力

记忆能力是提高小学生阅读效能的重要手段，是读者对读物信息的记忆、存储和再现的能力。记忆在特殊情况下（熟读背诵）可作为阅读过程中一个相

---

❶ 曾祥芹. 阅读学新论[M]. 北京：语文出版社，1998：295.

对独立的阶段看待。在一般情况下,应视为贯穿整个阅读过程的一条"钢筋",读物信息的理解、存储和提取都离不开记忆,没有记忆的阅读,是无效的阅读。阅读记忆能力包括机械记忆和意义记忆,作为小学生,应该要灵活地运用这两种记忆,不断地推进"瞬时记忆—短时记忆—长时记忆—短时记忆—新的瞬时记忆……"这个螺旋上升的记忆流程,以提高记忆效能。❶

（七）评价能力

对于阅读中的评价能力,有学者将其定义为"鉴赏"和"评价"能力。"鉴赏能力和评价能力是品位较高的阅读能力,是指人们运用正确的立场、观点和方法,对阅读材料的思想内容、表现形式、文章结构、艺术技巧和写作风格等方面进行鉴别欣赏和评价的能力。鉴赏能力和评价能力都是在分析、比较、质疑、推理、综合过程中形成和发展起来的。"❷对小学生的鉴别欣赏和评价的能力,可从单个文本的局部评价、单个文本的整体评价、不同文本之间的比较三个层面展开。具体而言,主要包括对重要段落和语句进行细致阅读,具体感受作品的形象和写作手法,能够感受作品中生动的形象和优美的语言,乐于表达自己的感受;抓住关键词句把握文本总分总、总分、分总或按不同方面组织材料的结构;能判断出文本的表达顺序,尝试结合文学常识、作者的写作背景理解作品价值和作者的写作意图,从主题、作者、文本类型、主旨、结构、遣词造句等角度出发,进行互文阅读。

（八）创造能力

阅读始于文本,但不能止于文本。读者经过认读、理解和评价的阅读过程,对阅读文本有了充分的"知",但还要联系主客观实际,完成文本向实践的转移,指向于"行",同时超越文本现有的内容、观点和形式。对阅读活动

---

❶ 曾祥芹.阅读学新论[M].北京:语文出版社,1998:299.
❷ 夏正江.试论中小学生语文阅读能力的层级结构及其培养[J].课程·教材·教法,2001(2):8-13.

而言，无中生有，是读者原来已有的知识经验通过阅读活动吸收新的知识，并将此运用于实践之中；有中生新，是在对文本的理解与运用两个层面上实现超越与创新。创造能力是小学生借鉴、运用并超越阅读文本现有的内容与形式，产生新的见解或思想，或者结合实际探讨出另一问题的答案和解决问题的新途径。具体而言，小学生的创造能力主要表现在：文本中的好词佳句、行文结构、写作手法能运用在自己的表达和习作中；能够阅读浅显的科学报告，了解其基本特点并尝试写简单的研究报告；能将文本与生活实际结合，在生活场景中发现新问题，提出新问题，综合运用语文学习经验，提出自己的观点和解决问题的思路。

三、阅读能力评价指标体系

建立科学有效的阅读能力评价指标的前提是需要对小学生阅读能力进行结构要素的理论建构。

（一）阅读能力指标的确定

本书综合认知心理学领域、教育学领域及语文教学领域方面的研究资料，发现阅读能力包括对字词的掌握、对语句含义的理解、对内容及中心意思的概括、评价鉴赏能力这几个不可或缺的因素。研究过程中，课题组根据阅读能力的概念界定，确定阅读能力结构要素主要包括阅读兴趣、阅读方法、认读能力、理解能力、记忆能力、评价能力、创造能力，并将其作为评价指标体系中的一级指标。需要说明的是从严格意义上来说，阅读能力是指读者从书面材料中获取信息，并对其进行综合加工的个性心理特征的总和。但是，小学阶段是学生阅读能力培养和形成的关键期，本书中，将形成阅读能力的支撑性条件作为阅读能力的一部分进行测查，充分体现小学生阅读能力的形成过程和阅读能力的水平，因此，小学生阅读能力的结构要素主要包括上述七个方面的一级指标，前两个指标是影响学生形成阅读能力的支持条件，后五个指标是学生阅读能力的核心要素。

在一级指标的基础上，课题组进一步研究与确定二级指标。二级指标主要包括阅读态度、阅读投入、表达交流等共 18 项内容。三级指标是根据不同学生段学生在阅读方面的行为表现，将学生的阅读水平分为三个层级：第一水平是该学段中阅读能力最好的学生，第二水平是阅读能力一般的学生，而第三水平是班级里阅读能力较弱的学生。

（二）指标的修订与完善

阅读能力指标表初期完成后，项目组运用德尔菲法对评价表的各项指标进行修订，主要方式是向国内阅读领域方面的专家、学者和中小学一线专家型教师发送问卷，收集整理上述相关人员的意见后，进行归纳、统计和分析，根据集中反馈意见，对界定模糊的指标进行修改。再重复以上的步骤，直至修改后的意见得到专家的一致通过。评议结果可以通过变异系数、标准差等指标进行分析。该次指标通过两轮的专家意见函询，最终确定了小学生阅读能力评价体系的一、二级指标。

（三）不同阅读能力水平学生的行为描述

学生在阅读能力上会表现出不同的发展水平，阅读能力强的学生通常会表现出对阅读的热爱，他们乐于花时间在阅读上，积极参与阅读活动，并经常与同学分享自己的阅读心得，会形成稳定的每日阅读习惯；他们善于利用工具书解决阅读中的难题，并能从阅读中获得知识和乐趣等。对学生阅读能力水平的划分的理论依据主要根据 SOLO 学习结果分类系统，SOLO 即指可观测的学习结果的结构。1982 年香港大学教育心理学教授比格斯和克莱斯在研究皮亚杰认知发展阶段理论的过程中提出了学习结果分类系统。它吸取了皮亚杰认知发展理论中的合理因素，同时对皮亚杰的理论进行了修正和发展，从关注儿童认知发展的阶段，转向关注儿童对问题的反应中所表现出来的思维结构。

SOLO学习结果分类系统的理论基础是结构主义学说，它将学生在问题中的反应，按照思维结构的复杂程度不同划分为从低到高五个不同的层次：前结构、单一结构、多元结构、关联结构、拓展结构。

根据学习结果分类系统的这些基本设想，学生在具体问题中表现的思维结构的复杂性不同，他们可能会出现"前结构""单一""多元""关联""拓展"五个不同的水平，其中每个水平都表征了学生在回答问题时不同的思维结构。因此，我们可以相信，在具体的阅读题目上学生也会有各种不同水平的反应，对学生阅读能力的评价不能简单地进行正误的判断，还需要说明学生阅读能力发展的具体情况。另外，由于学习结果分类系统关注学生在回答问题时表现出来的思维结构，较少受到具体知识点的影响，因此，在对学生的阅读能力进行评价时，有利于将焦点关注于学生使用的语言背后所包含的思维结构，提高评价的有效性。

（四）构建阅读能力的评价体系

阅读能力的评价体系以低年级段为例，中年级段和高年级段也分别有七维度、三水平的阅读能力评价体系并已投入使用。其中第一水平和第三水平分别约占总人数的25%，第二水平约占总人数的50%（表6-1）。

表6-1 小学生低年级段阅读能力评价指标

一级指标	二级指标	第一水平	第二水平	第三水平
全学科阅读水平	阅读兴趣	1. 阅读兴趣浓厚，能够做到每日阅读；阅读时能主动积累各种语言素材 2. 乐于参加各项阅读活动，并分享阅读感受	1. 有阅读兴趣，能在一段时间内持续阅读；阅读时能积累一些语言素材 2. 能够参加各项阅读活动	1. 阅读兴趣不高，能做到每日阅读；阅读中能较短时间内阅读；阅读中不积累语言素材 2. 在教师和家长的督促下，能够参加各项阅读活动

续表

一级指标	二级指标	第一水平	第二水平	第三水平
全学科阅读水平	阅读方法	1. 能够熟练掌握精读、略读和速读的方法 2. 能根据阅读材料控制阅读的速度，能根据阅读材料科学地选择阅读的方法	1. 能够掌握一部分精读、略读和速读的方法 2. 能根据阅读材料控制阅读的速度，能根据阅读材料选择阅读的方法	1. 精读、略读和速读的方法掌握情况欠佳 2. 有时可以根据阅读材料控制阅读的速度，但不能根据阅读材料选择阅读的方法
	认读能力	1. 词汇量的储备较大，文章中的大部分词语都能认读 2. 能理解词句表情达意的作用，从而作出符合文意的解释	1. 词汇量的储备适中，文章中部分词语能认读 2. 能理解部分词句表情达意的作用，从而作出基本符合文意的解释	1. 词汇量的储备较少，文章中的大部分词语都不能认读 2. 不太能理解词句表情达意的作用
	理解能力	1. 阅读文章时，能理解文章的整体梗概和主要内容 2. 正确说出课文的发展脉络 3. 对其中的一些内容和细节能复述出来	1. 阅读文章时，能基本理解文章的整体梗概和主要内容 2. 尝试说出课文的发展脉络 3. 对其中的一些内容和细节能复述出来	1. 阅读文章时，能尝试理解文章的整体梗概和主要内容 2. 对其中的一些局部内容和细节能在教师或家长的提醒下复述出来
	记忆能力	1. 能在理解文意的基础上准确背诵课内外优秀课文 2. 能通过不断的复习，巩固自己的记忆，达到长时记忆的效果	1. 能在大体理解文意的基础上背诵课内外优秀课文 2. 能通过适时复习，巩固自己的记忆	1. 能在大体理解文意的基础上背诵部分课内外优秀课文 2. 能在教师和家长的监督下复习，巩固记忆
	评价能力	能够对文章所用的词语和基本表达方法作出评价，并说明理由	能够对文章所用的词语和基本表达方法作出评价	能够对文章所用的基本表达方法作出评价
	创造能力	能将文段阅读与生活实际有意识地结合起来，在生活场景中发现新问题，提出新问题	有时能将文段阅读与生活实际结合起来，在生活场景中发现新问题	尝试将文段阅读与生活实际结合起来

（五）阅读卡的建立

1. 学校阅读卡

学校阅读卡的建立主要是为了培养学生的阅读习惯和提高阅读能力。通过阅读卡，教师可以追踪和记录学生在课外阅读中的阅读进度、阅读状态。这样不仅有助于教师了解每个学生的阅读兴趣和水平，而且还能根据学生的需求提供个性化的指导和支持。此外，阅读卡还可以作为激励机制，鼓励学生积极参与阅读活动，学生可以通过完成阅读任务来获得奖励或者认可，这能增加他们继续阅读的动力。阅读卡有助于创建一个积极的学习环境，让学生感受到阅读的乐趣和价值。总的来说，学校阅读卡的建立也是推动书香校园建设，营造良好的校园文化氛围的重要手段。

学校阅读卡是学生在学校午读情况的有效依据，在实施学校阅读卡的过程中，教师可以在午读时间引导学生进行高效阅读。教师会在午读时记录学生的阅读时长及是否指读（用手指挨个指字读）两个指标，并引入奖励机制，如果注意力集中的时长达到40分钟即可被评为班级"阅读之星"（表6-2）。

表6-2 学校阅读卡1

1组	0~10	10~15	15+	指读	2组	0~10	10~15	15+	指读
姓名1					姓名7				
姓名2					姓名8				
姓名3					姓名9				
姓名4					姓名10				
姓名5					姓名11				
姓名6					姓名12				
3组	0~10	10~15	15+	指读	4组	0~10	10~15	15+	指读
姓名13					姓名19				
姓名14					姓名20				
姓名15					姓名21				

续表

3组	0~10	10~15	15+	指读	4组	0~10	10~15	15+	指读
姓名16					姓名22				
姓名17					姓名23				
姓名18					姓名24				

经过一个月的试用，学生的阅读状态有了明显的提升。大部分学生注意力集中的时间提升了5~10分钟，指读也从原来的几个人提升到每班将近一半的学生。

但在试用过程中也发现了阅读卡中存在一些问题，于是教师又对阅读卡进行了改进。我们发现原来阅读卡只关注到了学生的阅读状态，没有关注到学生的阅读进度，于是阅读卡中又加入"周总结"的内容（表6-3）。教师可以每周简单记录一下学生的阅读进度。除此之外，我们也针对学生现在的阅读状态将集中注意力的时间进行了增加。

表6-3 学校阅读卡2

1组	0~10	10~20	20~30	30+	指读	周总结
姓名1						
姓名2						
姓名3						
姓名4						
姓名5						
姓名6						
2组	0~10	10~20	20~30	30+	指读	周总结
姓名7						
姓名8						
姓名9						
姓名10						
姓名11						
姓名12						

改进后的阅读卡在使用时不仅关注到了学生的阅读状态,还兼顾了学生的阅读进度。教师也会根据学校阅读卡中学生的相关表现在午读时给予学生个性化的建议。

此处以低年级段的学校阅读卡为例,中年级段和高年级段的学校阅读卡由于篇幅原因在此不一一呈现。

2. 家庭阅读卡的建立

家庭阅读卡的建立主要是为了激发学生的阅读兴趣,提高学生的阅读能力和阅读效率,同时也有助于培养学生的自主学习和终身学习的习惯。通过阅读卡,家长或者学生自己可以记录阅读进度、阅读时长,也可以通过阅读卡与其他同学分享阅读体验,提升阅读的互动性和趣味性。此外,家庭阅读卡鼓励家长参与学生的阅读活动中,家长可以监督学生在家中的阅读时间,帮助他们记录阅读内容,并讨论书中的内容,以此增强家庭的阅读氛围,同时也能促进家长与教师之间的互动与合作。

家庭阅读卡与学校阅读卡相辅相成,共同监测学生在家庭和学校的阅读情况,从而帮助他们养成良好的阅读习惯。家庭阅读卡设置了阅读书目的内容,旨在家长和教师能够实时监测学生所读书目的质量、内容,以及是否适合学生的识字量情况。也设置了"能坚持读 15 分钟"的内容,从而检测学生注意力集中的时长。此外,也根据低段的阅读目标提出了三个要求,让学生自评或家长辅助评星(表6-4)。

表 6–4　家庭阅读卡

阅读要求	1. 我能指读书本内容。达到此要求可获得一颗☆ 2. 我能把字音读和停顿读正确。达到此要求可获得一颗☆ 3. 我能自己指读书本内容。达到此要求可获得一颗☆		
日期	读物名称	能坚持读 15 分钟	☆数量
		☆	☆☆☆
		☆	☆☆☆

续表

日期	读物名称	能坚持读15分钟	☆数量
		☆	☆☆☆
		☆	☆☆☆
		☆	☆☆☆
		☆	☆☆☆
		☆	☆☆☆
		☆	☆☆☆
		☆	☆☆☆
		☆	☆☆☆
		☆	☆☆☆
		☆	☆☆☆
		☆	☆☆☆

家庭阅读卡的建立和使用得到了家长的大力支持，让低段学生在开学阅读的初期通过在学校和家庭的阅读养成了较好的阅读习惯；同时家庭中的阅读也大大促进低段学生识字量的提升，为今后的阅读打下坚实的基础，从而形成良性循环。

使用家庭阅读卡在与家长沟通时需要注意方式方法，要给家长明确阅读不只是短效识字量的提升，而是受益终身的一种习惯、一种生活方式；让家长愿意并主动去和学校配合，帮助学生找到更好的阅读状态，养成良好的阅读习惯。

3. 阅读前的导读单

阅读导读单作为一种用于学生阅读书籍的工具有着很深刻的意义。首先，为学生提供了阅读特定书籍的指导，使学生能够更好地理解和吸收书籍中的信息。其次，通过导读单学生可以在阅读过程中保持焦点，避免浪费时间在不重要的部分上，从而提高阅读效率。再次，导读单也可以作为一种有效的工具，帮助学生培养各种阅读技巧，如批判性思维、分析和解释等。最后，通过使用导读单，学生可以学会如何有效地提取和处理信息。此外，导读单可以通过提供有趣的问题和观点，激发学生的阅读兴趣。

阅读导读单包含了两部分内容。一是阅读导语，用简要的语言告诉学生本周要阅读的进度和情节，以帮助学生更好地理解情节内容。二是问题，让学生带着问题去阅读，提高阅读效率的同时也能学习怎样有效地提取信息（图6-1）。

《西游记》阅读导读单（第 26 至 30 回）

班级：_____ 姓名：_____

本周阅读导语：

  亲爱的同学们，本学期我们年级开展了共读《西游记》的活动。

  在本周阅读的第26~30回中，你将看到观音菩萨医活人参果树、孙悟空三打白骨精、唐僧黑松林逢魔。请你再次仔细阅读第26~30回的内容，完成本周的阅读任务。

本周阅读任务：

1. 孙悟空在寻找救活人参果树的妙方时，在蓬莱见到了哪三位神仙？他们为何又去见镇元大仙？

_____

_____

2. 白骨夫人先后变化成什么人，三次欺骗了唐僧？

_____

_____

3. 在《尸魔三戏唐三藏》这个章回中，表现了唐三藏的什么性格特征？

_____

_____

4. 唐僧在波月洞受谁所托到宝象国传信，又被谁所害变成了斑斓猛虎？

_____

_____

5. 在《邪魔侵正法 意马忆心猿》中，你看到白龙马的什么性格特点？

_____

_____

图 6-1 阅读导读单

使用阅读导读单后，学生的阅读效率有了显著的提升，之前每周班里只有不到一半的同学可以读 5 回，现在班里基本上所有学生都能完成了。此外，也大幅提升了学生对于名著的兴趣。

（六）阅读档案袋的建立

1. 阅读档案袋的制定

阅读档案袋的建立主要是为了记录和评价学生的阅读行为和阅读能力，以便更好地了解学生的阅读情况，进而提供个性化的阅读指导。阅读档案袋中包括阅读计划、阅读记录、读书报告、阅读反馈和阅读成果。

我们把阅读计划和阅读反馈进行了整合，共同记录在读书反馈卡上。读书反馈卡上包含"本周我要读几分钟"和"本周我要读几本书"的初步计划；同时也包含了"阅读时长""阅读状态"和"我是否喜欢今天阅读的书"的相关内容作为阅读反馈（图6-2）。

阅读记录包含"书名""页码""我最喜欢的词""我最喜欢的句子"和"阅读感受"等内容，帮助学生积累词汇和不同的句型结构，也能加深对阅读内容的理解（表6-5）。

读书报告应包含书籍简介、作者背景、主题与观点和阅读感悟等内容，并通过写作整理和总结成报告的形式呈现出来。通过编写读书报告，学生可以更加深入地理解书籍中的思想和观点，并将其应用到自己的生活中。

阅读成果可以采用阅读七个"一"的方式，通过"读一读""说一说""画一画""评一评""唱一唱""演一演""练一练"多元地展示自己的阅读成果（表6-6）。

2. 阅读档案袋的使用

阅读档案袋使用后的互动交流在教育领域扮演着重要角色。互动交流能帮助学生从不同视角审视文本，深化对阅读内容的理解，可能会发现独自阅读时忽视的细节。每个人的背景和经验都不同，也导致了对同一文本的解读不同，这能使学生知道文本的多义性，并尊重不同的观点。

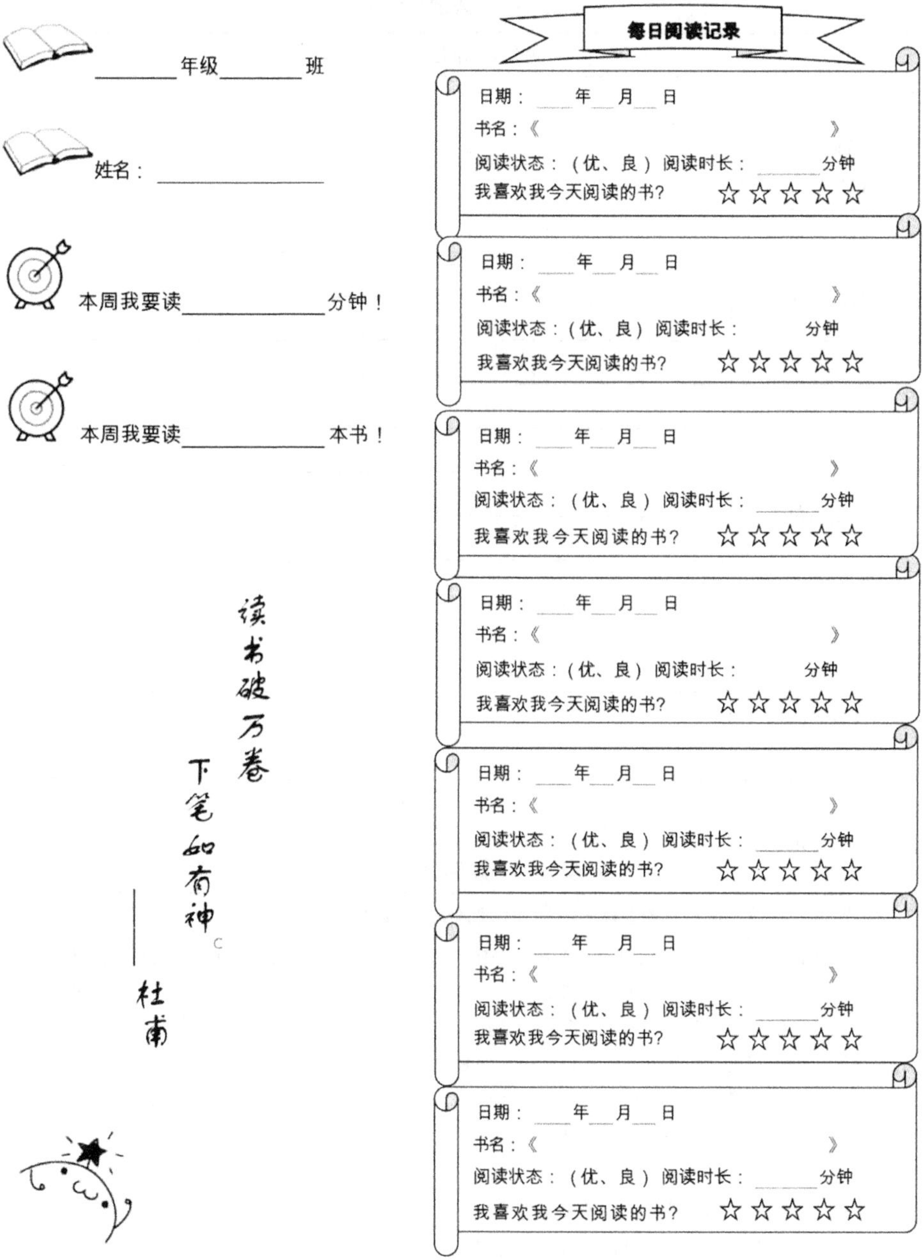

第六章 全过程阅读评价的具体实践

_____ 年级 _____ 班

姓名：_____

本周我要读_____分钟！

本周我要读_____本书！

读书破万卷
下笔如有神
——杜甫

每日阅读记录

日期：___年___月___日
书名：《　　　　　　　》
阅读状态：（优、良）阅读时长：_____分钟
我喜欢我今天阅读的书？ ☆ ☆ ☆ ☆ ☆

日期：___年___月___日
书名：《　　　　　　　》
阅读状态：（优、良）阅读时长：_____分钟
我喜欢我今天阅读的书？ ☆ ☆ ☆ ☆ ☆

日期：___年___月___日
书名：《　　　　　　　》
阅读状态：（优、良）阅读时长：_____分钟
我喜欢我今天阅读的书？ ☆ ☆ ☆ ☆ ☆

日期：___年___月___日
书名：《　　　　　　　》
阅读状态：（优、良）阅读时长：_____分钟
我喜欢我今天阅读的书？ ☆ ☆ ☆ ☆ ☆

日期：___年___月___日
书名：《　　　　　　　》
阅读状态：（优、良）阅读时长：_____分钟
我喜欢我今天阅读的书？ ☆ ☆ ☆ ☆ ☆

日期：___年___月___日
书名：《　　　　　　　》
阅读状态：（优、良）阅读时长：_____分钟
我喜欢我今天阅读的书？ ☆ ☆ ☆ ☆ ☆

日期：___年___月___日
书名：《　　　　　　　》
阅读状态：（优、良）阅读时长：_____分钟
我喜欢我今天阅读的书？ ☆ ☆ ☆ ☆ ☆

图6-2 我是小书神——读书反馈卡

表 6-5　阅读记录表

我今天的阅读记录				
阅读时间：　　月　　日					
书　　名：					
今天我从第　　页读到第　　页					
我喜欢的词				
我喜欢的句子				
阅读感受				

表 6-6　阅读七个 "一"

读一读	可以读一段喜欢的书籍的内容，不要选取太长段落
说一说	简单说一说自己的想法。在这一阶段，充分给予学生自由发言的时间和空间，做到畅所欲言，大力地鼓励表扬，提升学生发言的积极性。例如： ①"看到这部分我想到了我的生活经历……" ②"读到这段内容，我觉得……应该是什么样的。" ③"我赞同他的看法，我还想补充……" ④"我不同意他的看法，我的看法是……" ⑤"如果我是他，我会……"
画一画	不同的年龄段选择不同的画画方式。 ①低年级可以根据书籍内容进行配图 ②中高年级可以画思维导图，随着年级的升高和理解能力的提升，由简单到复杂。可以是针对人物关系，也可以梳理书籍主要内容等；可以结合梳理的内容，选择合适的思维导图，如圆圈图、气泡图、树形图等

续表

评一评	批注——书面批注（三支笔） 影评——在视觉上给予他人"冲击"。针对当前内容，可以是夸赞，也可以是批评，只要是针对这段内容，进行合理的评价即可 评论——说评价。对书籍内容进行评价
唱一唱	可以寻找书籍相关歌曲，进行演唱
演一演	情景表演。小组合作，选取喜欢的、合适的片段进行表演展示；也可以和家人一起表演，在班级中放映表演视频
练一练	结合读书内容简单写感悟、续写等，以培养兴趣为要，不增加学生负担

针对交流我们建立了互动交流单。互动交流单中包括"预测""有趣的事实""问题""主旨""观点""我学到了""细节""联系"和"摘要"九部分内容（表6-7）。

表6-7 互动交流单

预测 根据书名我猜这本书的内容是关于： _____	有趣的事实 我在阅读的过程中发现了两个有趣的事实： 1. 2.	问题 读完这本书后，我还想了解的问题是：_____
主旨 读完这本书后，我理解这本书的主旨是：_____	观点 读完这本书后，我认为这本书的观点是：_____	我学到了 读完这本书后，我学到了： 1. 2.
细节 我认为这本书的主要章节是：____，理由是：_____	联系 我发现这本书中的内容和我的生活/其他书中的内容/现实世界有以下的联系：____	摘要 我发现这本书讲的是（答案请包括人物，时间，地点，事件中心思想）

教师可以通过学生在交流中的表现来评估他们的理解程度，提供及时反馈并给予他们针对性地指导，帮助学生在学习过程中及时调整。

阅读档案袋根据学生的使用情况定期更新，每学期更新一次。

第三节 评价工具的具体实施

全过程阅读评价工具的实施有利于我们更清楚地了解学生的阅读情况，评估学生的阅读能力，有针对性地进行阅读指导，并在实施的过程中发现潜在的阅读问题，及时调整和改进阅读策略，在实践中促进学生全学科阅读能力的提升，培养学生的核心素养。

一、阅读前的准备与指导

（一）阅读前激活学生的前知

兴趣是最好的老师，在阅读前激发学生的前知，我们从激发学生的阅读兴趣开始。除了每学期为学生推荐一些适合他们的书籍之外，地质校区高年级创办了学生图书馆，开展了班级的阅读漂流、举办读书交流会等多项阅读活动。低年级为了鼓励学生阅读，建立了班级评比机制，有阅读评比栏、读书打卡兑换积分等形式，充分调动学生的阅读积极性。

中年级通过引入和阅读内容相关的问题、故事或场景，提出一些与阅读材料相关的问题，预测阅读内容，激发学生的想象力和推理能力，让学生在阅读前思考，并促使他们在阅读时寻找答案验证自己的预测。

根据不同年龄段学生的阅读特点，在阅读前有效地激活学生的前知，做好充分的阅读准备，能提高学生的阅读兴趣和参与度。

（二）阅读目标的明确与引导

为了引导学生明确阅读目标，我们首先对学生进行阅读能力测查，利用学校开发的阅读能力评价体系，通过教师观察、题目测试、学生自评等方式了解学生的阅读水平和阅读能力。通过分析，清楚地了解学生的阅读水平，通过了解差异，发现问题，更有针对性地帮助学生制订阅读目标。

以一年级为例，我们每年都会对新入学的小朋友进行识字水平的测查，目的就是了解学生的阅读现状。例如，2023年9月开学伊始，我们就对一年级新生进行了识字量的测试。该次测试题目选取一到二年级课本中1000个字。测试发现占比最高的是识字量900个字以上的同学，占14.5%；能认识300个字以上的同学占43.1%；其中，识字量最高为1000个字，最低为7个字，数据两极分化较为严重。针对测试结果，教师在日常的教学及给家长的阅读指导中更多关注基础薄弱的同学，致力于提高识字量为150个以下学生的识字量。

通过识字量测试，张老师发现班里的小李同学，识字量不到50个。张老师通过与小李同学和其家长沟通，了解到小李同学没有养成好的阅读习惯，当下的阅读目标是提高识字量，并激发其阅读兴趣，长期目标是养成良好的阅读习惯。张老师利用午读时间带领包括小李同学在内的识字量少的学生集中阅读，以提升学生的识字量，并给予他们个性化的指导。选取简单有趣的绘本书籍，图文结合讲解，帮助学生理解绘本内容，培养兴趣，引导学生爱上阅读。张老师创建了《读书记录表》，记录学生一段时间内阅读的数目，及时给予表扬和奖励。同时与家长密切配合，建议家长重视阅读，多给学生买一些符合其年龄阶段的、自己喜欢的书籍，让学生在家能多读书，创设亲子阅读的环境，帮助学生养成阅读习惯。

（三）阅读策略的评估与改进

我们对全学科阅读策略体系进行了初步的整体探索，各科教师在阅读课和日常教学中对学生的阅读进行策略介绍和训练指导。

通过之前的阅读测查，我们清楚地了解了不同学生的阅读水平和阅读能力。根据学生的个体差异，教师会提供个性化的指导和建议，帮助学生灵活选择阅读策略。同时，结合学生测评的结果，再有针对性地去评估阅读策略的开发和使用，丰富和改进我们的全学科阅读策略体系，力求为学生提供有针对性的指导，帮助学生选择合适的阅读策略，提高阅读效果。

二、阅读过程中的监控与评估

（一）监控学生的阅读进展

阅读卡是监控学生阅读进展的一个直观工具，在三至六年级投入使用。学生按照阅读计划，记录自己每天的阅读时间和阅读内容。以三年级为例，每周午读时间，每个班级都会不定期进行一次课外阅读交流。一是检查阅读记录卡的使用情况，监督学生的阅读进展；二是交流读书体会，激发学生的阅读热情。每次交流活动气氛都十分热烈，除了比赛看谁阅读记录多之外，不少同学在活动中谈了自己的体会，推荐了自己喜欢的书籍；有些阅读能力偏弱的学生虽然阅读体会不太深刻，但阅读量明显提高了，家长也为此非常高兴。课后，学生纷纷交换阅读卡，还互相借阅自己感兴趣的书，在班里掀起了读书高潮。

档案袋是监控学生阅读进展的另一个重要评价工具，首先在四年级投入使用。在学期初，教师制作课件将档案袋评价标准呈现给学生，激发学生对档案袋评价的兴趣，形成对档案袋评价实施的整体认识。学生阅读档案袋中包括阅读计划、阅读记录、读书报告、阅读反馈和阅读成果等内容。

中年级学生更喜欢用图文结合的形式来记录自己的阅读收获，以表格形式呈现阅读计划。无论哪种形式，都能看到学生阅读过程中的收获在慢慢累积，阅读进展在推进，同时，教师根据阅读进展对学生进行表扬鼓励，更激发了学生的阅读积极性。在学期末，分别由学生本人、小组、家长与教师对学生的阅读档案袋实施全过程进行评价，评价形式主要以"等级加评语"的形式呈现。

通过这些评价工具的使用，学生可以进行横向的比较，相互学习和促进，也可以纵向了解自己的阅读水平发展。对于家长和教师，可以更好地监控学生的阅读进展和阅读习惯，提供及时的支持和指导，促进他们的阅读成长。

（二）评估学生的阅读理解水平

为了评估学生的阅读理解水平，在阅读过程中我们对学生进行了阅读水平测查。以四年级阅读水平评估为例，一方面，我们利用学校开发的阅读能力评价体系，通过学生自评、教师评价等方式，结合日常教学中的观察，对每一个学生的阅读水平实施评估。另一方面，我们利用海淀区阅读测试题库，评估学生的阅读水平和阅读能力。在两次测查中我们发现阅读难点问题的结果是相近的，提取信息能力均有30%以上的学生处于第一水平，50%左右的学生处于第二水平，20%左右的学生处于第三水平，如此可见，提取信息能力的培养还是重中之重；形成解释和作出评价方面均有40%左右的学生处于较低水平，处于第一水平的学生约占20%，在该方面处于不太理想的状态。两种评估方法相结合，更加全面精确地评价了学生的阅读理解水平，并针对学生的评估反馈进行进一步指导和措施改进，在之后的阅读教学和交流中，教师更加侧重阅读理解的难点教学，关注阅读理解水平偏低的学生，力求促进所有学生在全学科阅读中的能力提升。

（三）及时调整教学策略和方法

教师根据阅读评估结果进行了差异化辅导，对于阅读能力较弱的学生，教师提供了更多的阅读练习和指导。例如，使用分级阅读材料，让学生从简单的文本开始，逐步提高阅读难度；或者进行小组阅读，让学生在小组内共同阅读和讨论，提高阅读理解能力。对于阅读能力较强的学生，教师推荐全学科更广泛的阅读书目，或者提供更具挑战性的阅读材料。例如，阅读一些复杂的文学作品、学术文章或新闻报道，以激发他们的阅读兴趣和提高阅读能力。

同时，教师调整教学内容，重点讲解学生普遍存在困难的阅读技巧和知识点。针对学生在理解文章主旨方面存在的困难，设计了一些练习来帮助他们提高这方面的能力。

学校结合多媒体资源，如利用图片、视频、音频等多媒体资源来辅助阅读教学，帮助学生更好地理解和记忆所读内容；学校通过开展丰富多彩的阅读活动，如讲故事比赛、朗诵比赛、数学节、科技节等活动，整体上调动学生阅读与表达的积极性。

三、阅读后的总结与反思

（一）总结阅读成果

经过多年的播种和耕耘，全校营造了良好的阅读氛围。通过丰富多样的阅读活动和阅读材料，激发了学生的阅读兴趣，培养了学生良好的阅读习惯，如定时阅读、做笔记、思考和讨论等。通过阅读评价工具的实施，我们也看到很多学生阅读书籍的种类更加多样了，有历史类、地质类、诗歌类等，学生多学科阅读的兴趣大大提高。同时，我们的文学社团队伍逐渐壮大，学校《呦呦鹿鸣》公众号和校刊的高质量投稿越来越多，同学们阅读与表达的热情高涨。

我们创立了具有学校特色的阅读课程，开展了午读好书推荐课、阅读指导课、阅读交流课三类课程，给学生更全面的阅读指导。学生和学校课程的变化，都代表我校全科阅读实践工作取得了较好的阅读成果。

（二）总结经验教训和改进措施

反思我们的教学过程，我们是否提供了多样化、具有挑战性和启发性的阅读材料，以满足不同学生的兴趣和能力水平？显然，这些方面做得还不够，尤其在一些好的书籍推荐工作中的引导还做得不够细致，教师的引领作用还要加强。提供更多的自主阅读时间和空间，鼓励学生选择自己感兴趣的阅读材料，并引导他们进行有效的阅读策略。教学方法还可以更多样性，如小组讨论、角色扮演、项目学习等，以激发学生的阅读兴趣和参与度。

（三）制订下一步教学计划和目标

通过阅读评价工具的实施，我们了解了学生在全学科阅读过程中的表现，利用数据分析识别出学生在阅读过程中普遍存在的困难及个别学生的特殊需求。我们将根据评价工具的结果和学生的需求，结合之前的经验教训，制订进一步的教学计划，设定具体可衡量的教学目标。我们期望学生在全学科阅读中取得全面的进步，不仅在阅读能力上有所提升，还能够培养跨学科的综合素养，为他们未来的学习和发展打下坚实的基础。

第七章　全学科阅读管理策略

为了确保全学科阅读能够顺利高效地开展，学校针对全学科阅读制定了一系列管理制度。全学科阅读管理策略是指学校针对学生的阅读活动制定的一系列旨在提高学生阅读素养、促进学科间融合、培养学生终身学习习惯的规章制度和管理措施。其目的是通过系统、科学的管理，确保学生能够在全学科的视野下，进行广泛、深入、有效的阅读，从而为其终身学习和发展打下坚实基础。

第一节　制度建设

为了更好地推进全学科阅读教学工作，我校成立了全学科阅读指导小组，并制定相关制度和人员安排，以确保该工作的有序进行。

一、组织架构

学校成立全学科阅读指导小组，指导小组肩负着以下重要职责：深入研究并精心制订全学科阅读的目标、任务、时间安排等，以确保全学科阅读的稳步实施与持续优化；负责修订和完善全学科阅读管理制度，提供有效的师生全学科阅读指导；制定全学科阅读考评奖惩事宜，以激励师生积极参与，提升全学科阅读教学质量；监督全学科阅读的考核工作，为师生营造良好的全学科阅读氛围，确保每一环节都符合标准。

全学科阅读指导小组的人员构成具有广泛性和代表性。首先，全学科阅读指导小组组长由校长担任，全面引领指导小组的工作；副组长则由课程教学副校长担任，负责具体执行和协调各项任务。其次，指导小组成员还包括学科组长，他们分别来自不同学科，为全学科阅读提供专业化的指导。再次，家长和学生代表也参与其中，他们的参与使得指导小组工作更加贴近学生和家长的实际需求。学校还邀请了校外专家指导团队，他们凭借丰富的经验和专业知识，为全学科阅读教学提供宝贵的建议和指导。最后，教学一线的全体教师是阅读指导团队小组的中坚力量，他们将具体负责全学科阅读教学的实施和指导工作，整个团队齐心协力，共同推动全学科阅读的深入开展。

二、人员分工

人员安排和分工是全学科阅读教学顺利实施的关键。明确教师职责，教师是全学科阅读教学的主体，负责制订教学计划、组织教学活动、指导学生开展全学科阅读并提供反馈。同时，教师还要不断提升自身的阅读教学能力，以适应全学科阅读教学的需求，从而提升全学科阅读教学的质量和效果。

（一）全学科阅读指导小组成员的职责

全学科阅读指导小组组长负责全校阅读的顶层设计、计划制订、计划实施及效果评估的重任。在顶层设计上，组长需结合教育政策、教学理论及学生阅读需求，为学校量身打造独具特色的全学科阅读体系，为全学科阅读工作指明方向。

全学科阅读指导小组副组长负责学校全学科阅读教学的管理工作，协助教师制订规范、系统的教学计划与进度，确保阅读教学工作有章可循、有序进行。此外，副组长还负责协调各方资源，精心安排和组织阅读教学计划的执行，确保各项阅读教学活动能够高效、顺畅地开展。

学科组长肩负着制订具体的学科阅读课程实施计划并合理安排课时的重任。针对教师在实施学科阅读课程过程中遇到的问题与需求，精心策划学科阅读课程培训计划，并确保计划的全面有效落实。此外，学科组长对教研组的阅读教研活动进行具体安排和督促，保障每项活动都能得到切实执行；检查各班的学科阅读教学计划，指导教师关注学生的全面发展，为学科阅读课程的开发与应用提供全方位的保障。在阅读课程实施过程中，学科组长定期检查各班的执行情况，收集相关资料和数据，一旦发现问题，及时向全学科阅读指导小组汇报并提出建议，确保阅读教学工作能够稳步推进，不断提升学生的阅读水平。

家长代表的职责是参与全学科阅读计划的制订和讨论，提供家长视角的建议和意见；协助学校组织家庭阅读活动，鼓励和支持学生在家中进行阅读；反馈学生在阅读过程中遇到的问题和需求，帮助学校改进阅读教学工作；与其他家长分享阅读教育的经验和做法，促进家校之间的合作与交流。

学生代表的职责是代表学生群体表达阅读需求和意见，为阅读计划的制订提供参考；参与学校组织的阅读活动，发挥模范带头作用，引导其他同学积极参与阅读；反馈同学们在阅读过程中的体验和感受，帮助教师改进阅读教学方法；在班级、年级、学校公众号、校际交流中分享自己的阅读经验和收获，激发更多同学的阅读兴趣，享受阅读带来的快乐和幸福。

（二）校外专家指导团队的作用

在全学科阅读中，校外专家指导团队发挥着不可或缺的重要作用，他们凭借深厚的学术造诣和丰富的实践经验，为全学科阅读教学活动提供宝贵的指导和建议。

在理论支持方面，校外专家指导团队深谙教育心理学、阅读学等多学科的理论知识，能够结合本校的实际情况，为学校的全学科阅读提供有针对性的理论指导。他们帮助学校构建完善的阅读理论体系，明确阅读教育的目标、原则和方法，为全学科阅读的深入开展奠定了坚实的基础。

在专业指导上，校外专家指导团队对阅读教学有着深入的研究和实践。他们参与阅读计划的制订和修订过程，提出建设性的意见和建议，帮助学校制订更符合学生实际需求和学科特点的阅读计划。同时，他们还会对阅读教学进行定期评估，通过课堂观察、师生访谈等方式，全面了解全学科阅读教学的现状，发现存在的问题，并提出具体的改进措施。

此外，校外专家指导团队还积极开展阅读教育研究和探索，关注国内外阅读教育的最新动态和趋势，为学校提供前沿的阅读教育理念和方法。例如，定期举办讲座、研讨会等活动，向师生普及阅读知识，提升他们对阅读重要性的认识；校外专家分享自己的阅读经验和心得，激发学生的阅读兴趣，培养学生的阅读习惯和能力；同时，他们还与教师进行深入的交流和讨论，指导教师如何更好地开展阅读教学，提高阅读教学效果。

（三）全体教师阅读指导团队的职责

全体教师阅读指导团队在全学科阅读中肩负着多重职责，以确保阅读活动的有效实施和学生阅读能力的持续提升。

首先，全体教师阅读指导团队需要深入研究和理解阅读教育的核心理念和目标，结合学校的阅读课程设置和学生特点，制订详细的阅读教学计划，以确保阅读教学计划与学科内容紧密结合，既符合教育大纲的要求，又能有效提升学生的阅读兴趣和能力。

其次，全体教师指导团队负责组织和实施学科阅读教学活动。这包括选择适当的阅读材料、设计多样化的阅读任务，以及采用有效的阅读教学策略。在教学过程中，要注重培养学生的阅读思维、理解能力和鉴赏能力，引导学生形成正确的阅读态度和习惯。

最后，全体教师阅读指导团队关注学生之间的个体差异，提供个性化的阅读指导。他们根据学生的阅读兴趣、水平和需求，制订个性化的阅读计划，提供针对性的阅读建议和帮助。同时，关注学生的阅读学习进展和反馈，及时调整教学策略，确保每个学生都能在阅读中取得进步。

除了教学指导，全体教师阅读指导团队还与家长时刻保持密切联系，共同推动学生的阅读成长。他们通过家长会、家访等方式，与家长沟通学生的阅读情况和发展需求，引导家长积极参与学生的阅读教育，形成家校共育的良好阅读氛围。

三、阅读工作的具体实施

阅读管理制度对学生的阅读目标、阅读时间、阅读内容及阅读方式都做了一些基本的规定，同时也鼓励教师在遵照学校提出的基本要求的基础上，能够在阅读上有所创新，即我们常说的"规定动作＋自选动作"，变"齐步走"为"尽情跑"。

（一）目标的制订

在阅读工作开始之前，我们需要明确阅读目标。这些目标既要符合学生的年龄特点和认知水平，又要体现学科特色和阅读要求。目标分为短期目标和长期目标。短期目标设定为提高学生的阅读兴趣、掌握基本的阅读方法；长期目标则是培养学生的深度阅读能力、跨学科阅读能力和终身阅读的习惯。在目标的具体内容上，我们从以下三个方面进行考量。

阅读量目标：根据学生的年龄和学科特点，设定合适的阅读量目标，这不仅可以确保学生有足够的阅读实践，还能促进他们养成良好的阅读习惯。

阅读能力目标：提升学生的阅读理解能力、分析评价能力和批判性思维是全学科阅读的重要目标。通过制订具体的能力提升目标，我们有针对性地引导学生进行阅读训练，提高他们的阅读水平。

跨学科阅读目标：鼓励学生进行跨学科阅读，培养他们的综合素养和创新能力。通过制订跨学科阅读目标，我们引导学生将不同学科的知识进行融合和应用，形成全面的知识体系，提升学生的全学科素养。

（二）内容的选择

内容的选择是实现阅读目标的关键。在阅读内容的选择上，学校注重材料的多样性、趣味性和学科融合性。从文学、历史、科学、艺术、体育等多个领域选择优秀的阅读材料，以满足不同学生的兴趣和需求。同时，我们也关注到了材料的跨学科性，确保学生在阅读过程中能够增强对各学科知识的理解和应用。

（三）时间的安排

为确保阅读工作的顺利进行，学校对阅读时间进行合理安排。固定阅读时段：每天安排固定的阅读时间，如每天中午的自主阅读时间，学生自主选择自己喜欢的图书，进行沉浸式阅读；每周一节的阅读课，保证学生有充足的时间进行阅读。课外阅读延伸：鼓励学生自主利用课余时间进行阅读，如放学后、周末或假期，将阅读融入学生日常生活中的每时每刻。

（四）效果的评价

全学科阅读的效果评价是确保阅读工作有效实施和持续改进的关键环节。为了全面、客观地评估学生的阅读效果，帮助教师了解学生真实的阅读情况，我们确定了明确的评价指标，并充分利用适当的评价工具。

1. 评价指标

评估学生阅读能力的指标主要包括以下几个方面。

首先，阅读量是一个重要的指标，它衡量了学生阅读的广度和深度，包括阅读的书籍数量、字数及种类等。阅读量的大小直接反映了学生接触到的阅读材料的多少，是评估学生阅读能力的基础。

其次，阅读速度也是评估学生阅读能力的关键指标之一。它反映了学生快速阅读和信息处理的能力，快速而准确的阅读是高效获取知识和信息的关键。

再次，阅读理解能力是衡量学生阅读能力的核心指标。它评估学生对阅读材料的理解程度，包括对文章主旨、细节、推理等方面的把握；良好的阅读理解能力有助于学生深入理解和分析阅读材料，提取关键信息，形成自己的见解和判断。

跨学科阅读能力也是评估学生阅读能力的重要方面。它考察学生将不同学科知识进行融合和应用的能力，以及在阅读中跨学科思考和创新的能力；这种能力有助于学生将不同领域的知识相互连接，形成综合性的思维方式和解决问题的能力。

最后，阅读习惯与态度也是评估学生阅读能力的重要指标之一。它观察学生的阅读习惯，如阅读时间管理、阅读笔记记录等，以及他们对阅读的兴趣和态度；良好的阅读习惯和积极的阅读态度能够促进学生持续学习和自我提升。

综上所述，这些指标共同构成了对学生阅读能力的全面评估，有助于更好地了解学生的阅读状况并制订相应的提升策略。

2. 评价工具

评估学生阅读能力的评价工具多种多样，各有特点，可以根据实际需要和目的进行恰当的选择和整合。以下是我校在全学科阅读实施过程中的一些常用评价工具。

（1）阅读检测题。涵盖不同学科领域的阅读题目，包括选择题、填空题、简答题等，以检验学生对阅读材料的理解和应用能力，可以根据学科特点和阅读目标制订检测内容，以确保评价的针对性和有效性。

（2）阅读日志或读书笔记。学生记录阅读过程中的所思所感，包括阅读内容、个人理解、重要观点等。通过分析学生的阅读日志或读书笔记，可以了解他们的阅读深度、思考过程及跨学科应用能力。

（3）交流分享。学生选择一本书或一篇文章，进行班级或小组的交流，分享自己的阅读体验和见解。通过学生的口头表达和思维逻辑，可以评估他们的阅读理解和跨学科应用能力。

（4）项目式学习或综合性作业。结合学科特点，设计跨学科的阅读项目或综合性作业，要求学生将阅读所得应用于实际问题解决中。通过评价学生的项目完成情况和作业质量，评估他们的跨学科阅读能力和实践应用能力。

（5）同伴互评与小组讨论。组织学生进行同伴互评和小组讨论，让他们在互动中交流阅读心得和看法。通过观察学生的讨论表现和互评结果，可以了解他们的阅读理解和批判性思维能力。

此外，一些现代化的技术手段也被应用于学生全学科阅读评价中。例如，利用大数据和人工智能技术，可以实时记录和分析学生的阅读行为、阅读习惯和阅读效果，为教师提供更准确、更全面的阅读评价数据。

总之，学生全学科阅读评价工具是一套综合性的、多样化的评价方法和手段，旨在全面评估学生的阅读能力，并为他们提供个性化的阅读指导和支持。通过这些工具的使用，教师可以更好地了解学生的阅读状况和需求，制订更有效的阅读教学策略，从而提升学生的阅读能力和学科素养。

（五）定期的流动

图书角作为学校阅读工作的重要组成部分，给学生提供了丰富的阅读资源。为了使图书角发挥更大的作用，我们实行了图书角的定期流动制度，根据学生的阅读需求和兴趣变化，定期更换图书角的书籍，保持图书的新鲜感和吸引力。班级之间也可以进行轮换，将图书角设置为班级共享资源，每个班级按照一定周期进行轮换，这样既能保证图书的多样性，又能促进学生之间的交流和分享。

此外，为了提升学生的阅读体验，在学校楼道和中庭也设置流动图书角。流动图书角定期更换书籍，确保学生始终能够接触到新鲜、有趣的阅读材料，随时随地进行阅读。同时，我们也鼓励学生积极参与图书角的管理和维护工作，培养他们的责任感和自主管理能力。

四、保障条件

全学科阅读教学的保障条件涵盖多个方面，其中主要包括经费保障、场地保障和时间保障。这些条件的满足，有助于推动全学科阅读的深入实施，有助于提升学生的阅读能力和综合素质。

（一）经费保障

经费保障是全学科阅读教学得以顺利进行的基石，为了确保阅读教学的质量和效果，充足的经费是必不可少的。

首先，经费的投入主要用于图书资源的采购。只有拥有丰富多样的图书资料，才能满足不同学生的阅读需求，并为教师提供丰富的教学素材。通过购买涵盖各学科的图书，可以确保学生在阅读中接触到不同领域的知识，拓宽他们的视野。

其次，经费还用于支持阅读活动的组织和开展。阅读活动是学生提高阅读兴趣和阅读能力的重要途径。举办读书节、诗词大会、朗诵比赛、阅读分享会等活动，可以激发学生的阅读热情，提高他们的参与度和积极性，这些活动需要经费来支付场地布置、奖品购买等方面的开支。

最后，经费还用于阅读推广和宣传。通过制作宣传海报、开展阅读讲座等方式，可以向更多学生和家长宣传阅读的重要性，提高他们的阅读意识。

（二）场地保障

场地保障是全学科阅读教学得以顺利进行的重要条件。学校在三个校区都设有专门的图书馆，这些图书馆不仅拥有宽敞明亮的阅读空间，还配备了舒适的座椅和书架，为学生提供了一个安静、舒适的阅读环境。图书馆内的图书资源丰富多样，涵盖了各个领域的学科知识，满足了不同学生的阅读需求，在三个校区的楼道和中庭等公共区域，也摆放了各种图书，这些图书的摆放位置方便学生随时取阅，使得阅读成为他们日常生活的一部分。这种全时空阅读条件的创造，让学生在课间休息、等待时间也能沉浸在书海中，提高了他们的阅读频率和效果。并且学校还注重场地的多功能性，在阅读空间内，除了提供基本的阅读功能外，还设置了讨论区、展示区等区域，方便学生进行阅读后的交流和分享。这种多功能性的设计使得学生的阅读空间更加灵活多样，满足了学生的个性化阅读需求。

（三）时间保障

定时培训是全学科阅读教学得以持续发展的重要时间保障。学校注重对教师进行定期的培训，以提升他们的阅读教学指导能力。

每月，学校会组织各学科的大教研活动。这些活动旨在促进教师之间的交流与合作，共同探讨阅读教学方法和策略。通过分享成功的阅读教学案例、讨论阅读教学中的问题和挑战，教师之间相互学习、相互借鉴，不断提高自己的阅读教学水平。

每周，学校还开展组内小教研活动。这些活动更加聚焦具体的学科阅读教学内容，旨在帮助教师深入理解和挖掘阅读材料中的知识点和思想内涵。通过小教研活动，教师可以更加精准地把握阅读教学的重点和难点，为学生提供更加有针对性的指导。

综上所述，建立完善的管理制度及合理安排人员，可以有效推动全学科阅读教学的实施并取得良好的教学效果。当然，在具体实施中还需要结合学校的实际情况进行灵活调整和不断优化，以适应不同学校和学生的需求。

第二节 教师培训

在素质教育的大环境下，教师的角色和职责如今已经发生了显著变化，面对科技的发展和信息全球化的挑战，教师的阅读能力与素养显得尤为重要。因此，加强教师培训，提升教师的全学科阅读指导能力势在必行。

一、开发系统的阅读培训课程

为了全学科阅读教学的顺利开展，我校为全体教师开发了一套系统的培训课程，这套课程立足于教师的实际需求、学校全学科阅读的进展情况及各学科的阅读教学特点进行精心设计。针对不同发展阶段的教师，学校每月开展一次不同主题的全学科阅读指导培训（表7-1），培训内容涵盖了丰富的全学科阅读理论和实用的学科阅读指导方法，每学期培训次数不少于4次。教师在这套培训课程的引领下，结合自己的学科教学实践，不断提升自己的全学科阅读指导能力。

表7-1 北京市海淀区第三实验小学教师阅读指导能力培训课程（节选）

序号	领域	课程名称	导师团队	培训时间
模块一	理念篇	1.阅读对学生的意义	教科院导师团队	2018年9月
		2.儿童阅读的发展历史	教科院导师团队	2019年5月
		3.正确的儿童发展观	北师大导师团队	2020年11月
		4.全学科阅读的基本概念	北师大导师团队	2021年3月
		5.不同学科、不同课型的阅读特征	教科院导师团队	2022年10月

续表

序号	领域	课程名称	导师团队	培训时间
模块二	策略篇	1.学生阅读环境的营造	北师大导师团队	2019年10月
		2.学生阅读材料的选择	北师大导师团队	2020年10月
		3.学生阅读活动的设计与实施	教科院导师团队	2021年11月
		4.学生阅读习惯的培养	教科院导师团队	2022年3月
		5.学生阅读策略与方法的指导	北师大导师团队	2023年5月
		6.学生阅读反馈与交流	教科院导师团队	2023年6月
		7.学生阅读水平的评价与激励机制	学校阅读指导团队	2023年10月
		8.亲子阅读的指导方法	教科院导师团队	2023年11月
模块三	管理篇	1.班级图书角的管理	学校阅读指导团队	2022年9月
		2.校园图书馆的利用	学校阅读指导团队	2023年9月
		3.阅读时间的选择与分配	家长导师团队	2023年12月
		4.家庭和社会阅读资源的利用与开发	家长导师团队	2024年3月

二、开展形式多样的现场培训

根据学校开发的系列课程，邀请学科阅读理论专家和实践丰富的名师走进学校，进行专题讲座、模拟阅读现场和微格阅读教学研究的培训活动。

（一）专题讲座模式

我校邀请北京师范大学、北京教育科学研究院、北京教育学院专注于儿童阅读的理论专家进行深度培训。例如，针对经典文学作品，专家指导教师通过"背景了解—深入剖析—讨论交流"三步法来培养学生理解作品的内核及培养学生的批判性思维；对于科普读物，通过"提出问题—图表解读—实践应用"三个环节引导学生带着问题去阅读，增强学生对科学知识的理解和记忆；而对于历史传记的书籍，专家则给出了"时序梳理—人物分析—联系现实"的阅读方法，让学生把握历史发展脉络，汲取人生智慧，思考历史对当今社会的启示和影响。此外，讲座还结合生动的阅读教学案例，指导教师根据不同学科的特点和教学目标，精心挑选合适的阅读材料，并引导学生开展有针对性的阅读活动。这些讲座能够帮助教师深入理解不同学科、不同文本的独特特点与阅读技巧，从而更加精准地指导学生进行阅读，为学生提供更加丰富多彩的阅读体验，促进学生的全面发展。

（二）模拟阅读现场

培训中采用体验式和参与式培训的形式，学校为教师设置实际的教学场景，让教师能够模拟不同学科的阅读教学，通过沉浸式的亲身实践，掌握阅读教学的要领和技巧，深刻领悟指导学生阅读的方法和策略。主要做法是：构建真实的阅读场景，设置模拟的教室环境，提供丰富的阅读材料，包括经典文学作品、科普读物、历史传记等不同类型的书籍；然后，运用角色扮演的方式让教师深入体验阅读现场，教师分别扮演学生、教师等角色，参与到模拟的阅读活动中。例如，2022年由北京教育科学研究院的一位专家带领教师模拟了一堂阅读课，体验如何为学生推荐合适的书籍，如何引导学生进行深入阅读，如何让学生开展有效的阅读交流与分享。这样的角色扮演活动有助于教师更好地理解学生的阅读需求和行为，提升他们的教学水平和学科阅读指导能力。

（三）微格教学研究

在教师培训中实施微格阅读教学研究，是一个富有创新性和实效性的培训方法。首先，学校会为教师提供一个清晰、具体的培训目标和内容框架，使他们明确在微格教学研究中需要掌握的阅读指导技能和知识点。其次，进入观摩与示范环节，会播放一些优秀的微格阅读教学视频，让教师直观地感受微格教学的魅力。再次，学校也会邀请经验丰富的教师进行现场示范，展示微格阅读教学的实际操作技巧。这样，教师能够更好地理解微格阅读教学的精髓，为后续的实践做好准备。在准备好阅读教学教案和教学材料后，教师开始微格阅读教学实践。他们会在模拟的教室环境中，按照阅读教案的要求进行授课。在这个过程中，会使用录像设备记录下教师的教学过程，以便后续进行详细的分析和评价。实践结束后，学校会组织教师进行反馈与评价，通过观看阅读教学录像，教师可以清晰地看到自己在阅读教学中的表现，包括语言、动作、表情等各个方面。同时，学校也会组织教师进行小组讨论，分享彼此的阅读教学经验和心得。在这个过程中，教师不仅能够发现自己的不足，还能学习到其他教师的优秀做法，从而不断完善自己的教学技能。最后，教师一起回顾整个微格阅读教学的研究过程，总结收获和不足，并提出改进措施。同时，学校也会鼓励教师将微格阅读教学研究中学到的理念和方法应用到实际教学中，不断探索和创新，提升自己的阅读教学水平。

总的来说，形式多样的现场培训在教师培训的实施中是一个系统而富有成效的过程。它能够帮助教师更深入地理解阅读教学技能，提升他们的阅读教学效果，同时也能够激发教师参与培训的兴趣和积极性，推动他们的专业成长。

三、培训内容的具体落实

通过学校开展的教师培训系列活动，以及各学科教师的共同努力，全学科阅读在我校得到了广泛推广和有效实施。在这里，学校教研团队发挥了积极的引领作用，形成了定期的教师研修制度，能够把教师培训的内容真正落实到学生全学科阅读的教学实践中。

学校每周一次小组教研，同一年级同一学科的教师以年级组为单位，在周一相聚一堂，回顾总结上一周的阅读教学内容，并共同规划新一周的阅读教学路径，确保阅读教学安排的一致性。而每月一次的大组教研，则是全校同一学科教师的盛会，通常在周三下午举行。届时，各年级代表将汇报本年级的阅读教学进度和在实施阅读教学过程中遇到的问题，与会教师共同探讨解决方案。

同时，教研中采用小组讨论和互动分享的方式，组织教师围绕某个阅读主题展开讨论，分享自己的阅读指导体验和教学方法。通过交流和分享，教师相互启发、共同进步，形成一个良好的阅读教学学习共同体。

最后，各学科备课组组长进行总结发言，并拟定各年级下一步的阅读教学计划，各年级教师则根据教研内容细化本年级的阅读教学安排。这一系列的教研活动，有效促进了教师间的交流与合作，使教师的阅读教学指导能力不断提升。

当然，培训的效果如何，还需要通过持续的反馈与评价来检验。学校定期收集教师们的培训反馈意见，了解教师的学习情况和需求，及时调整培训内容和方式。在对培训成果进行不断总结和提炼中，形成了许多可复制、可推广的全学科阅读指导经验和做法，为今后的教师培训工作提供了不可或缺的借鉴和参考。同时，学校也设立了奖励机制，对在培训中表现优秀、教学实践中取得显著成果的教师给予表彰和激励，让他们的付出得到应有的回报。

学校还建立了一个教师阅读社区。这个社区如同一个温馨的家园，让教师能够在一个开放的环境中分享不同学科阅读教学的心得和经验，相互启发、共同进步。同时，学校也鼓励教师合作开展跨学科阅读教学研究，共同探索引领学生全学科阅读的新方法和新策略，让全学科阅读教学的实践更加丰富多彩。

四、现代信息媒体技术赋能

毋庸置疑，现代信息媒体技术的运用也为教师培训带来了全新的变革。学校充分利用在线平台、多媒体资源等现代教学手段，为教师培训内容注入了新的活力。这些生动有趣的培训内容，不仅提高了教师的参与度和学习兴趣，更使培训变得更具吸引力和实效性。教师也需要不断提升自己的信息素养和技术应用能力，以便更好地利用这些技术为学生的阅读教学服务。

首先，现代信息媒体技术能够为教师提供丰富的阅读资源和学科阅读教学素材。通过互联网和数字化平台，教师可以轻松地获取大量的阅读材料、案例和教学设计，这些资源可以极大地丰富全学科阅读教学内容，使阅读教学更具针对性和实效性。同时，教师也可以利用这些资源为学生推荐适合他们年龄和兴趣的阅读材料，激发学生的阅读兴趣。

其次，现代信息媒体技术有助于教师更好地了解学生的阅读需求和习惯。通过大数据分析和学习管理系统，教师可以追踪学生的阅读进度、阅读习惯和兴趣偏好，从而更精准地把握学生的阅读需求，为他们提供个性化的阅读指导。这种个性化的指导方式能够更好地满足学生的需求，提升他们的阅读效果和学习体验。

再次，现代信息媒体技术还为教师提供了多样化的教学手段和互动方式。教师可以利用多媒体课件、在线视频、互动游戏等形式，将阅读内容以更加生动、有趣的方式呈现给学生，激发他们的学习兴趣和积极性。同时，教师也可以通过社交媒体、在线论坛等平台，与学生进行实时的交流和互动，及时解答学生的疑问，帮助他们更好地理解和掌握知识。

最后，现代信息媒体技术还有助于提升教师的专业素养和综合能力。教师可以通过参加在线培训、观看专家讲座、参与教学研讨等方式，不断提升自己的阅读教育理念和教学方法。同时，教师也可以利用现代信息媒体技术开展跨学科的教学和研究，开阔自己的知识领域和视野，为全学科阅读指导提供更加全面和深入的支持。

第三节　家校社合作

家庭是儿童教育的第一场所，学校是儿童成长的摇篮，社会是儿童生活与发展的大课堂，三者之间的协同合作，有助于推动全学科阅读的实施与发展。

我校以阅读为抓手，积极构建家校社协同育人的浓厚阅读氛围，形成了家校社三位一体的"阅读生态圈"，提升了学生的全学科阅读素养。

一、建立有效的沟通机制

家庭与学校之间建立定期的沟通机制，及时交流学生的阅读情况、需求和遇到的问题，以便更好地调整阅读教学策略。教师层面，通过面谈、微信、电话等方式时时与家长进行沟通，交流学生在阅读方面的优势和不足，指导家长如何根据学生的特点、兴趣和阅读能力，制订个性化的阅读计划，如何帮助学生选择适合自己的阅读材料，提高阅读效果。学校层面，利用线上和线下家长会的契机，每个月对家长进行一次亲子阅读方面的指导，内容包括家庭阅读环境的营造、学生阅读心境的调整、如何辨别学生的真阅读与假阅读、怎样与学生进行良好的阅读交流等。我校在大力推广亲子阅读的理念和方法的同时，一直鼓励家长积极参与学校的全学科阅读活动，实现了以情感为纽带，以阅读为抓手，为学生打开了一扇通往知识世界的大门。

全学科阅读是未来教育的方向，它需要家庭亲子阅读的推动和支持，也需要每一位家长的参与和努力。为此，我校举办了数百场别开生面的家长大讲堂。我们邀请了各个年级的诸多家长走进校园，与学生分享他们在科学、数学、文学、艺术、人工智能等不同领域的前沿信息、研究成果和实践经验。这些讲堂内容丰富多彩，形式多样，不仅涵盖了学科知识的传授，还帮助学生拓宽了视野，激发了学习的兴趣。通过这种方式，学生能够从家长那里学到如何在生活中实践所学，如何将知识转化为自己成长的动力。更值得一提的是，通过讲堂，家长能够更深入地了解学校的教育理念和办学方向。他们在讲堂中传递知识和经验的同时，也通过这个过程，与学生建立了更加紧密的联系。这种互动不仅加深了家长对学生学习生活的了解，也使得家长能够更好地支持和参与学生的教育过程，共同推动学校全学科阅读的实施与发展，成为学生学习生活的参与者和见证者。

二、策划丰富的家校社合作形式

学校一直倡导要让阅读成为一种生活方式，用阅读引领师生的精神成长。我们深知，在学生的成长旅程中，家庭教育的影响是不可替代的。因此，我校策划了"书香家庭"的评选和"读书与家风"这两种家校共育新模式。

（一）书香家庭的评选

2019年4月23日，我校的首届"读书节"如一场期待已久的盛会，缓缓拉开了帷幕。这不仅是一个属于阅读的节日，更是一次家校共育的盛大聚会。在这一天，大家共同见证了"书香家庭"的力量，感受到了阅读带给我们的无尽喜悦和深远影响。

"书香家庭"的家长代表在"读书节"上讲述了在家庭中如何引导孩子的阅读兴趣，如何精心挑选适合孩子的书籍，如何营造一个充满书香的家庭氛围，以及如何通过亲子阅读加深家庭成员间的情感联系。这些书香故事和经验的分享，不仅给予了广大师生及家长极大的启发，也为我校的全学科阅读文化注入了新的活力。"书香家庭"的评选，不仅丰富了学校的教育内容，也为家校共育提供了一个新的视角。它已成为我校全学科阅读文化中一颗璀璨的明珠，彰显了家校合作在培养学生全学科阅读素养中的重要作用。随着越来越多的家庭加入这个行列中，我们坚信，一个个充满书香的家庭，一定能够成为学生成长道路上的灯塔，指引他们在知识的海洋中自由航行。在这样的家庭中长大的孩子，不仅能够获得知识、智慧和情感的滋养，还能学会如何以积极的态度面对生活中的挑战。

（二）书香家风的传承

在我校构建的全学科阅读管理体系中，"家风传承"更加凸显了家庭中的读书传统和阅读文化对孩子成长的深远影响。尤其是"读书与家风"这一主题，充分展现了家庭读书氛围如何塑造孩子的品格、素养和视野。

王赫宇同学从小就被父母的话深深影响："多看书会让你变得更聪明，多看书会让你过上更美好的生活。"这句简单而深刻的话语，如同种子一样，在他心中生根发芽。父母通过实际行动践行这一理念，为他精心挑选各种阅读材料，从图画绘本到丰富的文学作品，从"字少画多"到"字多画少"的转变，不仅是阅读能力的提升，更是认知视野和思维深度的拓展。在王赫宇的家庭中，父母对于电子产品的态度也十分明确，他们选择不安装视频软件，以减少时间的浪费，更多地将时间投入陪伴孩子阅读和进行有意义的家庭活动中。这种家庭环境的营造，让王赫宇从小就明白了时间的宝贵和阅读的重要性。

周星辰同学的家庭拥有深厚的军人背景，爷爷和奶奶都曾是军人，他们的生活和信念深深地影响了周星辰。从小，周星辰就在爷爷奶奶的故事中了解到了坚强、勇敢、善良及有担当的重要性。有一次，周星辰与爷爷奶奶一同回访了他们曾经服役的卫星发射基地和导弹试验基地，那里保存着奶奶45年前记录的气象资料。这次旅行让他更加明白了爷爷奶奶身上的那种坚韧和奉献精神。随着年龄的增长，周星辰的阅读范围逐渐扩大，他开始阅读更多关于英雄事迹的书籍。这些书籍让他更加深刻地感受到了中华人民共和国成立以来英雄们的牺牲和奋斗，激发了他长大后要成为一名保家卫国的解放军战士的志向。在这个家庭中，读书不仅是学习知识的方式，更是一种生活的态度，一种对家国情怀的传承。

在书页的翻动流转中，在家庭的熏陶和学校教育的引领下，学生的未来展现出无限的可能。我校的全学科阅读文化，不仅致力于学生知识的获取、能力的培养、素养的提升，更注重学生品德的养成和对梦想的追求。

三、开发宝贵的社会阅读资源

充分开发、利用社会阅读资源,对于推动全学科阅读的实施与发展具有重要的意义。基于学生核心素养形成和发展的内在要求,我校通过"请进来,走出去"的方法,积极开发与利用社会阅读资源。通过家校社协同合作,让这些宝贵的资源价值最大化,共同推进全学科阅读的实施与发展,从而落实立德树人根本任务。

(一)学习无止境,名师请进来

受条件所限,校内阅读资源是远远不能满足师生学习的需要的。所以,我校广开渠道,充分开发和利用社会阅读资源,主动邀请校外的阅读资源走进学校,充实校内阅读资源,从而实现资源的共享。我校邀请北师大出版集团的作者群走进校园,近距离为学生开设阅读专题课;邀请市级古琴斫制技艺非遗传承人进校园,为学生呈现优美的古琴课堂。通过合理开发和利用家长资源、社会资源,将学校打造成家长的聚智堂,利用优秀社会资源满足学生的求知欲望;通过家校社的协作,丰富学生的阅读资源,进一步推动全学科阅读的实施与发展。

1. 名家进校园,共读一本书

我校文学社团在学校的支持下,邀请北京师范大学出版集团的著名作者为同学们开设阅读专题讲座(表7-2),该课程由学校与北京师范大学出版集团共同开发。北京师范大学出版集团汇集优秀的作家、学者、名师,为三至六年级学生提供系列的阅读与写作课程。学生通过与作者近距离的交流,感受智慧的魅力;通过有趣的写作课,爱上表达与写作。在该项阅读课程中,作家、学者引领学生走进传统经典、现代诗歌、自然科学、社会科学四大领域,掌握不同类型图书的阅读方法,从经典书籍中汲取智慧和力量,该课程得到学生的喜爱和家长的一致好评。

表 7-2　北京师范大学出版集团阅读专题讲座

序号	主题	主讲人	主要内容	上课时间
1	阅读，一辈子最有趣的事	田源	1. 请参与的学生带来一本自己最喜欢的书 2. "如何阅读一本书"概论：阅读前的准备，阅读中遇到的困难，如何沉浸到阅读的快乐中 3. 介绍本学期课程将涉及的图书种类：传统文化经典、自然科学、现代文学和诗歌、社科图书	2023 年 9 月
2~3	走进传统文化		阅读传统文化经典	2023 年 9 月
4	科学阅读导论		1. 如何阅读科学主题的图书：如何选到适合自己知识水平的图书、如何做科学书的读书笔记 2. 经典阅读推荐：具体书目推荐	2023 年 10 月
5	地理科学阅读	齐德利	1. 大运河上的千姿百态的桥 2. 关于桥的科学	2023 年 11 月
6	走进美好的诗歌世界	保冬妮	1. 体味泰戈尔诗歌之美 2. 讲解《九色鹿》中绘画和诗歌语言的配合 3. 如何以诗的语言记录生活 4. 如何创作诗歌，带学生尝试诗歌创作	2023 年 11 月
7	现当代文学阅读导论	田源	1. 现当代文学不同形式：诗歌、散文、小说、戏剧 2. 在各种文体中，体会语言表达的美妙 3. 现代文仿写	2023 年 11 月
8	社科阅读导论		1. 哲学家的故事 2. 社科类文章的推荐	2023 年 12 月
9	法治的精神如何影响我们的生活	张江莉	1. 如何阅读社会科学类图书 2. 共读经典文章 3. 自由讨论	2023 年 12 月
10	实践课：戏剧创作——恐怖的思想花	贺丹	1. 延续上次课程的讨论，阅读分享 2. 完成《恐怖的思想花》戏剧的剧本创作	2023 年 12 月
11	阅读分享会分享自己的阅读感受	本校学生	学期的结束演出，自己制作的图书展示	2023 年 12 月

第一场讲座由北京师范大学出版集团的田源老师为同学们带来《阅读，一辈子最有趣的事》。田源老师曾任十一学校语文老师、百度文库高考项目语文

特邀专家、北京高考语文阅卷人。整堂课程，田源老师通过呈现问题、分析问题、收集信息、解决问题、应用到实践，引导学生思考、讨论和表达。

田源老师从"为什么读、怎么读、读什么"三个角度出发，为学生讲解了阅读的意义、读书的基本方法和阅读的类型。用发生在身边的例子，让学生通过角色扮演来感受阅读的意义，启发大家换位思考。不读书的人只活一次，读书可以经历千种人生。"苏秦刺骨""程夫人教子""苏轼日课""宋濂中有足乐""凡尔纳读书冒险"，一个个故事被生动演绎，仿佛隔着时空与古人相约，领略读书的励志精神，大家听得津津有味。

田源老师讲到四种读书的基本方法——泛读、精读、通读、跳读，每一种都有它的目的和意义。再联想到学生日常读书的实际情况，每种方法都可以作为一剂良方，遇到读书难题也就迎刃而解了。

田源老师还推荐了四种适合学生阅读的书籍——传统经典、自然科学、现当代文学和社会科学，并提出了许多选书的好建议，如先确定自己的需求，从经典读起，选择优质出版社的精选版本作品，让前来听讲座的众多学生家长也更加明确了如何帮助学生制订系统、全面的读书规划。

最后，北京师范大学出版集团还为学生准备了精美的图书，每个学生都挑选了自己喜欢的书籍，欢欣雀跃地带回了家。听完第一场讲座，学生对阅读的兴趣油然而生，纷纷发表了自己的感受。

上周五下午，我们习作社团组织了首场讲堂活动。一进多功能厅我就看见学校邀请来的田老师，他一脸严肃，不苟言笑。我心想"完了，讲座大概率会无聊"，可万万没想到，随着讲座的开启，田老师的幽默风趣深深吸引了我。一上来田老师就鼓励我们做"医师助手"，协助他一起治疗田不读同学不爱读书的"毛病"。哈哈，同学们被逗得捧腹大笑！接着田老师对症下药，启发我们一起动脑筋想办法，帮助田不读同学真正了解读书的价值、读书的方法及通过读书能够获得的精神。我超喜欢这次的讲座,也坚定了读万卷书、行万里路的信念,期待下一次更加精彩的讲堂活动!

——六年级5班　陈贝涵

让我们相约,一起读书,读高质量的书,高质量地读书!让阅读,成为一辈子最有趣的事!

——五年级2班　付锴奇家长

北京师范大学出版集团名家的"阅读与写作"课程本周邀请到了中国科学院齐德利博士为我们带来一场与地理科学相关的阅读讲座。

齐德利博士从事丹霞地貌方面的研究,并且已经出版了30多册地理科学方面的绘本,如《这就是二十四节气》《可爱的中国》等,深受家长与儿童的喜欢。

讲座伊始,齐老师给大家播放了神舟十七号发射圆满成功的现场视频,当时他就在发射现场,隔着屏幕都能感觉到齐老师的激动和自豪!随着这些精彩瞬间的播放,同学们的爱国热情一下子被激发出来!

紧接着,齐老师通过问题启发学生思考:"请同学们想一想,宇航员在高空能俯瞰到什么呢?"同学们积极回答道有长城、大运河等,引出了今天讲座的主题——大运河。大运河是世界上开凿时间较早、规模最大、线路最长、延续时间最久的人工运河。❶齐老师通过展示精美的图片,让学生了解到大运河最早于公元前486年建造,共分为三部分,分别是隋唐大运河、京杭大运河和浙东大运河,总长跨越八个省市,大约3200千米长。

齐老师的第二个问题是:两岸人民是怎样利用大运河过上更好的生活

---

❶ 张亚楠. 中国当代文化遗产传播中的问题与对策研究[D]. 烟台:烟台大学, 2019.

呢？于是，齐老师为大家展示了大运河上众多著名的桥，如因张继的《枫桥夜泊》而闻名的枫桥等；还有中国现存最长、桥孔最多、保存最完整的苏州宝带桥。齐老师又让同学们思考：为什么桥是拱形的？同学们都积极踊跃地发言。同学们在回答问题过程中，不仅展示了自己的知识，同时也学到了新知识。

齐老师提出了一系列巧妙的问题，同学们的积极性越来越高涨，讲座逐渐推向高潮。感谢齐老师的精彩讲座，不仅让学生对地理产生了浓厚的兴趣，还学到了这些开凿在中国大地上的智慧与气魄。水波为曲，桨帆为歌，古河道渔火夜歌重现人间，传唱着中华民族的浩荡历史。

——四年级6班　张杨誉及家长

类似这样的讲座，学校每学期都要举办很多次。通过与北京师范大学出版集团联合举办名作者进校园的活动，学校为学生和教师提供了很多难得的机会，让他们能够近距离接触感受知名作者的智慧与魅力，共享阅读文化的盛宴。

2. 非遗进校园，古琴润童心

为进一步推进中华优秀传统文化进校园工作，增强学生对中华优秀传统文化的了解，激发学生的兴趣，培养学生的文化自信。我校三年级组举办了"非遗进校园　古琴润童心"活动。

学校邀请了市级古琴斫制技艺非遗传承人孙宇龙老师到校，为学生呈上了一堂内容丰富、蕴含文化内涵的古琴大课堂。演绎指尖上的技艺，同学们近距离体验古琴神奇而独特的魅力。

古人四艺：琴、棋、书、画。古琴音域宽广，余音悠远，为四艺之首。古琴作为中国的传统乐器，近年来曾多次作为我国民族乐器的代表出现在重大场合。例如，2008年北京奥运会的开幕式；"一带一路"国际合作高峰论坛等。

孙老师从古琴的样式、构造、琴谱和音色四方面为同学们展开生动的讲解。古琴的样式十分丰富，形制约有 51 种，加上近现代琴家的制作后，接近百余种。孙老师详细地给同学们介绍了比较常见的三种形制，分别是混沌式、蕉叶式、仲尼式。

最后，孙老师为同学们现场演绎了古琴名曲《流水》《渔翁调》《酒狂》。

曲有尽，意无穷。中华文明在这件乐器上，在它所奏出的乐曲中，世代传承着、表达着。《梅花三弄》演绎一身傲骨、《阳关三叠》弹奏绵绵离愁……古琴用它独有的音色，诉说了中原墨客的悲怆。

"非遗进校园　古琴润童心"活动，不仅让学生体验到了古琴的指法、弹奏姿势，感受了古琴美妙的音色和独有的魅力，增进了对古琴的了解，同时也激发了学生们对传统文化的兴趣，提高了他们对非物质文化遗产的保护和传承意识，润物细无声地传递着文化自信。

家长参加活动后也表达了心中的感受：

> 今天很荣幸来参加实验三小三年级组织的"非遗进校园　古琴润童心"的主题活动。本次活动特邀了中央音乐学院高级古琴教师孙老师为大家上课。孙老师从古琴的样式、构造、琴谱和音色四个方面为大家讲解了古琴文化，古琴有着三千余年悠久的历史，承载了诸多传统文化元素，在国际会晤中也常以古琴演奏作为友好交流方式。孙老师现场详细讲解了古琴的构造，还为大家演奏了名曲《渔翁调》《酒狂》和《流水》，非常感谢学校安排的这次中华传统文化进校园的活动，让我们亲身感受了中国文化的意境和传统文化的趣味，相信在老师们的陪伴下，孩子们一定能成为内心丰富、气质优雅的少年。
>
> ——三年级 2 班　田岂荣妈妈

（二）世界那么大，学子走出去

学校提倡多种阅读方式，不仅倡导学生读万卷书，而且鼓励学生行万里路,在感悟生活、体认世界的过程中,完成我们对世界各地的风土人情、文化传统的深刻认知。现代著名教育家陶行知认为,生活即教育,社会即学校。我们突破了校园这一空间的限制,积极"走出去",将北京城里的古建筑、身边的博物馆、周边高校等都当作学习园地。我校地理位置优越,交通便利,周围高校毗邻,蕴含丰富且优秀的教育资源,同时我校有相当一部分学生家长在周边高校任职。利用这得天独厚的优势,我校师生走进地坛书市,品味氤氲书香;探寻最美中轴线,弘扬中华优秀传统文化;师生夜游清华校园,感受百年名校文化底蕴;走进地大博物馆,探索地球的奥秘;走进北京语言大学国际文化节,体会世界各国文化交流互鉴、和谐共生……在充分开发和利用身边的家长资源和社会资源的基础上,积极"走出去",学生在一次次亲身实践中增长见识,习得知识,收获一个又一个难忘的体验。

1. 相约地坛书市,感受满满书香

金秋九月,地坛书市时隔十年之久终于重新开市,教师和同学们都激动不已。于是,在九月的一个美好的周末,我校三年级师生自发组织前往阔别已久的地坛书市,聆听文化主题讲座,感受浓厚的书香氛围。

该次地坛书市的主题是"我与地坛",既充满生活的气息,又蕴藏着浓厚的文学意味。书市包含八个主题展区,既包含文学主题展区、北京文化展区等,又有儿童阅读展区、实体书店展区等多种类型的展区,在地坛这一方天地,满足不同人群的需要。

书市上人群熙熙攘攘,大家都被各种类型的书籍吸引着。这里有各种文学读物、课外读物,还有字帖、画册,更有很多平时不常见的外文原版书籍。抬眼望去,很多书都贴着三折、五折的促销标签,比在书店购买便宜了不少,真是给了大家不少惊喜呀!除了各种书籍、报刊,书市上还有很多著名书店的周边产品,如明信片、冰箱贴、帆布袋等,精心设计的书店周边产品,吸引了不少书友驻足购买。除此之外,地坛书市还有很多怀旧物品,如小人儿书、吹糖人等，甚至还有十几、二十年前的磁带、海报等，真是满满的童年回忆啊！同学们看到这些怀旧物品也十分感兴趣。除了多种图书画册和精美的文创产品，同学们还领取了活动的小册子，在小册子上集章打卡，真是乐趣无穷！

在史铁生笔下，地坛的春天是一径时而苍白时而黑润的小路，夏天是一条条耀眼而灼人的石凳，秋天是一座青铜的大钟，冬天是林中空地上几只羽毛蓬松的老麻雀。❶ 现在的地坛公园，植物茂密，古木参天，四季皆是风景。这边，退休的爷爷奶奶们怡然自得地吹奏着萨克斯；那边，孩子们三五成群放风筝、嬉笑打闹。在地坛书市，我们不仅收获了喜爱的书籍，还让忙碌的脚步慢了下来，体验了自然与人文之美。

美好的时光总是短暂的，转眼一天的时光就过去了。在地坛书市，同学们品味了一场接地气的文化盛宴，买到了自己喜欢的书籍和文创产品，逛了清幽淡雅的地坛公园，带着喜悦的心情满载而归，并相约下次还要一起逛地坛书市。

2. 探寻最美中轴线，弘扬优秀传统文化

金秋北京，美丽如画，在这座古老又现代的北京城中，有一条纵贯南北、历经百余年历史且依然清晰有力的北京中轴线。我校六（4）中队各小队利用假期、周末等时间分批次走访了这条美丽而又神秘的北京中轴线。

首先，同学们跟着北京雨燕飞跃了中轴线，北京雨燕已在正阳门上筑巢六百多年，且是世界上唯一一种以北京命名的野生候鸟。同学们通过雨燕的视角飞跃北京中轴线，讲述了北京中轴线上尚存的古代建筑，及它们的修建年代、布局规划和历史进程。北京雨燕见证着中轴线上的每一点变化。借助北京雨燕的视角，同学们看到了故宫、天安门广场、钟楼、鼓楼等中轴线上的古建筑，它们既承载着老北京深厚的文化底蕴，又是新北京不可替代的城市名片。

其次，同学们利用视频、图片展示了钟鼓楼、天坛、永定门、德胜门等北

---

❶ 史铁生. 我与地坛[M]. 北京：北京出版社，2020.

京中轴线上建筑的设计理念、深厚的文化内涵及不同建筑的历史背景和作用，展现了古都北京的特征和中国文明的象征，让我们领略了北京中轴线上的建筑文化，感受了中国古代建筑的壮美。作为北京的小学生，同学们意识到自己有义务保护中轴线上的古建筑，守护屹立不屈的城市脊梁，传承源远流长的中华文明。

再次，同学们为大家介绍了中轴线上的老字号。北京中轴线上有很多流传至今的老字号，它们是老北京深厚商业文化的标志性符号。同学们利用周末时间走进中轴线上的前门大街，讲述了全聚德、张一元、瑞蚨祥等老字号传承与发展的故事。通过这次活动，同学们用脚步丈量了百年老字号的历史价值，亲身感受到了老字号背后世代传承的精神。

最后，同学们通过探访，了解到了中轴线在中华人民共和国成立后的变化，从中轴线上的扩建和延伸两个方面进行了说明。中轴线不仅是北京城的灵魂，还迸发着无限的生命力，它的扩建和延伸象征着中华民族光明的未来。

天地壮美，中正和谐，贯通古今的北京中轴线，以其历史的积淀和精神力量铸就北京城的灵魂和脊梁。通过该次探访活动，同学们对北京中轴线上的建筑和历史文化内涵有了更加深刻的认识。大家纷纷表示：要像爱惜自己的生命一样爱护我们的城市，保护好我们美丽的中轴线，保护好我们的北京城。

3. 夜游清华，开阔眼界

在学校全学科阅读理念的引领下，我校开启了校外研学项目，鼓励教师和学生一起走出校门，到校外广阔天地去学习实践，增长见识。

在开始校外研学活动之初，五年级组首先在学生间开展了问卷调查，询问学生喜欢开展怎样的校外研学活动。学生们各抒己见：有的想走进周边中学，去看一看中学的生活是怎样的；有的想走进周边大学，向往大学生的生活；有的同学希望跟着书本去旅行，走进圆明园、颐和园去抚今追昔；还有的同学倡议走进博物馆，在知识的海洋中遨游。学生充分表达了他们的想法，期待着一次次有意思的校外研学活动。

如何满足学生的各种向往呢？于是，五年级组的教师们开始在家长中寻求资源。其中，五（4）班几位学生的家长分别是清华大学的校友和员工。这几名家长共同提议，为学生策划一次走进清华之旅。为了更好地实现这次系列化的校外研学活动，家长与班主任顾婕老师多次沟通交流，动用了许多资源来促成这一次活动，学生从中受益良多。

接着，为了让这一系列活动更加有意义，学生设计了一张张学习任务单。在活动前，同学们积极寻找相关资料，了解清华的历史。"小干部"们带领小组同学设计活动任务单上的问题，这些都是大家最感兴趣的。因此，同学们每次都是满怀期待地盼望着参加活动，在校外研学实践开始前，就认真地填写学习任务单。

在夜游清华的活动中，李俏潼爸爸还请来在校大学生为同学们讲解清华学生的日常生活，同学们亲身感受到大学生上晚自习的安静与自律，也感受到大学生在操场上自觉锻炼的热情。在第二次走进清华大学去感受清华早期建筑的历史感悟时，有的同学又变身小小导游，向家长和同学们介绍着清华古建筑的前世与今生。参与的家长都纷纷称赞：这样的校外研学真是太好了！孩子的收获太大了！当孩子们再次走进清华大学艺术博物馆的大门，站在一件件历史文物面前时，那份历史的厚重感与责任感油然而生。不少同学还变身小小讲解员，向大家介绍文物的特点与由来。

通过这样的活动，同学们收获多多，活动之后，参与的同学还会在班级里介绍活动过程，分享参与感受，让自己的收获影响到更多的学生，使同学们增长见识，提高能力。这样的班级研学，既凝聚了家长的教育合力，又使学生的阅读实践活动得到了延伸。

4. 走进地大博物馆，探索地球的奥秘

为了开拓学生的视野，增长学生的见识，我校充分开发和利用周边的社会资源，与中国地质大学达成了友好合作意向，通过合作为学生提供多种优质的学习资源，助力学生核心素养的形成和发展。

我校三年级的同学们就带着对知识的渴望，排着整齐的队伍，来到了中国地质大学博物馆进行参观。更加令人惊喜的是，担任本次小导游的是我校六年级的学生们！

首先，映入同学们眼帘的是一块块奇形怪状的矿物、岩石、古生物化石等地质标本。听了六年级师哥师姐的介绍，同学们知道了它们的由来。

其次，同学们进入了地球科学厅，这个展厅展现了地球各个部分的图片，同学们能够直观地了解地球的各个组成部分，加上小导游的详细介绍，同学们对我们所居住的地球有了更深的认识。

最后，同学们来到了大家最感兴趣的恐龙厅。在这个展厅里陈列着很多不同种类的、珍贵的恐龙化石和模型。从这些化石和模型中，同学们了解到了亿万年前的恐龙时代。

这次的实践参观活动让同学们近距离探索了地球的奥秘，更深入地了解了我们居住的家园——地球。

5. 参与北京语言大学国际文化节，体验世界文化之美

2024年4月27日，北京语言大学迎来了第十九届世界文化节游园会。虽然游园的人群排起了长龙，但仍不能阻挡同学们感受世界文化的热情。同学们三五成群，自发前来，体验着北京语言大学国际文化节的迷人魅力，真是别有一番风味呢！泰国的椰浆西米露，越南的冰咖啡，哈萨克斯坦的乐器和银饰，风格鲜明的各国特色服饰……北京语言大学的田径场上熙熙攘攘，同学们走进这一全球文化的盛会，感受和而不同的世界文化，体味浓浓的异域风情。

首先，各国学生穿着特色的传统服装，挥舞着自己国家的旗帜，载歌载舞，穿过绿意盎然的梧桐大道，走向田径场。同学们一开始就领略到了浓厚的国际色彩与包容开放的人文情怀，对接下来的文化展演和各国展棚期待不已。

随后的文化展演环节，为我们带来了中外各国学生各具特色的精彩表演。传统的印度歌舞，充满异域风情的阿根廷探戈等，让同学们感受到了多元世界文化的魅力。同学们还观看了优美的扇子舞表演和悠扬的古筝弹奏，由衷地感慨中华文化的源远流长。各国留学生载歌载舞，九州文化大放异彩，凝结了世界各国青年的深厚情谊，我校的同学们也不禁随着音乐的节拍唱起来、跳起来。

北京语言大学的操场上，布置了文化展区，各国服装、饰品、美食等琳琅满目，同学们近距离欣赏世界文化之美，亲身感受不同文化和谐共生。亚洲展区的冬不拉弹奏的一首首欢快的乐曲吸引着来来往往的同学们，非洲展区的精致木雕和陶器，欧洲展区的拍照打卡，美洲展区独具风情的桑巴舞，大洋洲展区精彩的面部彩绘都十分吸引人，同学们在这里排起了长队，想体验一番。

而最让人引以为傲的是我们中华文化展区，展演了许多传统的中式艺术，如插花、古琴、围棋、书画、汉服等。同学们欣赏了古老的茶文化艺术——茶百戏，领略了围棋千年历史的文化魅力，伴随着悠悠古琴一边写字、画画，一边体验翰墨书香……同学们在此亲身感受历史悠久的传统文化，品味到了其中的无穷魅力。

在这次文化节上，同学们与整个世界相遇，体会世界不同文化的碰撞交流，感受世界不同文明的和谐共生。敞开胸怀，热烈拥抱世界文化之美，增长见识，开阔眼界，真是一次美的享受！